Klaus Stromer

# LA GOMERA, EL HIERRO SELBST ENTDECKEN

Mit 13 Karten und Stadtplänen



Regenbogen-Verlag, Zürich/Cochabamba

Die Redaktion dieses Reiseführers gibt sich alle Mühe, sämtliche Informationen auf dem neuesten Stand zu halten. Trotzdem sind alle Preisangaben ohne Gewähr (leider), denn erstens vergeht einige Zeit vom Sammeln der Informationen bis zum Erscheinen des Reiseführers, und zweitens treiben Preiserhöhungen bzw. die Inflation die Kosten vor Ort in die Höhe. Wenn man aber auf die in diesem Führer angegebenen Preise einen bestimmten Prozentsatz schlägt (gemäss dem Erfahrungswert), kommt man auf die richtigen Zahlen.

CIP-Kurztitelaufnahme der Deutschen Bibliothek

Stromer, Klaus:
La Gomera, El Hierro selbst entdecken/Klaus Stromer
Zürich: Regenbogen-Verlag 1986
(Selbst entdecken; 11)
ISBN 3-85862-022-X
NE: GT



3. Auflage 1988

Reihenkonzept: Klaus Stromer
Gestaltung: Peter Zimmermann
Satz: Meier + Cie AG Schaffhausen
Druck: Fuldaer Verlagsanstalt
Printed in West Germany

# Inhaltsverzeichnis


**Vorwort** . . . . . . . . . . . . . . . . . . 5
**Vor der Reise** . . . . . . . . . . . . . . . 6
Einreisebestimmungen . . . . . . . . 6
Geld . . . . . . . . . . . . . . . . . . . . 7
Klima/Reisezeit . . . . . . . . . . . . . 8
Kleidung . . . . . . . . . . . . . . . . . 9
Bücher/Karten . . . . . . . . . . . . . 10
**Anreise** . . . . . . . . . . . . . . . . . 12
Iberia . . . . . . . . . . . . . . . . . . . 12
Nach Gomera . . . . . . . . . . . . . . 14
Nach Hierro . . . . . . . . . . . . . . . 14
Anschlussflüge . . . . . . . . . . . . . 15
**Wie man reist** . . . . . . . . . . . . . 16
Transport . . . . . . . . . . . . . . . . . 16
Unterkunft . . . . . . . . . . . . . . . . 18
Kanarische Küche . . . . . . . . . . . 20
*Küchenvokabular* . . . . . . . . . . . 21
Feste . . . . . . . . . . . . . . . . . . . . 23
**Stopover Teneriffa** . . . . . . . . . . 24
Los Cristianos . . . . . . . . . . . . . . 24
El Médano . . . . . . . . . . . . . . . . 26
Santa Cruz . . . . . . . . . . . . . . . . 30
Weiterreise . . . . . . . . . . . . . . . . 39
Drei Landschaften . . . . . . . . . . . 40
**Stopover Las Palmas** . . . . . . . . . 43
Weiterreise . . . . . . . . . . . . . . . . 50
La Gomera . . . . . . . . . . . . . . . . 52
Klima/Vegetation . . . . . . . . . . . . 52
Vulkanismus . . . . . . . . . . . . . . . 54
Geschichte . . . . . . . . . . . . . . . . 56
Wirtschaft/Politik . . . . . . . . . . . 59
*Bananen* . . . . . . . . . . . . . . . . . 61
San Sebastián . . . . . . . . . . . . . . 63
*Dona & Co.* . . . . . . . . . . . . . . . 70
Inselnorden . . . . . . . . . . . . . . . 76
Hermigua . . . . . . . . . . . . . . . . . 78
Agulo . . . . . . . . . . . . . . . . . . . 79
Vallehermoso . . . . . . . . . . . . . . 80
El Cedro . . . . . . . . . . . . . . . . . 84
*El Silbo* . . . . . . . . . . . . . . . . . 86
Anlaufstellen . . . . . . . . . . . . . . 90
*Der Waldbrand* . . . . . . . . . . . . . 95
Playa de Santiago . . . . . . . . . . . 97
*Mangos & Avocados* . . . . . . . . . 102
Valle Gran Rey . . . . . . . . . . . . . 104
Anreise . . . . . . . . . . . . . . . . . . 105
Unterkunft . . . . . . . . . . . . . . . . 114
*Papayas* . . . . . . . . . . . . . . . . . 120
Verpflegung . . . . . . . . . . . . . . . 120
Strände . . . . . . . . . . . . . . . . . . 125
In der Nähe . . . . . . . . . . . . . . . 132
**El Hierro** . . . . . . . . . . . . . . . . 134
Geschichte . . . . . . . . . . . . . . . . 136
Wirtschaft . . . . . . . . . . . . . . . . 138
Fremdenverkehr . . . . . . . . . . . . 139
Anreise . . . . . . . . . . . . . . . . . . 140
Valverde . . . . . . . . . . . . . . . . . 143
In der Nähe . . . . . . . . . . . . . . . 146
Inselnorden . . . . . . . . . . . . . . . 151
*El Arbol Santo* . . . . . . . . . . . . . 154
El Golfo-Region . . . . . . . . . . . . 155
Frontera/Tigaday . . . . . . . . . . . 155
*Ananas* . . . . . . . . . . . . . . . . . . 159
Las Puntas . . . . . . . . . . . . . . . . 160
Sabinosa . . . . . . . . . . . . . . . . . 161
Der Westen . . . . . . . . . . . . . . . 165
*Santuario/Bajada* . . . . . . . . . . . 170
El Pinar . . . . . . . . . . . . . . . . . . 174
*Los Letreros* . . . . . . . . . . . . . . 178
La Restinga . . . . . . . . . . . . . . . 181

Klaus Stromer, geboren 1948 in Mennighüffen (Westfalen), studierte in Münster, Berlin und Freiburg Medizin und an der Akademie Düsseldorf Kunst. Danach Verleger und u.a. Redakteur der Reihe «Selbst entdecken». Autor des ersten Kanaren-Bandes «Fuerteventura/Lanzarote selbst entdecken» sowie des in der gleichen Reihe 1986 erscheinenden Reiseführers «Gran Canaria – abseits der Zentren selbst entdecken». Klaus Stromer verbringt die Wintermonate regelmässig auf La Gomera und El Hierro.

Dank an: Ricardo Barrio vom Spanischen Fremdenverkehrsamt in Zürich, das Ministerio de Información y Turismo in Madrid; Theo Ruff, Peter Zimmermann und Brigitte Müller. Manuel Trujillo y Trujillo aus La Puntilla, Maria Games aus Calera, Steavie Pearce aus Chelsea, Christiane Wetzel und José Jenancio Herrera Bencomo aus San Sebastián; das Ayuntamiento vom Valle Gran Rey.
Doña Carmen Reyes vom Pozo de Salud, Señor Monteverde aus La Restinga, der Familie vom El Caracól in El Pinar, die mir ihre Liebe zu El Hierro vermittelte.
Und last but not least Dank an Werner Hofer und Elmar Kreutzburg.

# Vorwort

La Gomera und El Hierro, die beiden kleinsten Kanaren, wurden jahrelang nicht weiter beachtet. Es gab sie halt, vielleicht war gerade einmal ihr Name bekannt, während in den grossen Ferienzentren auf Teneriffa und Gran Canaria die sonnenhungrigen Ausländer schon in die Hunderttausende gingen. Der Grund dafür lag in der verkehrstechnischen Abgelegenheit und – vor allem – in ihrem Image als «Inseln ohne Strände».

Deshalb war es anfänglich einer kleinen Schar Globetrotter vorbehalten, La Gomera – El Hierro ist noch heute so etwas wie ein Aussenposten für Abenteurer – zu entdecken und ihr Juwel abseits des Massentourismus nur unter der Hand weiterzuempfehlen.

Die wenigen Gomera-Begeisterten haben inzwischen etliche tausend Besucher jährlich nachgezogen, die (im Valle Gran Rey) schon eine Art Subkultur bilden oder die davor flüchten – und sich u.a. nach El Hierro fortstehlen. Natürlich hat sich auch längst herumgesprochen, dass die Behauptung von den «Inseln ohne Strände» nicht ganz der Wirklichkeit entspricht: Auf La Gomera gibt es sogar einige hervorragende. Diese sind zusammen mit der ausdauernden Bereitschaft der Sonne, die Küstenstreifen zu bescheinen, und den kontinuierlich warmen Temperaturen ein Teil der eigentlichen Reiseversicherung.

Der andere Teil – und auch das gilt für beide dieser östlichen Canarias – ist die permanente Vitalität der Vegetation, deren sattes Grün manchmal schon vulgär wirkt: An den Küsten blenden Bananenterrassen, Mango-, Papaya- und Limonenbäume – die Palmenhaine wirken dagegen bereits als Kontrast. Und in der Höhe, dort wo die Passatfeuchtigkeit kondensiert, wuchert der sehr, sehr alte Wald, lässt seine Erika- und Lorbeerbäume sich unter Moos und Flechten zu Dickicht verkrallen, das noch manches Geheimnis bewahrt.

Zweck dieses Reiseführers ist nicht, alle Inseloasen ins Gespräch zu bringen. Die Tips beschränken sich auf die «kräftigen Plätze», die ihren Charakter in der Auseinandersetzung mit den Besuchern erprobt haben und ihre Eigentümlichkeit zu behalten scheinen. Eine Anzahl davon beschreibt dieses Buch.

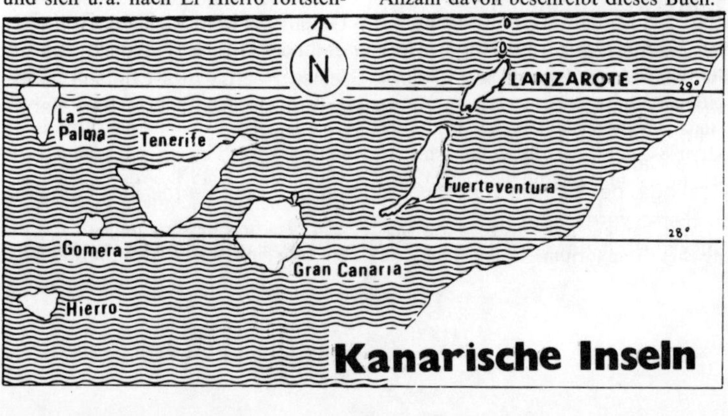

# Vor der Reise

Gomera oder Hierro? In bezug auf die Reisevorbereitung ist diese Entscheidung insofern von Belang, als die Infrastruktur von Gomera inzwischen eine Angleichung an die der grossen Inseln Teneriffa und Gran Canaria erfahren hat. Hierro hingegen liegt noch immer ein bisschen abseits der Welt. Da kann man nicht einfach seine Ausrüstung im nachhinein vervollständigen – für Spezielles, so z.B. Werkzeuge, bleibt nur der Weg auf eine der anderen Inseln. Für den Hierro-Aufenthalt lohnt sich deshalb eine sorgfältigere Vorbereitung.

Die klimatischen Bedingungen sind auf beiden Inseln gleich, ebenso die touristischen Möglichkeiten. Deshalb im folgenden einige Infos, die auch für die entlegeneren Teile der beiden Canarias zutreffen, neben den allgemeinen, das Gastland Spanien betreffenden Tips.

## Einreisebestimmungen

Personalausweis/Identitätskarte oder Reisepass (von Österreichern wird ein gültiger Reisepass verlangt): Wenigstens eins dieser Dokumente ist an der Grenze vorzuweisen bzw. muss bei jeder neuen Einlogierung vorgelegt werden.

Wer sein eigenes Fahrzeug auf spanisches Territorium bringt, muss im Besitz der grünen Versicherungskarte und der Zulassungspapiere sein. Ein Nationalitätskennzeichen hat am Heck zu kleben. Für die Automiete vorort reicht der nationale Führerschein. Bei einem Unfall mit eigenem Fahrzeug hilft heute oftmals der internationale Führerschein noch immer, die Abklärungen zu beschleunigen: Ein Relikt von früher, als er noch obligatorisch war.

Sonne auch für den Liebling? Haustiere benötigen ein amtstierärztliches Herkunfts- und Abstammungszeugnis sowie eine bescheinigte Tollwutimpfung, die spätestens 30 Tage vor der Reise appliziert werden muss, aber nicht älter als ein Jahr sein darf. Auch wenn inzwischen eine Beglaubigung der Papiere durch das Konsulat nicht mehr zwingend ist: dieses Prozedere trotzdem durchführen. Ein offizieller Stempel wirkt oftmals, z.B. wenn der Liebling bei einem der Tierfänger ausgelöst werden muss.

Devisen: 150'000 Ptas. dürfen eingeführt werden, Devisen sind nicht limitiert. Waren: Tabak und Alkoholika auf die Canarias schleppen, wer wird das schon, ist hier doch Zollfreigebiet, und Genussmittel kosten sogar weniger als im Flughafen. Trotzdem sei an die Fans rarer Marken gedacht: Mehr als wahlweise 200 Zigaretten, 50 Zigarren, 250 Gramm Tabak bzw. eine Flasche Wein und eine Flasche Hochprozentiges im Gepäck kann Ärger geben. Sportgeräte: Eine Reglementierung besteht für Surfboards. Dieses wird bei der Einreise in den Ausweis eingetragen, damit es ja wieder rausgeht: Boards erzielen auf den Canarias beachtliche Preise. Nach den neuesten Bestimmungen kann die Einfuhr in zwei Fällen umständlich werden: Wenn das Spielzeug fabrikneu funkelt oder wenn eine Person gleich mehrere Geräte durch den Zoll schleppen will. Dann können die Beamten einschreiten und eine Kaution bis zu 100% des Anschaffungswerts verlangen, die bei der Ausreise zurückerstattet wird. Wofür manchmal ein zusätzlicher Tag auf Ämtern verbracht werden kann. Diese neuen Regelungen werden – besonders zur Hochsaison – nur sporadisch angewandt.

## Diplomatische Vertretungen

■ **Deutschland:** Spanische Botschaft, 5300 Bonn 1, Schlossstr. 4, Tel. 0228/ 21 70 94. Hier auch die Anschriften der einzelnen Konsulate.

■ **Österreich:** Spanische Botschaft, 1040 Wien, Argentinierstr. 34, Tel. 0222/65 91 66 und 65 85 54.

■ **Schweiz:** Spanische Botschaft, Bern, Brunnadernstr. 43, Tel. 031/44 04 12; Spanisches Konsulat, Zürich, Stampfenbachstr. 85, Tel. 01/363 06 44.

## Informationen

Allgemeine Informationen sowie Hotel- und Campingverzeichnisse bei folgenden Adressen:

■ **Deutschland:** Spanisches Fremdenverkehrsamt, Graf-Adolf-Str. 81, 4000 Düsseldorf, Tel. 0211/37 04 67.

■ **Österreich:** Staatliches Spanisches Verkehrsbüro, Rotenturmstr. 27, 1010 Wien, Tel. 0222/66 31 91.

■ **Schweiz:** Staatliches Spanisches Fremdenverkehrsbüro, Seefeldstr. 19, Zürich, Tel. 01/252 79 31.

## Geld

Mit *Pesetas* wird gezahlt, im folgenden mit Ptas. abgekürzt. 1-Ptas.–Stücke gibt es fast nicht mehr – statt derer setzten sich immer mehr die Bonbons durch. Die Münzen lauten auf 5, 10, 25, 50, 100, 500 Ptas., die alten mit Francos Kopf sind zwar noch immer im Umlauf, der König Juan Carlos hat ihn bei den neuen Münzen inzwischen ersetzt. Scheine gibt's von 500 Ptas. an aufwärts, vom 10'000-der existieren zwei Varianten. Alte Scheine, die nur noch Klebeband zusammenhält, sind üblich und werden selbstverständlich entgegengenommen.

Höchstbetrag für Euroschecks ist der Gegenwert von 300 DM/Sfr., sie werden in der Regel unter Abzug von einem Prozent Gebühr eingetauscht. Entsprechendes gilt für Travellerschecks. Bei beiden Varianten ist aber nicht sicher, ob sie der Bank-Kassierer in kleineren Ortschaften kennt. Das Eintauschen in der Inselhauptstadt oder in von Touristen frequentierten Orten schafft aber keine Probleme – Travellerschecks am besten von einem internationalem Institut kaufen. Achtung: Das Kreditkartensystem funktioniert auf den Canarias nur in internationalen Hotels auf den grossen Inseln.

In Hotels sollte man nur im Notfall Geld tauschen bzw. einlösen. Es gibt Missbräuche mit «Kursen von gestern» und hohen Kommissionen.

Inflation: Grosse Kurssprünge während einer normalen Ferienreise sind nicht zu erwarten, der Gast ist zudem noch über die Schecks abgesichert. Die ausländischen Reiseveranstalter, die in den letzten Jahren mit der sonst üblichen Inflationsrate kalkuliert haben, zahlten drauf: Eine Entwertung fand im Vergleich zur DM und zum Franken kaum statt.

## Klima/Reisezeit

Um gleich mit dem Klischee aufzuräumen: «Inseln des ewigen Sommers» sind die Canarias nicht. Schon eher trifft das Klischee «Ewiger Frühling» zu, gäbe es nicht trotzdem die heissen Sommertage, an denen der (echte) *Scirocco* – auf den Inseln auch manchmal *Tiempo del Sur* genannt – von Afrika hinüberweht. Dann schliessen die Einwohner die Fensterläden und verkriechen sich hinter den weissen Mauern, Bewegung wird auf das Nötigste reduziert. Und die Gästeschar bewundert aus der schattigen Bar, wie sich die Wellen auftürmen und ihre Kämme weiss wegwehen.

Natürlich ist das Klima im Vergleich zum mitteleuropäischen Sommer-Winter-Gefälle ausgeglichener, aber einen Winter gibt es auch auf den Canarias. Die mittleren Höchsttemperaturen liegen dann um die 20 Grad, in der Nacht kann es bis auf 10 Grad hinuntergehen. Der August ist wie bei uns der heisseste Monat mit mittleren Maxima/Minima von ca. 25/19 Grad. Auch beim Wasser sorgt der kalte Kanarenstrom für eine Nivellierung der Werte, so dass die Temperatur nie unter 18 Grad fällt (so im Februar/März, wenn es auch oft zu stürmisch fürs Baden ist), im September und Oktober doch über 23 Grad steigen kann.

Neben der Meeresströmung ist für soviel Ausgleich der regelmässige *Nordostpassat* besorgt, der neben der angenehmen Frische an der Küste auch den Niederschlag in die Berge bringt. Dort treten im Winter, besonders wenn die *stürmischen Westwinde* sich einmal durchsetzen, regelrechte Unwetter auf mit Steinschlag, Sturzbächen und Entwurzelung der Bäume. Sporadisch werden auch die Südküsten davon betroffen: Wenn hier, wo statistisch mehr als 90% aller Tage die Sonne scheint, dann einmal Schauer niedergehen, herrscht in den Bergen meistens «ganz dicke Suppe».

Das waren schon Ausnahmetage im Januar 1985 (zur Erinnerung: damals gab's in Deutschland die polare Kälte), als auf den Flughafen von Hierro an einem Tag 150 Liter pro Quadratmeter hinuntergingen, und an den darauffolgenden Tagen fast die gleiche Menge. Zum Vergleich: Auf Meereshöhe rechnet man mit maximal 50 Liter pro Jahr im Süden, mit 200 Liter im Norden. Und auf der Höhe, auf der die stärkste Passatkondensation herrscht, fallen im Jahr um die 800 Liter pro Quadratmeter.

Zwei ausgesprochene Hochreisesaisons sind zu unterscheiden, die der Berliner, Deutschen, Niederländer und neuerdings auch der Briten von Mitte November bis Ostern und die der spanischen Touristen im August und September. Dies mit der Konsequenz, dass rund um Weihnachten und Ostern alles vorausgebucht oder besetzt ist, sonst während der Saison aber meistens noch irgendein Bett organisiert werden kann. Mai, Juni und Oktober sind die angenehmsten Monate für Streifzüge durch die Inseln bei moderaten Temperaturen und bei voller Vegetation. Der Oktober ist zudem, wie der erfahrene Globetrotter Steavie

Pearce weiss, der Monat mit dem «lebensförderndsten Klima».

## Kleidung etc.

Beide Inseln sind bekanntlich Wanderparadiese. Um das anzukosten bzw. auszuschöpfen sind solide Wanderschuhe vonnöten. Mancher Hang ist für Turnschuhe zu glitschig, die spitzen Steine eines Lavafeldes können schnell einmal an die Knöchel gehen.

In den Bergen ist ein (imprägnierter) Regenschutz sinnvoll, für alle Fälle ein dicker Pullover, der auch im Winter an der Küste gute Dienste tut. Die modernen Kleinrucksäcke sind für Wanderer wie für Strandgänger gleich praktisch.

Strandmatten und Sonnenhut brauchen nicht beigepackt werden, sie gibt es vorort zuhauf. Sonnenbrille und gutes Sonnenschutzmittel (Faktor 4 bis 7 – der Wind täuscht über die tatsächliche Intensität der Sonne hinweg) dagegen sind verhältnismässig kostspielig, ausserdem besteht selten grosse Auswahl: mitnehmen! Ein Fettstift gegen trockene Lippen für Anfällige ist zu empfehlen.

Nicht nur in Kirchen und auf Ämtern, sondern im gesamten öffentlichen Leben auf den Inseln gilt die orthodoxe Kleiderordnung: Kleid bzw. lange Hosen, Hemd und Schuhe. An einigen In-Plätzen ist eine touristische Kleider-Subkultur im Entstehen – diese wird von den Einheimischen als Zeichen der Okkupation bekämpft. Der Dorfpolizist in Calera/Valle Gran Rey (Gomera) schreitet tapfer ein, um die «Verwilderten» von der Strasse zu weisen.

Camping organisiert (im El Cedro/Gomera) oder «wild» (auf beiden Inseln) ist mit einer kleinen, kompakten Ausrüstung sinnvoll. Das Zelt sollte für die Küste windgängig, für die Berge regensicher sein.

Ein Vorrat Filme im Gepäck erspart vergebliches Suchen in den kleinen Dörfern. In grösseren Ortschaften dagegen existiert stets ein Fotoladen, in dem die marktüblichen Filme nicht viel teurer als bei uns sind. Selten nachgefragtes Fotomaterial (z. B. schwarz-weiss Filme) dann unbedingt nach eingedrucktem spätesten Verkaufsdatum überprüfen.

## Sprache

Einzig im Valle Gran Rey auf Gomera sowie in den beiden Paradores haben sich die Service-Anbieter ein bisschen aufs Deutsche und Englische eingestellt – mehrsprachige Speisekarten sind trotzdem noch die Ausnahme. Auch einige Einwanderer, die im Fremdenverkehr arbeiten, bemühen sich redlich, wie zuhause zu reden.

Überall sonst ist der Gast ohne ein paar Grundbegriffe in Spanisch verloren. Er versteht die falsche Busabfahrtszeit, hält den falschen Zimmerpreis für den richtigen, realisiert nicht, wann er seine Bleibe zu verlassen hat. Der Wanderspaziergang wird zur Mordstour, Ananas zu Pinie; die Kommunikationsbarriere, auf die er dann trifft, verwechselt er mit Unfreundlichkeit. Ein kleines Wörterbuch kostet doch nicht viel; die Zahlen, Wochentage, Monatsnamen, Grundredewendungen sind in ein paar Stunden gelernt. Ein bisschen Verständigung schafft Sympathie bei den Einheimischen und Informationen fürs (notwendige) Reise-«know how».

## Bücher/Karten

■ **Reiseführer:** «Die Kanarischen Inseln» von DuMont behandeln Gomera und Hierro stiefmütterlich. Gerade einmal je neun Seiten sind beide Inseln den Autoren wert. Der geografische Teil für alle Kanarischen Inseln ist ausgezeichnet. Die praktischen Hinweise scheinen noch aus den 70-ern zu stammen – das verraten nicht nur die alten Strassennamen.

dtv/Merians «Kanarische Inseln» sind auch schon vor einer Anzahl von Jahren recherchiert worden. Das Leserpublikum wird die genaue Auflistung der Adressen von Ärzten und Apotheken sicher zu schätzen wissen.

Dann gibt es noch ein älteres Merian-Heft über die Canarias: schöne Bilder, gut zum Einstimmen.

Der Polyglott über die Provinz Teneriffa handelt die beiden «Kleinen» ruck-zuck ab.

■ **Wanderbücher:** Als ideale Ergänzung zu diesem Buch ist der Goldstadt-Wanderführer «La Gomera» zu empfehlen. Aktuell (1985), handlich und billig (6.80) stellt er 25 Bergwander-Touren vor – schade, dass es so etwas noch nicht für El Hierro gibt.

Der Kompass-Wanderführer «Kanarische Inseln» beschreibt einige schöne Touren. Doch leider sind die Infos nicht mehr taufrisch und man muss viele Seiten über die anderen Inseln mitschleppen.

Das «Kanarische Wanderbuch» aus dem deutschen Syro-Verlag enthält Routen auf Gomera, Hierro und Palma. Den Autoren kommt das Verdienst zu, die Wanderstrecken auf den Inseln durchmarkiert zu haben, so dass hier ziemlich idiotensicher ans Ziel zu gelangen ist. Das Buch ist sehr kenntnisreich geschrieben. Leider müssen die hektografierten Seiten lange durchblättert werden, will man das finden, was man gerade sucht.

■ **Wanderkarten:** Die Ausgaben der Militärkarten enthalten die meisten Wege und Eselspfade. Im Massstab 1:100'000 sind sie zuhause in spezialisierten Karten- und Reisebuchläden erhältlich (Gomera Nr. 18/19-21, Hierro Nr. 17/18-22). Es gibt auch Ausgaben im Massstab 1:50'000. Auf den Canarias sind sie mit Sicherheit über das Touristenbüro (vgl. «Santa Cruz/Verschiedenes») und in den Buchläden von Santa Cruz erhältlich. Auf Gomera hat der Buchladen von San Sebastián manchmal eine Anzahl, auch der staatliche Parador sowie mit Sicherheit «el fotógrafo» Thomas K. Müller im Valle Gran Rey. In Valverde/Hierro werden sie von der Librería neben dem neuen Cabildo-Gebäude geführt.

Die staatliche Naturschutzbehörde *Icona* hat 1983 eine detaillierte Karte zu Gomeras *Parque Nacional de Garanjonay* herausgegeben mit den für diese Region präzisesten Angaben: alle Wege und genaue Vegetationsangaben im Massstab 1:20'000. Auf der Rückseite gute Abbildungen zu Flora und Fauna. Die Karte wäre ein unbedingtes Muss für den Bergland-Wanderer. Doch leider ist sie (an den obengenannten Stellen) nicht immer vorrätig. Am besten bei der Icona-Zweigstelle in San Sebastián anrufen bzw.

dort vorbeigehen. Alle anderen erhältlichen Touristen- und Strassenkarten sind für Wanderer nicht zu empfehlen.

■ **Weiterführende Literatur:** Dem Botaniker Günther Kunkel ist es zu verdanken, dass ein vollständiges Inventar der kanarischen Pflanzen existiert. Seine Arbeiten sind zusammengefasst in «Die Kanarischen Inseln und ihre Pflanzenwelt» aus dem Jahr 1980. Das Buch ist aber eher etwas für Spezialisten, da es in der botanischen Terminologie abgefasst ist.

«Die Spur der Altkanarier», Burgfried-Verlag 1983, ist ein spannendes Buch über die Vorfahren der heutigen Canarios. Wer sich für «Guanchiges» interessiert, findet darin reichlich Lesefutter. Einige schöne Texte von James Krüss, dem bekannten deutschen Kinderbuchautor mit Sitz auf den Canarias, sind abgedruckt. Die griffige Darstellung hat auch die Canarios überzeugt: Es gibt inzwischen auch eine spanische Ausgabe.

Alte Bücher über die Inseln in deutscher Sprache, auch sie gibt es in Reprints: George Glass, «Geschichte der Entdeckung und Eroberung der Kanarischen Inseln», 1777; Torriani, Leonardo, «Die Kanarischen Inseln und ihre Urbewohner», Handschrift aus dem Jahre 1590, übersetzt vom Wölfel, Leipzig 1940. Der Festungsbaumeister (von ihm stammt u.a. die Verstärkungsarchitektur des Torre del Conde in San Sebastián) machte die ersten ausführlichen Aufzeichnungen über das damalige Leben auf den Inseln. J.B.G.M. Bory de St. Vincent, «Geschichte und Beschreibung der Kanarischen Inseln», Graz 1970, Reprint aus dem Jahr 1804. Dieser französische Baron glaubte an die Canarias als Überreste des versunkenen Atlantis.

Eine Auswahl von Titeln in spanischer Sprache: «La Isla de El Hierro» in der Reihe *Guias raras y completas de territórios y habitantes de España*, Madrid 1982. Das poetischste und schönste Buch über diese Insel, erhältlich in guten Buchhandlungen von Santa Cruz.

José Padrón Machin, «Noticias relacionadas con la historia de la isla del Hierro», Valverde 1983.

Dacio Victoriano Darias y Padrón, «Noticias generales historicas sobre la Isla del Hierro», Santa Cruz 1980.

Pancho Garcia, «Antología de la bajada de la Virgen de los Reyes», Valverde 1984; eine Chronik des Inselfestes von 1741 bis 1981.

Luis Ortega Abraham und Stuart Arthur Cockburn, «La Gomera»; San Sebastián 1982. Schöne Zeichnungen und kleine Texte in diesem ersten PR-Buch vom Cabildo in Gomera.

■ **Strassenkarten:** Die Shell-Generalkarte aus dem Mair-Verlag, die in den Reisebuchläden zuhause aufliegt, ist nicht auf dem letzten Stand. Das macht sie für die Inseln, auf denen viel in den Strassenbau investiert wird, nicht gerade brauchbar. Da sind die billigen Touristenpläne , die in den Läden vorort angeboten werden, und die Fotokopien der Autovermieter schon verlässlicher. Die in diesem Buch abgebildeten Karten entsprechen dem Stand Anfang 1985 und sollten – die Militärkarten für Wanderer ausgenommen – weiteres Kartenmaterial erübrigen.

# Anreise

■ **Charterflüge und Linienverbindungen** bestehen von jedem grossen deutschen Flughafen, desgleichen von Zürich und Wien. Zielflughäfen auf den Canarias für IATA-Gesellschaften sind Teneriffa-Süd *(Reina Sofia)* und Las Palmas *(Gando)* auf Gran Canaria. Nach Hierro verkehrt regelmässig die Iberia von Teneriffa aus – Gomera besitzt keinen Flughafen. Als Preisregel je nach Saison für einen reinen Charterflug («Campingflug») gelten 600–800 Mark, Entsprechendes in Schweizer Franken. Jede über die Grundbuchungszeit hinausgehende sogenannte Verlängerungswoche kostet dabei zusätzlich, obwohl man gar keine Unterkunft in Anspruch nimmt. Wer z. B. vier Wochen bleiben will, fährt zur Hochsaison mit dem Apex-Tarif einer Liniengesellschaft etwa gleich teuer (vgl. auch Box «Iberia» auf diesen Seiten). Wer nur an einem Ort bleiben will, sollte sich die günstigen Angebote der Pauschalreiseveranstalter zu Gemüte führen. Vor allem in den Zwischen- und Nebensaisons gibt es Billigpakete – das so Gesparte kann auf der Insel dann z. B. in einen Mietwagen für «Selbstentdeckungs«-Fahrten investiert werden.

■ **Mit der Fähre** vom spanischen Festland ab Cadiz im Sommer alle vier bzw. fünf Tage. Abfahrt in Cadiz am frühen Abend, Ankunft in Sta. Cruz/ Teneriffa am übernächsten Morgen, mittags dann weiter nach Las Palmas/ Gran Canaria in dreieinhalb Stunden, von dort am selben Abend wieder zurück nach Cadiz. Interinsulare Fähren siehe in den Weiterreisekapiteln der jeweiligen Inselhauptstädte.

Preisbeispiele für ein einfaches Tikket: Billigster Kabinenplatz ca. 11'000 Ptas., Personenwagen ca. 10'000. Hierin ist natürlich der Preis für die Weiterreise zwischen den Inseln nicht enthalten, der für Personen ähnlich hoch ist wie bei einer Flugpassage. Ein Auto von Sta. Cruz nach Hierro kostet auch noch happige 8'000 Ptas. Wer alles zusammenrechnet (auch den Sprit nach Cadiz und die lange Anfahrtszeit berücksichtigt), kommt schnell einmal auf eine Summe, die über dem Preis eines bequemeren Flugs und Automiete während der ganzen Aufenthaltsdauer liegt. Auskunft und Buchung des Fährdienstmonopolisten Trasmediterránea über den Generalagenten Melia, Grosse Bockenheimer Landstrasse 54, 6000 Frankfurt, Telefon (0611)29 29 60.

## Iberia

Die staatliche spanische Linienfluggesellschaft bietet ab Frankfurt, Hamburg, Düsseldorf, München, Wien und Zürich täglich Verbindungen (meistens mit Zwischenstopp in Barcelona oder Madrid) auf die beiden grossen kanarischen Inseln an. Besonders die PEX-Tarife sind in bestimmten Fällen mit den Kosten für einen Charter konkurrenzfähig. Dies vor allem für die, die zur Hochsaison (Sommerferien und Jahreswende) fliegen wollen, dann, wenn die Chartergesellschaften mit kräftigen Zuschlägen hinlangen, und

▸
*Up and away: Mit dem Nordostpassat weiter Richtung «Indianerland»*

auch für solche Reisende, die länger als drei Wochen bleiben wollen. Denn jede Verlängerungswoche kostet beim «Pauschal-Jet», und bei z. B. fünf Wochen beläuft sich das Ticket dann schon schnell einmal auf 1000 DM/Franken. Absolut konkurrenzlos (die Lufthansa ausgenommen) steht die Iberia natürlich da, wenn alle Chartermöglichkeiten zu einem bestimmten Termin belegt sind. Das passiert immer wieder denjenigen Reisefreudigen, die sich kurzfristig für die Canarias entschliessen.

PEX-Tarif-Rückflugticket nach Teneriffa bzw. Gran Canaria (gleicher Preis für beide Destinationen) um die 1000 DM/SFr. Will man diese Variante buchen, muss Hin- und Rückflugdatum fixiert sein, es ist nicht verschiebbar. Ausserdem geht es gleich zur Kasse, und zwischen Hin- und Rückflug dürfen maximal drei Monate liegen.

Auskunft und Reservation: Iberia Frankfurt, Telefon (0622) 72 82 54, Zürich (01) 211 15 20 (Res.) und 211 34 33 (Ausk.), Wien (0222) 52 06 11-15. Weitere Iberia-Büros in Hamburg, Düsseldorf, München und Genf.

# Via Teneriffa oder Gran Canaria?

## Nach Gomera

Für Gomera lässt sich die Frage eindeutig beantworten: Was nicht über den internationalen Flughafen Reina Sofia (Teneriffa-Süd) geht, ist zweite Wahl. Denn er liegt am günstigsten zur *Ferry Gomera,* die nur 20 km entfernt in Los Cristianos abgeht. Also am besten einen Charterflug hierher nehmen, mindestens 1 Stunde Transferzeit inkl. Taxifahrt einplanen, und direkt aufs Boot nach San Sebastián (Abfahrt täglich um 10.00 und 20.00) So ist es möglich, die Anreise auf einen Tag zu beschränken.

Die schlechtere Alternative über Gran Canaria funktioniert über folgende Verbindungen: Weiterflug vom Aeropuerto Gando nach Teneriffa-Süd, von dort wie oben. Diese interinsulare Route wird allerdings nur zwei- bis dreimal täglich bedient, die meisten Flugzeuge von Gran Canaria nach Teneriffa gehen zum Nordflughafen, der in der Nähe der Inselhauptstadt Sta. Cruz liegt.

Muss mit dem Nordflughafen Los Rodeos, der nur dem interinsularen Verkehr dient, vorlieb genommen werden, gibt es mehrere Möglichkeiten Richtung Gomera: Zur Ferry Gomera am besten mit dem Taxi (ca. 1000 Ptas.) zur Oficina Central Ferry Gomera, Avda. 3 de Mayo, Santa Cruz, Tel. 21 90 33. Hier ersteht man das Fährticket zusammen mit dem Fahrschein für den Bus, den die Fährgesellschaft einsetzt. Er startet 90 Minuten vor der Abfahrt des Schiffes und kostet nur 275 Ptas. Zur Sicherheit etwa eine halbe Stunde vorher ins Büro gehen, dann kann man einen der Busplätze ergattern. Fällt diese Variante dahin, bleibt nur noch der normale Linienbus ab Busbahnhof in Sta. Cruz. Dann vom Flughafen mit Taxi bzw. Linienbus zum zentralen Busbahnhof, ab hier mit der Linie 111. Dieser Bus geht jede Stunde zwischen 6.30 und 20.00, er braucht für die Stecke ca. 80 Minuten und kostet 500 Ptas. Um die Fähre sicher zu erreichen, reicht der Morgenbus um 7.30 und der Abendbus um 17.30. Diese Variante mit dem (Titsa-)Bus dauert ab Flughafen Teneriffa-Nord mindestens zweieinhalb bis drei Stunden.

## Nach Hierro

Mit dem Flugzeug nur vom Aeropuerto Los Rodeos in Teneriffa-Nord je nach Saison zwei- oder dreimal am Tag. Das bedeutet, dass in jedem Fall, auch dann, wenn die Fähre von Santa Cruz benutzt wird, der Südflughafen von Teneriffa verlassen werden muss. Entweder mit dem Taxi (um die 5000 Ptas.) oder dem Linienbus (350 Ptas., 15 Verbindungen, davon vormittags nur 3) zum Busbahnhof, von dort weiter zum Nordflughafen. Für diesen Anschluss muss mit mindestens drei Stunden gerechnet werden. Um es

▶ *Eine Zeitung beschrieb ihn als Minigolfplatz: den kleinen Flughafen von Hierro*

noch komplizierter zu machen: Wer die Fähre in Santa Cruz, die dienstags und donnerstags um 10h an der Mole ablegt, erreichen will, fährt vom Südflughafen mit dem Taxi am besten direkt dorthin. Benutzt er den Linienbus, ist vom Busbahnhof das Taxi hinunter zum Hafen obligatorisch (ca. 150 Ptas.). Mit der Fähre nach Hierro gibt es auch noch eine Samstagsvariante, diese aber nicht während des ganzen Jahres.

Ab Flughafen Gando auf Gran Canaria geht's via Los Rodeos im Norden Teneriffas (2000 Ptas., mehrere Flüge) entweder weiter mit der Fokker Friendship nach Hierro oder mit Taxi/Bus nach Santa Cruz zum Schiff.

## Anschlussflüge unbedingt vorausbuchen

Oben Aufgeführtes mag vielleicht ein wenig schulmeisterlich wirken, aber die Erfahrung zeigt, dass vor allem Erstbesucher der Inseln immer wieder unnötig Zeit verlieren. Und z.B. in Gran Canaria ankommen, das Schiff (auch das ist möglich, siehe «Las Palmas/Weiterreise») nach Santa Cruz benutzen, weiter dann zum Südflughafen fahren, wo kein Flugzeug nach Hierro startet. Oder einen interinsularen Anschluss nach Los Rodeos/Teneriffa-Nord wählen, um dann nur mit dem teuren Taxi noch rechtzeitig auf die Ferry Gomera zu gelangen. Es gibt viele Geschichten, wie Unerfahrene bis zu vier ihrer vierzehn Ferientage mit dem Transfer verbrachten. Von den Kosten für zusätzliche Übernachtungen ganz zu schweigen.

Zu der optimalen An- und Abreise-Planung gehört auch, die eventuellen Anschlussflüge schon zuhause fest zu buchen. Denn die Flugzeuge im interinsularen Verkehr sind auch bei den Einheimischen ausserordentlich beliebt und besonders an Wochenenden und Feiertagen sogar ein bis zwei Wochen vorher ausgebucht. Auf der Warteliste besteht dann nur im Glücksfall eine Chance – der Iberia-Computer in der Heimat schafft da von vornherein Klarheit. Eine Reservierung der Fähr-Tickets dagegen ist nicht notwendig: Auf den Schiffen hat bisher noch jeder Platz gefunden. Das gilt im Prinzip bei der Trasmediterránea auch für Fahrzeuge, bei der Ferry Gomera kommen für Autos allerdings dann und wann Engpässe vor.

# Wie man reist

## Transport

Als Fortbewegungsmittel auf den Inseln kommt alles, was Räder hat, in Betracht – aber die angenehmen Temperaturen und die vor der Sonne Schutz bietende Landschaft und Vegetation in den Bergen Gomeras und Hierros lädt auch zum Selbstentdekken per pedes ein.

■ **Das Bussystem** auf beiden Inseln funktioniert zwar, es bestehen täglich aber nur wenige oder gar nur eine Verbindung. Man kann sich dabei an eine «Mindestregel» halten, nach der frühmorgens ein Bus in die Inselhauptstadt geht, der zu Beginn der Siesta wieder zurückfährt.

Für eine Busfahrt muss man pro Kilometer etwa ein Zehntel des offiziellen Taxitarifs zahlen, der im Moment bei ca. 60 Ptas. liegt.

Das rudimentäre Bussystem schützt vor allem die vielen Taxifahrer, die einen Grossteil des Individualverkehrs bewältigen. Auch der hinterste kleine Ort besitzt ein *Taxi*, in den grösseren Ortschaften besteht grosse Konkurrenz unter den Haltern, so dass man z. B. bei einer weiten Tour mehrere Angebote einholen und danach handeln kann. Es bestehen von der Verwaltung genehmigte Ortstarife sowie ein offizieller Preis pro Kilometer über Land. Die aktuelle Liste erhält man im Ayuntamiento.

■ **Mietwagen:** Sein Gebrauch wird auf den Inseln immer beliebter. Da sich immer mehr Unternehmen um den Kuchen streiten, bleiben die Preise relativ günstig. Für einen kleinen Seat sind alles inklusive (mit Kaskoversicherung) um die 2000 Ptas. pro Tag zu rechnen, bei längerer Mietzeit verringert sich der Tagesansatz. Apropos Kaskoversicherung: Sie ist im Grundpreis meistens nicht enthalten. Man sollte sie dennoch abschliessen, da so bei einem Unfall der Selbstbehalt wesentlich verringert wird. Die meisten Unternehmen bestehen deshalb von sich aus auf den Kaskoabschluss. Manchmal wird eine Kaution verlangt bzw. der voraussichtliche Mietpreis im voraus.

Führerschein und Personalpapiere sind vom Mieter vorzulegen. Bei seriösen Unternehmen schaut man zu, wie der Mieter aus der Parklücke fährt. Kommt er dabei schon in Schwierigkeiten, «darf» der Vertrag zurückgegeben werden, denn ausreichende Fahrpraxis wird vom Kunden verlangt.

Benzin ist auf den Canarias vergleichsweise billig (Liter Super zu 70 Ptas.), sonntags und feiertags fährt man vergeblich zur Tankstelle, also am Tag vorher eindecken.

Das Strassennetz auf den Inseln unterscheidet sich im Standard zum Teil erheblich: Der Fahrer soll mit dem ganzen Spektrum aus spitzsteinigen Wegen, sandigen Wellblechpisten und geraden, frischasphaltierten Strassen rechnen.

■ **Autostopp:** Ist man hier von den Einheimischen gewohnt, an deren Wohnorten die wenigen Busstrecken vorbeigehen und die sich kein Taxi leisten können. Verwundert stellen sie immer wieder fest, dass ausländische

▶
*Nur für Touristen? Daran hält sich in San Sebastián de la Gomera ein jeder – alle sind in diesem Fall Touristen*

PEPITA
CALLE
REPUBLICA
DE PANAMA
EXCEPTO
TURISMOS

Fahrer der zahlreichen, schmucken Mietautos sie nur selten mitnehmen. Wo Autostoppen hier doch eher ein Zeichen der notwendigen Solidarität ist, die zumindest einen Teil des Verkehrs zwischen den Orten aufrechterhält, als eine Lebensanschauung. Ganze Familien fahren so frühmorgens von der Ausfallstrasse per Autostopp zu ihrer Arbeitsstelle – jedes Mitglied oft in anderer Richtung.

Das bedeutet: «Trampen» ist auf den Inseln eine ganz normale Fortbewegungsart. Zu wünschen bleibt, dass auch die Touristen mit fahrbarem Untersatz dies langsam begreifen.

## Verkehr zwischen den Inseln (interinsular)

■ **Mit Flugzeug oder Fähre:** Die *Iberia* bedient alle Inseln mit Ausnahme von Gomera (kein Flugplatz), die gleichfalls staatliche *Trasmediterránea* läuft (nicht ganz perfekt) die Häfen an. Da die Schiffspassage für eine Strecke etwa gleich teuer wie der Flug ist, ist das Flugzeug stets Variante Nr. 1. Einzig die 80minütige Verbindung per Tragflügelboot zwischen Gran Canaria und Teneriffa kann da mithalten – das Boot ist allerdings häufig ausgebucht und sollte Tage vorher reserviert werden.

Auch in Bezug auf den Service unterscheiden sich Iberia und Trasmediterránea gravierend. Wem einmal die Reservation verschludert wurde, oder wer die Anschlussverbindung wegen stundenlanger Verspätung verpasst hat, wem unfreundliche Agenten nach langem Warten ein Ticket zugestehen (die normalen Fähren fahren meistens halbleer), oder wer das aktuelle Sonderangebot (z.B. freier Personentransport bei Pkw-Mitnahme) in der letzten Ecke hinter dem Tresen selber ausfindig machen muss, kann verstehen, warum der Ruf der Trasmediterránea so ist, wie er ist. Anders dagegen die Iberia, die in letzter Zeit sehr pünktlich verkehrt, kaum mehr Gepäck in die falsche Richtung schickt und die einen internationalen Standard in Bezug auf den Service anbietet. Das führt auf den Kanarischen Inseln dazu, dass das Flugzeug als Transportmittel auch von allen Einheimischen bevorzugt wird und besonders an Wochenenden und vor/nach Feiertagen schon früh ausgebucht ist. Deshalb ist zu empfehlen, Reservationen frühzeitig vorzunehmen. Reisende, die sich spontan zu einem Trip entschliessen wollen, sollten ein paar Tage vor dem ins Auge gefassten Termin wenigstens den aktuellen Buchungsstand beim örtlichen Iberia-Agenten abfragen.

# Unterkunft

Wer auf eigene Faust eine Bleibe sucht, sollte folgendes beachten: Die Vermieter sehen es in der Regel nicht gern, wenn man nur eine Nacht bleiben will. Es kann einem passieren, dass der Vermieter sein Haus als «besetzt» angibt, auch wenn er noch einige Zimmer frei hat. Solche Schwierigkeiten wird man bei einer längeren Aufenthaltsdauer nicht haben. In den Dienstleistungszentren – meistens die Inselhauptstädte – sind die Hostales und Hotels auf Kurzzeitgäste eingestellt. Hier bleiben auch die Einheimischen , die ihre Erledigungen besorgen, in der Regel nur eine Nacht.

Der Preis für eine Unterkunft ist – Privatvermieter sind davon ausgenommen – staatlich reglementiert. Jeder gewerbliche Vermieter ist verpflichtet, den staatlich genehmigten Tarif nicht nur einzuhalten, sondern auch an der Rezeption und im Zimmer gut sichtbar aufzuhängen. Einzelzimmer (EZ) und Doppelzimmer (DZ) in Hotels sind getrennt aufgeführt, oft sind die EZ gegenüber den DZ viel kleiner und an schlechterer Wohnlage plaziert. Falls der Alleinreisende kein EZ findet, kann er ein DZ belegen, für das er nur 80 Prozent des Preises zu bezahlen braucht. Der Tarif ist nach Zimmerkomfort bzw. Saisonzeiten gestaffelt, aber einige Schlitzohren versuchen immer wieder, auf dem Hochsaisonpreis zu bestehen. Deshalb immer die verschiedenen Saisonzeiten auf dem Tarifblatt prüfen und auf den Preis der gerade gültigen Saison bestehen.

Wer sich übervorteilt fühlt, weil ihm zuviel Geld in Rechnung gestellt wurde, oder bei anderen Reklamationen, hat ein vom Ministerium in Madrid eingeführtes Beschwerderecht, das zügig behandelt wird und im Fall, die Beschwerde besteht zu Recht, für den Vermieter unangenehme Konsequenzen hat. In jedem offiziell zugelassenen Beherbergungsbetrieb kann man Beschwerdeformulare *(Hojas de reclamaciónes)* verlangen und an die örtliche Fremdenverkehrsorganisation oder den Ayuntamiento schicken. Bei Beschwerden über verrechnete Preise geht das allerdings nur mit der Rechnung als Beweisstück: Also die Rechnung zuerst zahlen und dann das Beschwerdeformular verlangen. Die grüne Kopie ist die eigene, die rote geht an den Direktor der betroffenen Firma, das Original an die touristische Behörde.

## Hotels und Kategorien:

■ Die *Fonda* ist in der Regel die billigste Unterkunft: ein einfaches Gasthaus mit einem oder zwei Zimmern ohne irgendwelchen Komfort. Da stehen lediglich ein Bett und ein Schrank, aber oftmals ist es gemütlich und in jedem Fall interessanter als in einem Hotel.

■ In die zweitniedrigste Kategorie kann man die *Pensionen* einstufen, die zwar ebenfalls sehr bescheiden eingerichtet sind, meistens aber schon eine Dusche oder ein Bad draussen auf dem Gang haben und sich damit auch für längere Aufenthalte eignen. Wie schon in der Fonda wird man auch hier kaum «Urlauber» als Zimmernachbarn treffen, sondern Spanier und ab und zu einen Traveller.

■ Die *Hostal-Residencia* schliesslich gibt es von einfachst bis fast luxuriös (1 bis 3 Sterne), von sehr billig bis teuer. Sie stellt die beste Möglichkeit dar, bei einem gewissen Komfort wie Dusche, WC, Bad, stellenweise Zimmertelefon, relativ günstig zu leben. Ähnlich wie bei den Hotels und Hostales-Residencias gibt es auch bei den Apartamentos eine Qualitätsabstufung (Schlüssel), die sich in der Anzahl der Symbole ausdrückt.

■ Als *Hotel* wird ein Haus erst dann bezeichnet, wenn es über einen gewissen Komfort wie Bar, Restaurant, Zimmerservice etc. verfügt. Es ist normalerweise die Kategorie, in der Pauschaltouristen und vermögendere Individualurlauber zu nächtigen pflegen. Das bedeutet konkret, dass die Hotels ziemlich teuer und oft ausgebucht sind, bei steifer Atmosphäre oder betont lockerem Urlaubsgehabe.

■ Und dann gibt es die Kategorie der *Paradores.* Von wenigen modernen Hotelkomplexen abgesehen, sind die staatlich geführten Paradores renovierte historische Baudenkmäler aus einer Zeit, wo sich der Adel die besten Bauplätze aussuchen konnte. Da residiert man in Palästen, Burgen, Schlössern, ausgedienten Klöstern und kann seinen Blick vom antiken Himmelbett aus meilenweit über die ehemaligen Untertanengebiete schweifen lassen zu einem Drink aus der kleinen Bar. Dass gerade auf Gomera und Hierro Paradores neuerstellt wurden, liegt u. a. am Señorio-Status der Inseln (vgl. Einleitungskapitel zu Gomera).

■ Camping. Eine der besten Varianten, die Kanarischen Inseln zu entdekken, ist, mit einer kompakten kleinen Campingausrüstung hinüberzufliegen, sich dort ein Auto zu mieten, das Eindecken mit Proviant und Trinkwasser nicht zu vergessen und dann an entlegenen Plätzen zu zelten (Heringe kann man vergessen, bei dem vielen Wind helfen meist nur Steine als Verankerung). Solange keine Zeltstadt gebaut wird (in Valle Gran Rey/Gomera begründet die Ortsverwaltung das Campingverbot mit Hygiene- und Abfallproblemen), wird dem einzelnen Camper kein Behördenvertreter die Behausung einreissen.

## Die kanarische Küche

So etwas existiert in reiner Form schon lange nicht mehr, wenigstens nicht in den Restaurants. Falls doch noch, dann wird sie in privaten Haushalten gepflegt. Die offizielle Gastro-Szene – nicht zu verwechseln mit der Dichte und Qualität von Feinschmeckerlokalen in Zürich oder München – stützt sich auf drei Pfeiler: die internationale Küche (in den Touristenhotels zu bekommen), die spanische und die spanisch-kanarische. In der letzteren ziehen sich einige Gerichte wie ein roter Faden durch alle Speisekarten, von anderen Gerichten liest man zwar, man bekommt sie aber kaum.

Das wohl populärste kanarische Gericht bzw. das am meisten angebotene ist: *Gebratener Fisch* (oder Fleisch), *mojo rojo* und *papas arrugadas.* Die Mojo ist in diesem Fall eine scharfe Tunke, die aus in Öl und Essig getauchten Brotkrumen, Salz, Kümmel, landeseigenem Safran, Knoblauch und roten Chilischoten besteht. Eine Variante ist die *mojo verde,* die statt Safran und Chilischoten Petersilie oder Korianderkraut *(cilantro)* enthält. Die Papas sind Pellkartoffeln, die in Meersalzwasser gekocht werden, bis sie weich sind. Dann sollte auch das Wasser verdampft sein; das verbleibende Salz als weisse Kruste würzt die Kartoffeln.

Der populärste Fisch (und sicher einer der feinsten) ist die *vieja,* die frisch oder luftgetrocknet verwendet wird. Stapelweise lagern die getrockneten Fischhälften in den Läden: Man isst den getrockneten Fisch auch «roh», indem man die Haut löst und das Fleisch im Mund wie einen Kaugummi hin- und herschiebt, bis es weich wird.

Praktisch auf keiner Speisekarte ist mehr der typische kanarische *gofio* (Makrobiotiker halten ihn für eine der besten Kraftnahrungen) zu sehen: Das ist nämlich eine alte traditionsreiche Hirtenspeise, das Hauptnahrungsmittel der Guanchen bzw. der Ureinwohner. Gerste, Weizen oder Mais werden leicht gerüstet, gemahlen und dann als Mehl mit verschiedenen Zutaten vermischt und zu zahlreichen Gerichten gereicht (z. B. zu *sancocho).* Um eine homogene Masse zu erhalten, wird der Gofio geknetet; früher (auch heute noch teilweise) verwendete man dazu Schläuche aus gegerbtem Ziegenleder (den sog. *zurrón*). Er kann süss oder salzig zubereitet werden (z. B. *turrón de gofio*). *Puchero canario* ist ein reiches Eintopfgericht, bestehend aus Kicherbsen, Tomaten, verschiedenen Fleischsorten, Mohrrüben, Kohl, Bohnen, Süsskartoffeln.

Etwas vom kulinarisch Wertvollsten ist der frische Fisch aus dem Atlantik; man sollte sich in den Restaurants immer erkundigen, wann Fischfangtag ist. Die meisten *mariscos* (Meeresfrüchte) allerdings werden von der nordspanischen Küste her (aus Galizien) eingeflogen; am frischesten – das scheint auch die Bezugsquelle der meisten Wirte zu sein – bekommt man sie im Warenhaus «El Corte Inglés» in Las Palmas, aber da müsste man über eine eigene Küche verfügen können. Die *langustinas* (kleine Langusten) kommen – tiefgefroren – oft aus Griechenland oder sogar aus Kuba, die *percebes* (Saison: Juni, Juli) von der nordafrikanischen Küste. Wichtig zu wissen, wenn man die (teils noch billigen) Langusten essen möchte: Sind sie tiefgefroren oder frisch? Da ist nämlich ein Graben in Sachen Preis und Qualität.

## Kleines Küchenvokabular Spanisch–Deutsch

Die meisten Bezeichnungen für Gerichte sind im folgenden auf spanisch aufgeführt. Das abgedruckte Vokabular fasst diese Namen zusammen und übersetzt sie ins Deutsche. Es bietet eine Übersicht über die gängigsten Gerichte; für mehr Übersetzungshilfe sind die Reisewörterbücher (z. B. von PONS) zu empfehlen, die ein gastronomisches Vokabular enthalten, das allerdings meistens an den regionalen Spezialitäten scheitert.

*aguacates:* Avocados
*almejas:* Miesmuscheln
*arroz:* Reis
*(con) azúcar:* (mit) Zucker
*bacalao (escabeche):* Stockfisch (mariniert)
*bistec:* Beefsteak
*cabrito:* Ziegenfleisch
*café solo:* Kaffee, schwarz
*carne con papas:* Fleisch mit Kartoffeln
*cerdo:* Schweinefleisch
*cerveza:* Bier
*chorizos:* Paprikawürste
*chuleta:* Kotelett
*churros:* in Öl ausgebackene Teigrollen (Spritzgebäck)
*clacas:* spezielle Muschelart
*conejo:* Kaninchen
– *al ajillo:* – an Pfeffersauce

*cordero:* Lammfleisch
*ensalada:* Salat
*entrecot:* Entrecôte
*flan:* süsser Karamelpudding
*frito:* gebacken, frittiert
*gambas:* Garnelen
*garbanzos:* Kichererbsen
*gofio:* gerüstetes, geknetetes Mehl diverser Herkunft (Mais, Weizen)
*higo:* Feige
*huevos a la flamenca:* überbackene Spiegeleier mit Erbsen u.a.
*jamón:* Schinken
– *de York:* gekochter Schinken
– *serrano:* Rohschinken
*jugo:* Saft
*lapas:* Napfschnecken (patella vulgata)
*leche:* Milch
*lenguado:* Seezunge, Soles
*mariscos:* Meerfrüchte (v.a. Krustentiere)
*mejillones:* Miesmuscheln
*mero:* Zackenbarsch
*miel de la palma:* Palmhonig (Gomera-Spezialität)
*mojo rojo:* «rote Sauce», kan. Spezialität
– *verde:* «grüne Sauce«
*paella:* Reisgericht; Zutaten je nach Region verschieden
*papas:* Kartoffeln
– *arrugadas:* Kartoffeln mit Salzkruste; kan. Spezialität
*parrillada:* gegrillte diverse Fleischsorten
*percebes:* schlauchartige mariscos; Entenmuscheln
*pescado:* Fischgericht (allgemein)
*pimienta:* Pfeffer
*plátano:* Banane
*potaje (canario):* (kanarische Suppe)
*potaje de berros:* Kresseeintopf (Gomera-Spezialität)
*puchero:* eintopfartige Gemüsesuppe
*pulpos:* Tintenfische
*queso:* Käse
*ropa vieja:* Gericht aus Fleisch, Kichererbsen, Tomaten
*ron con miel:* Rum mit Honig
*sama:* Rotbrassen
*sancocho:* Fischgericht mit Kartoffeln, Zwiebeln und mojo
*solomillo:* Filet
*sopa de verdura:* Gemüsesuppe
*tapas:* kleine, kalte Vorspreisen
*ternera:* Kalbfleisch
*tollo:* getrockneter, gegrillter Fisch; kan. Spezialität
*torta de cuajada:* Quarktorte (Gomera-Spezialität)
*tortilla:* Omelette
*turrón:* süsse Mandelmasse von harter oder käseartiger Konsistenz
*vieja:* (= die «Alte»), kan. Fischart
*vino:* Wein
– *blanco:* Weisswein
– *del país:* regionale Weinsorte
– *seco:* trockener Wein
– *tinto:* Rotwein
*zumo:* Saft (meistens Fruchtsaft)
– *de naranja:* Orangensaft

# Feste

Frau Sánchez, die einen «Festführer» (Guía de fiestas populares, viajar-Verlag) geschrieben hat – ein Inventar aller spanischen Festivitäten – zählt in ihrem Buch deren 3000 auf. Davon entfällt ein nicht geringer Teil auf die Canarias. Denn die Inseln sind ein fruchtbarer Boden für alle Arten von Festen – vom traditionsreichen Guanchen-Erbe her (altes, teilweise noch heidnisches Brauchtum) über die Heiligenverehrung katholischer Prägung bis hin zu den offiziellen, meist von Festland-Spanien her «importieren» Festen bietet sich eine reiche Palette.

Die meisten tragen den Namen des/der Schutzpatrons/in der Insel (oder des Orts) oder eines/r anderen Heiligen; neben dem religiösen Teil, der z. B. durch eine *romería,* eine Wallfahrt, gekennzeichnet ist, finden eine Anzahl weiterer Aktivitäten statt: Ball der Junggesellen, Ball der Verheirateten, *lucha canaria* (Kanarischer Ringkampf), ein Jahrmarkt mit mindestens einer Autoscooter-Bahn, Wettbewerbe aller Arten, Bootsfahrten etc. Das Ganze kann Tage oder Wochen dauern. Empfehlenswert sind die Fiestas in den kleineren Orten. Wann und wo sie stattfinden, wird meistens durch Plakate bekanntgegeben, die in den Läden aufgehängt werden.

# Stopover Teneriffa

1799 kam der Naturforscher Alexander von Humboldt auf die Atlantikinsel, und wenn man der Überlieferung Glauben schenkt, kniete er beim Anblick der Landschaft nieder, und Tränen traten ihm aus den Augen. Von solcher Pracht bekommen Gomera-Reisende, die in *Los Cristianos* auf die Fähre warten, nichts mit. Auf dieses Touristensilo, das mit *Playa de las Américas* zusammengewachsen ist, bezogen, schmeicheln noch die übelsten Klischees: Teutonen-Grill, Sauerkraut-Stall, Pauschalhölle.

Aber schon der Blick auf das in Wolken gehüllte Vulkanmassiv mit dem berühmten *Pico de Teide* lässt ahnen, dass das Touristik-Inferno hier nur einen beschränkten Mikrokosmos bildet. Denn abgesehen von einer zweiten Ferienhochburg, dem gleichfalls boomenden *Puerto de la Cruz*, besitzt die grösste der Kanarischen Inseln zahlreiche intakte Regionen und Ortschaften, in deren Grosszügigkeit und üppigen Pracht der Besucher winzig wird. Wanderungen im fruchtbaren *Orotava-Tal* und im wilden *Anaga-Gebirge*, das sich Ausgesetzt-Fühlen in der riesigen *Caldera de las Cañadas*, der Puls der alten Universitätsstadt *La Laguna*, das anregende Mischmasch im alten Teil der Hauptstadt *Santa Cruz* und sogar komfortable Strandfreuden à la Gründerzeit um das erwachende *El Médano:* Das alles ist eben auch Teneriffa.

Und da ein mancher Gomera- oder Hierro-Fan hier eine Nacht bis zu den Anschlussverbindungen einlegen muss, folgen auf den nächsten Seiten neben den technischen Infos ein paar Häppchen, mit denen Teneriffa den Besucher einnimmt. Und die den nur für einen Tag geplanten «Zwangsaufenthalt» manchmal um eine reizvolle Entdeckungszeit verlängern.

## Los Cristianos/Playa de las Américas

Wuppertal trifft Helsinki trifft Birmingham – durch das Geschiebe hier muss praktisch jeder, der nach Gomera will. Viele kennen von der Stadt nur die Mole, an der die *Ferry Gomera* täglich zweimal anlegt. Die das Schiff nicht mehr erreichen (und die Nacht nicht auf dem Flugplatz verbringen) bzw. erst am nächsten Tag in die Heimat zurückfliegen, erzählen von folgender Transit-Herberge in Los Cristianos:

■ **Hostal-Residencia Reverón** direkt an der Kirche, Tel. 79 06 00, die knapp hundert durchgelegene Betten bereithält und auf Eine-Nacht-Gäste eingestellt ist. Im DZ kostet das 2200 Ptas. mit Frühstück, in letzter Zeit zwingen sie häufig zu dem höheren Halbpensionstarif – Abendessen bis 22.00. Deshalb kann man hier auf die Frage nach einem Zimmer mit Frühstück schnell eine negative Antwort bekommen, die bekundete Bereitschaft zum Abendessen zahlt sich dagegen aus. Was viel

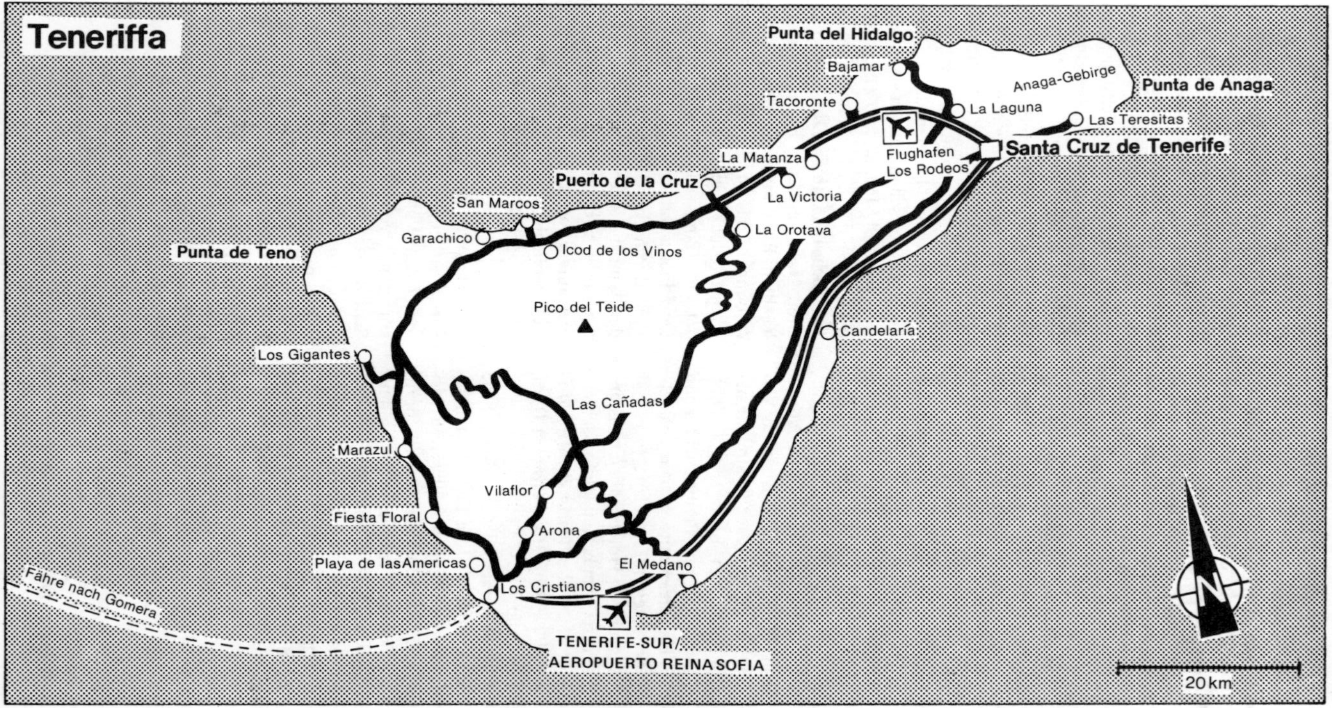
Teneriffa
Punta del Hidalgo
Bajamar
Anaga-Gebirge
Punta de Anaga
Tacoronte
La Laguna
Las Teresitas
Santa Cruz de Tenerife
Flughafen
Los Rodeos
La Matanza
Puerto de la Cruz
La Victoria
San Marcos
La Orotava
Garachico
Icod de los Vinos
Punta de Teno
Pico del Teide
Candelaría
Los Gigantes
Las Cañadas
Marazul
Vilaflor
Fiesta Floral
Arona
Playa de lasAmericas
El Medano
Fähre nach Gomera
Los Cristianos
TENERIFE-SUR/
AEROPUERTO REINA SOFIA
N
20 km

wichtiger ist: Die Rezeption ist in Bezug auf das Wecken und die Taxibestellung zuverlässig – jeder, der frühmorgens aufs Flugzeug muss, dankt das. Bei der Rückreise von Gomera am besten hier einen Tag vorher das Zimmer bestellen; auch das klappt einigermassen.

Wer nicht im angenehmeren El Médano, das ebenfalls nah zum Flughafen liegt, Stopp einlegt, kann in Los Cristianos noch auf folgende Unterkunftsmöglichkeiten zurückgreifen:

■ **Pensión Casa de Blanca**, Calle Ramón Pino, 28, am Berg gelegen, dritte Parallelstrasse zur «Ader». Saubere Zimmer, relativ ruhig, mit schönem Blick auf Hafen. Normalpreis zwischen 600 und 800 Ptas. pro Nacht und Person. Da Eine-Nacht Gäste im Verhältnis viel Arbeit machen, sind sie natürlich auch hier nicht sehr beliebt. Wer unbedingt eine Bleibe sucht, kann dieses Handicap mit ein paar zusätzlichen Scheinen überwinden.

■ Die teureren Hotels haben meistens Zimmer frei. Am besten telefonisch anfragen: *Hotel-Residencia Belroy Moreque*, Tel. 79 03 70. *Hotel Princesa Dacil*, Tel. 79 08 00.

■ **Übernachtung in der Disco:** Eine echte Alternative zum Bett für diejenigen, die noch einmal oder schon wieder den Sound-Glitzer-Trubel brauchen. Gepäck deponieren und hinein in die «In-Disco» *Aquarium* westlich vom Hafen an der Steilküste. Hier herrscht (Mi geschlossen) bis zum Morgen fetzige Stimmung. Eintritt 400 Ptas., ein Drink kommt auf 350 Ptas.

Natürlich lässt das Adidas-Klima der Stadt keine kulinarischen Reize zu. Der Transit-Reisende isst noch am besten hafennah im *Restaurante Galeón* hinter dem Strand im kleinen Gässchen, das vom Ende der «Meile» abgeht. Oder im *Restaurante Bahía* am Ende der Promenade vor dem Hafen.

# El Médano

17 km von Los Cristianos unweit des Flughafens liegt El Médano, ein überschaubarer Ort, der über die schönsten Sandstrände Teneriffas verfügt. Obwohl die neue Promenade und die Plaza ein bisschen zu gross geraten sind, wirkt El Médano mit seinen maurisch-weissen Schachtelhäusern durchaus noch als Einheit. Die Trawler im alten Hafen mussten noch nicht den Yachten Platz machen, und das Kamelrennen, das in der Vergangenheit mangels Höcker eingestellt wurde, findet neuerdings wieder anlässlich der Dorf-Fiesta statt.

In den letzten Jahren hat die Gilde der Windsurfer El Médano entdeckt, noch nicht aber ihre Posen dem Leben hier aufgezwängt. Ein wenig misstrauisch beobachten die kleinen Aschekegel die neue Mode. Die Fischer an der Mole schütteln den Kopf, wenn ein Windskater an den ausgelegten Netzen vorbei entlangsurrt. Der Teide wacht hinter den Wolken über allem. Zuvorkommend versteckt er hinter dem Schleier seinen Winterschnee, um den «ewigen Frühling» im Kopf der Fremden ja nicht in Frage zu stellen.

## Unterkunft

■ **Hotel Playa Sur Tenerife,** Playa El Médano, Tel. 70 41 50/51. 140 Betten

▶
*Gegensätze: Playa El Médano und Playa de las Americas*

am Südende des Strandes, 1980 renoviert, unter deutscher Leitung. Das Hotel wirbt auch speziell für Transitreisende, seitdem es aber für die Windsurfer en vogue wurde, sind meistens in deren Saison keine Betten mehr frei. Sonst aber eine bequeme Variante für den schrittweisen Einstieg auf die Canarias. Die komfortablen Zimmer kosten zwischen 3400 Ptas. in der Neben- und 4700 Ptas. in der Hauptsaison rund um Weihnachten – für DZ mit Bad, Dusche, Telefon und zum Teil Meerblick ein fairer Preis. Obwohl von Jahr zu Jahr mehr Surfer kommen, bestimmen frühmorgens noch immer pauschal eingeflogene Rentner und Familien den Frühstücksraum (Buffet für 300 Ptas.). Das junge Volk trottet erst ein paar Stunden später an, um an der Pool-Bar den Tag mit dem ersten Drink zu begrüssen. Die Anlage ist 30 Meter vom Ufer entfernt, das Baden ist auch im Swimming-Pool möglich. Der hoteleigene Transfer zum Flughafen (700 Ptas.) und nach Los Cristianos (1300 Ptas.) gilt als zuverlässig.

■ **Hotel El Médano**, Playa de El Médano, direkt im Ort am Ende der Plaza gelegen, Tel. 70 40 00. Das 3-Sterne-Haus wird hauptsächlich von Engländern frequentiert, eine Gesellschaft von der fernen Insel betreibt es. Deshalb herrscht auch ein wenig angestaubter Komfort vor, die geräumigen DZ mit Dusche und Telefon kosten 3500 Ptas. Ins Wasser gelangt man direkt von der Terrasse über dem Meer. Hier treffen sich tagsüber Alt und Jung der besseren Kreise von El Médano.

■ **Hostal Carel**, Tel. 70 42 50. Einfach eingerichtete Zimmer mit Bad: EZ für 1200 Ptas., DZ für 1800 Ptas. Das Essen in der sympathisch-bürgerlichen Familienpension kommt auf ca. 500 Ptas.

■ **Casa Huéspedes** direkt am Anfang der Mole. Hier steigen unkomplizierte Traveller ab, die die kommunikative Atmosphäre und die günstigen Preise (Bett für 500 Ptas.) schätzen. Surf-Globetrotter können ihr Brett in einem grossen Lagerraum abstellen.

■ **Apartamentos** sind eine Unterkunftalternative für diejenigen, die mindestens ein paar Tage in El Médano bleiben wollen. Für zwei Zimmer mit Kochecke gelten 1700 bis 2000 Ptas. als normaler Preis. Die Wohnungen am Strandweg zwischen dem Hotel Playa Sur und der Plaza liegen am schönsten. Zwei Beispiele:

■ **Apartamentos Tama**, Señor Ramón, Tel. 70 43 46. Relativ günstige Wohnungen für 2-3 (12'000 Ptas. pro Woche) bzw. 4-5 Personen (14'000 Ptas. pro Woche). Bei geringer Nachfrage ist mit dem Besitzer zu handeln.

■ **Apartamentos Marazul**, an der Plaza. Die Wohnungen liegen über der hauseigenen Pizzeria. Die Einheiten für 3 Personen kosten 2500 Ptas. pro Tag, die für 5 Personen (2 Schlafzimmer) 4000 Ptas.

■ **Wildcamping:** Eine Menge Camping-Cars stehen immer auf dem riesigen steppenartigen Areal südlich des Hotels Playa Sur. Am Wochenende gesellen sich Familien und Pärchen von Santa Cruz hinzu, nachts brennen dann oft Dutzende von Lagerfeuern, der Wind mischt den Volksliedgesang mit Rock-Sound von nebenan. Die Zelte müssen hier im Boden fest verankert werden und auch sonst sturmsicher sein, denn schliesslich ist die Bucht u.a. ein El Dorado für Starkwindsurfer.

## Verpflegung

■ **Mesón Yaiza:** Neben den Restaurants in den grossen Hotel, wo die Speisen «international» verrührt werden, ist dieses Lokal eins der beiden Alternativen, noch einigermassen ungeschoren das Essen zu verdauen. Als ausgewiesenes Fischlokal muss hier die Zubereitung der Langustinas allerdings noch erlernt werden. Die 550 Ptas. dafür sind «verbraten». Empfehlenswert dagegen die Paella (1200 Ptas. für 2 Pers.), die anderen Fischgerichte sind auf dem üblichen Canarias-Standard. Günstig das täglich wechselnde Menü (3 Gänge inkl. ein Glas Wein) für 375 Ptas.

■ **Restaurante Familiar** unter Juanis Pub, einer kleinen Disco. Hier ist man ganz auf Fremde eingestellt. Zu Fleischspeisen werden speziell scharfe Messer serviert, das Entrecot medium (425 Ptas.) könnte sonst auch nicht zerlegt werden. Die Engländer, die sich aus ihrer Burg Hotel El Médano gewagt haben, essen meistens Steak, die (wenigen) Canarios Fisch, die Deutschen schauen, was die anderen essen und bestellen dann irgendetwas.

■ **Pizzeria Marazul:** Wer unbedingt auf geblümten Clubsesseln seine Pizza verdrücken will, kommt am Marazul nicht vorbei: gute Pizzas nur hier.

■ **Selbstverpflegung:** In El Médano gibt es insgesamt vier Supermärkte, die alle recht gut sortiert sind und die – in Relation zu den anderen Ferienorten der Insel – vernünftige Preise haben. Zwei Beispiele: Das Kilo Käse kostet 450 Ptas., roter Tischwein (kein Fusel!) ist schon ab 100 Ptas. pro Flasche zu haben.

Nach einem Wochenmarkt wird hier vergebens Ausschau gehalten. Aber wer Appetit auf frisch gefangene Fische oder Meeresfrüchte hat, geht in die *Pescadería Médano* direkt gegenüber dem Restaurante Familiar. Hier liegt alles von 8h bis 13h, was der Atlantik in der Nacht vorher herausgerückt hat. Und zwar zu normalen Preisen, da hauptsächlich ortsansässige Kunden einkaufen.

## Strände

Zwei Hauptstrände mit Sand (sogar in Weiss) und mehrere kleine, felsige Badebuchten: Diese Ausstattung macht El Médano zum besten Strandrevier auf Teneriffa.

■ **Playa El Médano:** Sie erstreckt sich ca. 2 km von der Terrasse des Hotels El Médano in Richtung Punta del Bocinera. Bis zum Areal hinter dem Hotel Playa Sur verwöhnt sie mit hellem Sand (eine Ausnahme auf der Vulkaninsel) und sanftem Einstieg ins Meer. Als Badeplätze bieten sich die schon erwähnte Hotelterrasse, der kleine Strand vor der Plaza und bei Ebbe die Buchten Richtung Surf-Stationen an. Vor dem Hotel Playa Sur fängt der Surfbereich an, bei Wind machen die Flitzer dem Badenden so viel Angst, dass sich nur Mutige hier ins Wasser wagen. Ausserdem herrscht dann hier eine ein bis zwei Meter hohe Dünung, die zu untertauchen ist. Am Südende der Bucht geht's dann ein bisschen gemächlicher zu: Die Lavariffs beginnen hier und nötigen den Sportlern Respekt ab. Schwimmer wie Surfer dürfen sich nicht weit aus der Bucht herauswagen, denn draussen wartet eine heimtückische Strömung: Sie soll

schon einige Tote (bzw. Vermisste) gefordert haben.

■ Zwischen der Punta del Bocinero und der Punta Roja gibt es mehrere *einsame Felsbuchten*, die zum Sonnenbaden und kleinen Erfrischungsbädern einladen.

■ **Playa de la Tejita:** Ca. eine halbe Stunde zu Fuss dauert der Marsch zu dem idyllischen Strand westlich der Punta Roja. Unweit der alten Flugpiste hat sich sogar eine kleine Kiosk-Bar etabliert, so dass die Kehle nicht trocken bleiben und kein Magen knurren muss. Die familiäre Szene besteht aus Freaks, einigen einheimischen Lebenskünstlern und mobilen Surfern, die Abwechslung vom Sport suchen.

## Treffpunkte am Abend

Der frühe Abend wird an der *Pool-Bar* des Hotels *Playa Sur* begangen, wo jeder, der sich der momentanen Szene zugehörig fühlt, einmal vorbeischaut. Weiter geht's dann zum Abendessen, danach auf die Plaza zu

■ **Mario (y Bernardo)**, wo einheimische Chicas und englische Singles lässige Mode zeigen. Ab 22.00 wird die kleine Disco *Juanis Pub*, die im ersten Stock über dem Restaurante Familiar liegt, die Szene abgecheckt oder es geht gleich ins *Xaxi-Raxi*. Früher war das nur eine Bar mit zwei grossen Stereo-Boxen, in der man trank und eine Tapa nahm. Inzwischen lockt eine Tanzfläche im klimatisierten Keller: die beste Disco im Ort.

## Funboards statt Bananen?

El Médano gilt als das sicherste *Starkwindrevier* Spaniens. Die regelmässigen Winde locken (mit Ausnahme der Flautenmonate Oktober und November) immer mehr Fans aus Mitteleuropa und von der Península an, so dass sich schon eine verschworene *Surf-Subkultur* gebildet hat. Vier Surfschulen bieten mittlerweilen ihre Dienste an, zwei Service-Stationen und sogar eine glitzrige Surf-Boutique locken an der Plaza mit dem Duft von Hawaii. Ein deutscher Surflehrer hat aus Ibiza einige Angewohnheiten mitgebracht und macht sich damit bei der (im grossen und ganzen) unkomplizierten Surferschar nicht beliebt. Bleibt zu hoffen, dass Futterneid und andere kommerziellen Mödchen sich nicht weiter ausbreiten, auch wenn die Surfindustrie El Médano zum neuen Experimentierfeld auswählt.

# Santa Cruz de Tenerife

Verglichen mit Las Palmas wirkt Santa Cruz de Tenerife britischer und intimer – man behält den Überblick. Die Stadt (ca. 200'000 Einwohner, Hauptstadt der Provinz Tenerife, zu der auch El Hierro, La Gomera und La Palma gehören) liegt wie eingekesselt an einer Bucht im Nordosten der Insel. Hinter den Hochhäusern beginnt das *Anaga-Gebirge* und die Hochebene von *La Laguna*, wo die wichtigste Universität der Canarias ist. Der Hafen ist zwar nicht so umsatzträchtig wie der von Las Palmas, ist

*El Médano entwickelt sich seit ein paar Jahren zum Surf-Eldorado Europas*

aber nicht minder traditionsreich. Seine ehrgeizige Erweiterung um ein neues Hafenbecken Richtung Raffinerie erwies sich allerdings als Schildbürgerstreich. Man baute erst einmal fertig, um dann festzustellen, dass die Schiffe nicht bei allen Windrichtungen darin sicher sind. Inzwischen plant die Stadtverwaltung, diese Fehlinvestition mit einem attraktiven Disneyland zu überbauen. Sonst sorgt der Hafen in der eher betulichen, von vielen Kliniken und Pensionären besiedelten Stadt für einige lichtscheue Aktivität, die sich im Vergnügungsviertel, dem *Barrio Chino* rund um die *Calle de Miraflores* und beim Markt an der *Calle J. Manuel Guimera* abspielt. Einige Matrosenetablissements (in der Nähe ist auch ein Bingo-Spielsaal) gibt es an der *Calle Primo de Rivera* (in der Nähe der *Plaza de España*). Hier stehen auch die Mädchen, die von den einheimischen Autofahrern aufgerissen werden, aber ein echter Matrose kennt seinen «piso franco», sein «freies Stockwerk«: Das sind Wohnungen mit Puffmutter und Mädchen, die eine auf hoher See oft vermisste Familienatmosphäre bieten.

Tagesüber ist die Szene an der *Plaza de España* recht quirlig: Lotterieverkäufer, Allround-Schlitzohren, Marinesoldaten, Arbeitslose, Taxifahrer, Matrosen und sonst nicht einordbare «Subjekte» (im durchaus zärtlichen Sinn gemeint) mischen sich mit den Touristen, Geschäftsreisenden, Hafenangestellten, Bankleuten und den ehrbar angezogenen Schlitzohren. Hier ist man manchmal versucht, die Welt in Tätowierte und Nicht-Tätowierte einzuteilen.

Hat man diese Szene, die auch beeinflusst ist von der Nähe des angrenzenden Geschäftsviertels (rund um die *Plaza de la Candelaría*), wo die Discountläden sind, satt, verlagert man sich an die *Rambla* (so heisst die typisch spanische Strasse mit der breiten Mittelzone, wo es viel Platz für Bäume, Kioske, Bistros, kleine Läden etc. hat). Die *Rambla del General Franco* (!?) ist ungefähr die Querachse der Stadtmitte; an ihr, dort wo die *Calle Mendez Nuñez* in nördlicher Richtung in sie einmündet, liegt die «Restaurants-Gegend», dann der *Parque Municipal Garcia Sanabria* mit ca. 200 verschiedenen subtropischen und tropischen Pflanzen und zwei Parkrestaurants; gut zum Entspannen, zudem ist dieser Park sehr gepflegt und gilt mit seinen Skulpturen (u.a. von *Soto, Paolozzi*) als eine der schönsten Anlagen der Inseln. Weiterer Schwerpunkt an der Rambla ist die *Plaza de la Paz*, die neben den Kinos, in denen mit 99% Sicherheit nur Trivialfilme laufen, auch einige um einen Kiosk (in diesem Fall Getränkeausschank) herum gestuhlte Strassenkneipen bietet. Hier spielt sich auch eine recht flippige Szene ab: Studenten von La Laguna, «Overdresste» von der Halbinsel, kernige Säufer, einige Freaks, viele junge Mädchen aus der Stadt, hängengebliebene Heimkehrer, die sich noch den letzten Drink genehmigen – alle scheinen sich zu kennen, klopfen sich auf die Schultern, tauschen mal Küsschen aus, trennen sich, und auf dieser Bühne springen immer ein paar Hunde rum. Sta. Cruz ist naturgemäss das infrastrukturelle Zentrum der westlichen Provinz; wenn man also noch etwas Spezielles einkaufen will (z.B. Autoersatzteile oder Wasserkanister), tut man es am besten hier; ebenso ist es mit den Infos (hier laufen alle Leitungen zusammen) oder mit der ärztlichen Betreuung.

Und wenn man die manchmal drükkende Hitze dieser Stadt nicht erträgt und sich erfrischen will, gibt es – neben dem öffentlichen Schwimmbad - nur eine Möglichkeit zum Strandbaden; die *Playa de las Teresitas*, 9 km nördlich der Stadt hinter dem Fischerdörfchen *San Andrés* gelegen. Die Stadtverwaltung liess Tonnen von weissem Sand aus der Sahara ankarren bzw. -schiffen, um diesen ca. 1 km langen künstlichen Strand fertigzustellen; zudem ist er durch einen Damm vor zu hohem Wellengang und Brandung geschützt.

## Ankunft

■ **Flug:** Entweder auf dem Nordflughafen *Los Rodeos* mit der Iberia von den anderen Kanarischen Inseln oder am Südflughafen *Reina Sofia*, auf dem die meisten europäischen Linienverkehrsgesellschaften, die Charterriesen und einige interinsulare «Vögel» landen. Will man also weiterfliegen, zum Beispiel auf eine Nachbarinsel, kann es einem passieren, dass man die ca. 80 km zwischen Nord- und Südflughafen überbrücken muss. Deshalb ist es wichtig, bei der Reservation interinsularer Anschlussflüge, wenn möglich, Verbindungen vom Ankunftsflughafen zu wählen.

Von Reina Sofia, genannt nach der Gattin des spanischen Monarchen Juan Carlos, bestehen den ganzen Tag über Verbindungen zum Busterminal nach Santa Cruz, wo man sofort in einen Anschlussbus nach Los Rodeos umsteigen kann. Die entsprechende Verbindungskette besteht auch vom Nord- zum Südflughafen. Zur Sicherheit ist mit einer Fahrtzeit von etwa 90 bis 120 Minuten zu rechnen.

Preisbeispiele für das schnellere Taxi: Reina Sofia nach Los Rodeos ca. 5000 Ptas., Reina Sofia zur Fähre nach Gomera in *Los Cristianos* ca. 700 Ptas.

■ **Schiff:** An der Mole in Santa Cruz, von wo man mit wenig Gepäck bequem in einigen Minuten auf die *Plaza España* kommt, wo es sich morgens z. B. in der *British Bar* gemütlich an der Strasse frühstücken lässt. Von hier sind es nur ein paar Schritte zu den Hotels und Pensionen. Ein Taxi für Morgenmuffel von der Mole zu den Unterkünften kostet um die 100 Ptas. Weiter zu den Flughäfen oder zur Fähre nach Gomera in Los Cristianos geht es neuerdings nur noch via neuerbautem Busterminal (gegenüber auch das Büro der Ferry Gomera), wohin das Taxi 100 Ptas. kostet.

## Unterkunft

Für Einheimische hat die Provinzhauptstadt nur einen praktischen Bleibewert: Man macht hier Geschäfte, erledigt seine Papiere, wartet auf eine Anschlussverbindung oder kauft aus den reich sortierten Regalen die Plastiktaschen voll. Das hat Auswirkungen auf die Verfügbarkeit von Unterkünften; es ist eigentlich immer etwas frei, selbst in der spanischen Urlaubsaison im Sommer. Vorherrschend ist das Angebot an günstigen Mittelklassebetten und sehr billigen Bettstellen in vielen *casas huéspedes*, die unweit der Plaza España liegen.

Hier, im Schatten der vielstöckigen Finanzierungs- und Versicherungspaläste, des Casinos und einiger Verwaltungsbauten warten in den alten Gemäuern Frisörsalons, kleine Geschäfte mit Unterhaltungselektronik & Diversem und eben die vielen Casas Huéspedes (CH) auf den Abbruchbagger: Die mächtigen Büros dringen immer weiter vor Richtung Markt. Für die, welche dem Trubel in diesem Viertel ausweichen wollen, seien die vom Hafen weiter entfernten (Taxipreis von der Mole ca. 150 Ptas.) *hostales* an der Rambla empfohlen.

■ **Hotel Anaga**, Calle Imeldo Seris, 9, Tel. 24 50 91. DZ mit Dusche 2000 Pts., EZ mit Dusche 1600 Pts., Frühstück 100 Pts. Zentral gelegener fünfstöckiger Bau mit Terrasse für Schwindelfreie. Zimmer mit Waschbecken und Dusche, die manchmal den Zimmerboden unter Wasser setzt. Einfache Normausstattung, freundliches Personal. Ideal für ein oder zwei Tage Aufenthalt. Kategorie: zwei Sterne.

■ **Hostal-Residencia Ucanca**, Calle Cruz Verde, 24, direkt an der Ecke zur Plaza España gelegen, Tel. 24 58 88. DZ mit Dusche 2000 Ptas., EZ 1300. Am Portier vorbei mit dem Fahrstuhl zum Empfang fahren. 45 geräumige Zimmer in zwei Etagen, die besten mit Balkonen über der Plaza; freundliches Personal.

■ **Hostal Plaza**, Plaza de la Iglesia, 14, Tel. 24 14 36 und 24 10 19. DZ mit Waschbecken (Aussendusche) 1000 Ptas., EZ 700. Einfache, saubere Zimmer, Restaurant im Haus, Menü 400 Ptas., Frühstück 100. Ein Haus, von dem man nicht weiss, ob man es romantisch oder vergammelt nennen soll. Von hier nur fünf Minuten zum Busterminal bzw. zum Büro der Ferry Gomera zu Fuss.

■ **Casa Huéspedes Cruz Verde**, Calle de la Cruz Verde, 3. DZ mit Waschbekken 700 Ptas., die 18 Zimmer sind öfters belegt. Der Ort hat Atmosphäre, im Innenhof blättert das Himmelblau langsam ab, düngt die überall rankenden Blumen und Pflanzen.

■ **Casa Huéspedes del Clavel**, Calle Clavel, 15; Tel. 24 19 58. DZ mit Waschbecken 900 Ptas., die 16 Zimmer, einige davon ohne Fenster, sind manchmal ganz ausgebucht. Etwas mürrische Betreiber; haben Eintagsgäste nicht gern.

■ **Casa Huéspedes España,** Calle Cruz Verde, 19.

Wer wie die offiziellen Gäste der Regierung wohnen will, wählt

■ **Hotel Mencey**, Calle Dr. José Naveiras, 38, Tel. 27 67 00. 5-Sterne Luxus-Hotel mit über 300 Zimmern für ca. 6000 Ptas.

■ **Hotel-Residencia Diplomático,** Calle Antonio Nebrija, 6, ausserhalb der Innenstadt am Hang über den Markthallen gelegen, Tel. 22 39 41. Das DZ mit Bad kostet 2600 Ptas.

■ Ausserdem gibt es noch zwei *internationale Hotels*, das *Bruja* (Tel. 22 62 43) und das *Parque* (Tel. 24 44 90).

Für diejenigen, die dem geschäftigen Finanz- und Touristenviertel um die Plaza España entfliehen wollen und gern direkt vor der Tür einen Café oder Drink auf der Rambla nehmen wollen, zwei Unterkünfte dort:

■ **Hostal Ramos**, Rambla de Pulido, 93; Tel. 25 71 40. DZ mit Dusche 1500 Ptas., mit Waschbecken 1200. Hier wohnen hauptsächlich Kanarier – der Ort an der Ecke zur Rambla mit dem von Jungen abends besetzten Kiosk-Café wirkt trotz des regen Autoverkehrs ein wenig verträumt. Kategorie: ein Stern.

■ **Hostal Rambla**, Rambla, 68; Tel. 27 33 74. DZ mit Waschbecken 1200 Ptas. Einfache Zimmer in mehrstöckiger «Schuhschachtel». Wenn das Haus schwach frequentiert ist, nach Zimmer mit Balkon auf die Rambla hinaus fragen. Ist wohl nichts für diejenigen mit leichtem Schlaf, dafür stellt sich vielleicht das Gefühl ein, *über* dem Leben zu sitzen. Direkt gegenüber der alten Stierkampfarena. Kategorie: ein Stern.

## Essen und Trinken

In Santa Cruz spielt sich die «gastronomische Szene» - neben den am Hafen gelegenen Lokalen, die mehr auf *tapas* spezialisiert sind – an der Rambla ab. Hier gibt es einen eigentlichen Kern von billigen bis teuersten Lokalen (davon einige untenstehend):

■ **La Fontana de Oro** (Self-Service; einiges der wenigen Lokale, das diese Bedienungsform hier vertritt), Rambla, 127; Tel. 28 06 07. Vor allem kaltes Buffet wird angeboten, daneben auch Gerichte wie Tortilla 50 Ptas., Chuleta de cerdo 150 Ptas., Churros de pescado 75 Ptas., Paella 125 Ptas. Grosse Portionen, günstige Preise.

■ **Pizzeria Dorada** (in der Nähe vom Fontana de Oro, s. oben), im Soussol. Italienische Gerichte, darunter (als Hauptströmung) 16 Pizzasorten.

■ **Masía II**, San Fernando 7, Speisekarte mit katalanischen Spezialitäten. Daneben auch eine Parrillada de pescado 800 Ptas., Entrecot de la Casa 650 Ptas. und eine Mousse au chocolat 150 Ptas.

■ **La Riviera**, Rambla, 155; Tel. 27 58 12 / 27 58 16. Luxuslokal, in der Nähe einiger Armeequartiere gelegen (auf der Visitenkarte des Lokals dreifach aufgeführt). Die Küche ist nicht besonders originell auf französisch getrimmt, mit einigen spanischen Einflüssen, z. B. Merluza en salsa verde 1000 Ptas.; zur Saison gibt's Spezialitäten (z. B. die teuren *angulas*, weisse Miniaale, von der Halbinsel importiert) oder Langusten. Fleischgericht: Tournedo Enrique IV 800 Pts. Klimaanlage, kühles modernes Design als Inneneinrichtung.

Weitere bekannte Lokale an der Rambla (oder in der Nähe): *La Estancia, Martin Fierro* (argentinische Küche), *Hong-Kong, Taberna Alemana* (mit deutscher Küche).

## Lokale ausserhalb der Rambla-Zone

■ **Bar-Restaurante Los Cubanitos,** Imeldo Serís, 106; Tel. 28 60 26. Buntes Angebot, von jedem etwas: Tortillas 110-180 Ptas., Entrecot 375 Ptas., Merluza 225 Ptas., Languste 1000 Ptas.

■ **Caseta de Madera;** im Barrio Los Llanos, das in der Verlängerung der Calle Primo de Rivero zu suchen ist; eine Art architektonisches Niemandsland am Meer, durch Naturstrassen erschlossen. Dieses «Holzhäuschen» ist ein beliebtes Esslokal, von Einheimischen eher als teuer empfunden: Hier gibt es gegrillten Fisch und weitere Meerespezialitäten.

■ **Bar Frontera;** im Barrio de la Alegría (im Barranco Richtung Norden) gelegen, auch als «Finca del Ventoso» bekannt. Zwischen Bola- und

Betanca-Bahn und einer Bananenplantage gelegene Einheimischenkneipe, wo man günstig und in einfacher, aber stimmungsvoller Umgebung essen kann, z.B. Paella con mariscos 110 Ptas., Tortilla 80 Ptas., Callos 150 Ptas., Assadura 150 Ptas., Bacalao escabeche 200 Ptas., Corvina salado 150 Ptas., Carne de cabra 250 Ptas.

■ **Frühstückslokal: British Bar** an der Plaza España. Kommt man frühmorgens mit der Fähre an, ist dieses nahegelegene Lokal das Mekka der Morgenmuffel; ab 7h geöffnet bietet es frisch gepressten Orangensaft, saftige Sandwiches (Bocadillos) mit Butter und Jamón serrano und einen starken Cafè. Draussen ist gestuhlt. So geschlossen.

## Selbstverpflegung

■ **Mercado Nuestra Señora de Africa:** Markthallen mit einer Fisch- und einer Früchteabteilung; sie liegen am südlichen Ende des Puente Serrador. 6–13h offen, So geschlossen. In der schönen, üppigen Fischhalle kann es passieren, dass eine Marktfrau ihren guten Geschäftsgang mit kanarischen Weisen besingt; bei den Früchten findet man Landesprodukte wie rote Mangos, Bananen – und auch Importiertes, alles in grosser Auswahl. Ein Markt, der auch einen Besuch wert ist, wenn man in einem der zahlreichen kleinen Lokale an der Aussenmauer der Halle einen Café solo trinken oder eine Tapa essen und anschliessend durch die Freiluftmärkte schlendern will. Sie bieten Kleider, Haushaltsartikel, Kunstgewerbliches feil, auch Platten und Kassetten, je nach Stand.

## Sehenswürdigkeiten

■ **Museo Arqueológico Provincial**, im Palacio Insular an der Plaza de España, Tel. 242090. Viele Fundgegenstände aus der altkanarischen Zeit. Einzelne Mumienteile, Tuffsteinmühlen für die Gofio-Herstellung (sieht man zwar überall). Auch eine vorsintflutliche Muskete, die ein *Conquistador* (vielleicht auf der Flucht vor den tapferen Guanchen) verloren haben muss. Eine Spezialsammlung mit säuberlich numerierten Steinwerkzeugen aus der ehemals Spanischen Sahara. Geöffnet im Juli, August, September 9–13h Mo–Sa, sonst zusätzlich offen 16–18h. So geschlossen. Eintritt 25 Ptas.

■ **Museo de Bellas Artes**, Calle José Murphy, 4; Tel. 244358. Neben den letzten Nachwehen provinzieller Pop-Kunst und überdimensionierter älterer Schinken (z.B. eine düstere Duell-Szene von Saint-Aubin) ein paar Perlen – und ein paar Bilder, die die Ortsgeschichte illustrieren. Di–Sa 9–13h. Eintritt frei.

■ **El Tigre**, das ist die Kanone, durch die der britische *Admiral Nelson* seinen rechten Arm verlor. Sie steht, unter anderen weniger erfolgreichen Kanonen, auf einem Platz beim Militärklub Paso Alto (und ehemaligem Castillo) an der Avenida Francisco La Roche, 4. Die Geschichte ist wichtiger als die Kanone, interessant ist aber – wenn man schon in der Nähe ist – zu sehen, wie ein solcher spanischer Offiziersklub von den Sippen der Militärs frequentiert wird, die hier privilegiert Tennis spielen und baden – eine spezielle gehätschelte Kaste, die ihr eigenes soziales Leben führt.

◀
*Büropaläste gegen Kleingewerbezentrum: Wie lange wird es die romantischen Casas de Huéspedes in Santa Cruz noch geben (oben)?*
*El Tigre, die berühmte Kanone, deren Kugel Admiral Nelson den Arm wegriss (unten)*

## Admiral Nelsons verlorener Arm

Am 25. Juni 1797 versuchte Nelsons Flotte, Santa Cruz in einem Überraschungsangriff einzunehmen. Das misslang dank der Wachsamkeit und des Artilleriefeuers der Küstengarnison. Als Nelson in ein kleines Beiboot umsteigen musste, wurde er am rechten Arm angeschossen. Dieser musste – wohl mit Hilfe einer Pulle Rum – amputiert werden; den Arm warf man über Bord. Mit der linken Hand dann unterzeichnete der siegesgewohnte Nelson seine einzige Kapitulation, wobei er dem Verteidiger der Stadt, Antonio Gutiérrez, ein Bierfass und Käse überreichte. Dieser schenkte dem angeschlagenen Admiral handkehrum mit dem Inselprodukt Malvasierwein gefüllte Weinschläuche. Seit diesem ehrenwerten Geschenk-Schlagabtausch zwischen Männern hat der britische Admiral – trotz der vielen früheren Überfälle von englischen Piraten – einiges Ansehen auf der Insel, und man redet sogar davon (eine Strasse ist bereits nach ihm benannt), dem «Einarmigen von Tenerife» ein Denkmal zu setzen.

## Verschiedenes

■ **Info-Stellen:** Das offizielle spanische Touristenbüro an der Plaza de España informiert u.a. über Ferien auf der Halbinsel, deshalb geht man lieber um die Ecke Richtung Hafen und findet im selben Gebäude (Palacio Insular) das Büro des *Cabildo*, d.h. der Inselverwaltung. Eine Tür weiter ist die *Aula de Cultura de Tenerife*, die einen über kulturelle Anlässe der Insel etc. informiert und auch einen eigenen Verlag betreibt; d.h. die Bücher (mit Inselthemen) werden direkt im Büro «gehandelt».

■ **Biblioteca Municipal** (im selben Gebäude wie das Museo de Bellas Artes, siehe oben); gute Bibliothek mit Büchern zu kanarischen Themen, die meisten natürlich auf spanisch. 9-13h geöffnet, Sa und So geschlossen.

■ **Das Iberia-Büro** ist an der Avenida Francisco la Roche, 23 (der populäre, aber nicht angeschriebene Namen dieser Strasse heisst: Avenida de Anaga). Tel. 28 11 00. Reservation 28 80 00 / 28 80 50.

■ **Trasmediterránea**, Calle de la Marina, 59; Tel. 28 78 50.

■ **Post:** Correos y Telégrafos an der Plaza España, Tel. 24 20 02 / 24 13 88.

■ **Shopping.** Neben Las Palmas die zweite Ladenstadt, die wegen ihrem Freihandelsstatus preislich günstige Artikel in grosser Auswahl (v.a. aus der Elektronik- und Fotobranche) anbietet. Die Läden – die meisten fest in der Hand der hier ansässigen Inder – liegen an den Geschäftsstrassen, die von der Plaza de España stadteinwärts führen. Auch hier Preisunterschiede und vor allem Nivellierung im Angebot (die wenigsten führen z.B. die Marke Nikon, dafür um so mehr Minolta oder Casio-Uhren), was dazu führt, dass viele Läden ziemlich leer sind und andere (z.B. *Maya*) einen Türwächter brauchen, um die scharfen Kunden zu kanalisieren. Bei diesem Andrang kann es einem dann passieren, dass man, vom vermeintlich tiefpreisigen Angebot beirrt, z.B. ein Nikon-Objektiv ersteht – und später, zu Hause mit kühlerem Kopf, merkt man dann, dass die Preisunterschiede nur minimal sind.

■ **Librería Goytec**, Pérez Galdós, 15; Tel. 24 53 14. Im 1. Stock wahrscheinlich die grösste Abteilung mit (meist spanischsprachigen) Büchern über die Canarias.

## Weiterreise von Santa Cruz

■ **Schiff:** Fährdienst nach Cadiz ans spanische Festland. Jeden Donnerstag um 16.30h, an Las Palmas 20h, dort ab 23h, Ankunft in Cadiz jeweils samstags um 14h. In den Sommermonaten ab Mitte Juni bis Mitte September zusätzlich alle vier bis sechs Tage weitere Linienschiffe.

Das billigste Ticket *(butaca turista)* kostet 11'180 Ptas., die teuerste Einzelkabine knapp 30'000 Ptas. Autos bis 4,5 m 10'000, Motorräder 2'500 Ptas. Auskunft: Trasmediterránea, Calle de la Marina, 59, Tel. 28 78 50.

Jetfoilfähre (Tragflügelboot) nach Las Palmas/Gran Canaria Mo–Sa 7.30h, 9.30h, 13.15h, 17h. Sonntags 7.30h, 13.15h, 17h; Fahrtzeit ca. 80 Minuten, 2450 Ptas. Unbedingt (Tage vorher) reservieren, da der Jetfoil genau dann auch voll ist, wenn alle Flugzeuge ausgebucht sind. Reservierung und Tickets in allen Trasmediterránea-Büros.

*Nach Santa Cruz de la Palma* Mo um 12h und Mi um 14h, Ankunft dort jeweils am frühen Abend. Freitags ab um 23.45h, an in La Palma am anderen Tag um 13h; Deckplatz 3400 Ptas.

Die Trasmediterránea-Fähre – nicht zu verwechseln mit der Ferry Gomera, s.u.) – *nach San Sebastián de la Gomera* bzw. weiter *nach El Hierro* legt Di und Do um 10h ab, an in Gomera um ca. 14h, von dort weiter um 14.30h bis 15h, an in Hierro ca. 18h. Billigstes Ticket kostet 3400 Ptas. Freitags um Mitternacht geht ein weiteres Schiff nach Hierro, je nach Saison entweder via Gomera oder La Palma.

Schliesslich verkehrt noch täglich gegen 17h (es gibt Ausnahmen) ein Boot nach *Las Palmas.* Es braucht ca. 4 Stunden und kostet deshalb auch nur 2000 Ptas.

■ **Flug international:** Der Südflughafen Reina Sofia ist die Drehscheibe zum Ausland, der Nordflughafen dient fast ausschliesslich dem interinsularen Verkehr. Vom Reina Sofia-Flughafen gibt es tägliche Linienverbindungen in praktisch alle grossen Städte der Welt, auch der Charterverkehr von Teneriffa wird hier abgewickelt.

■ **Flug interinsular:** Alle Flüge, wenn nicht anders angegeben, vom Nordflughafen *Los Rodeos.* Nach Lanzarote je ein Flug täglich vom Südflughafen (abends) und Los Rodeos (morgens), ca. eine Stunde, 4400 Ptas. Nach Las Palmas mehrere Möglichkeiten täglich von Los Rodeos, nur eine aus dem Süden, beide 2200 Ptas. Zwei Flüge täglich nach Valverde, von beiden Airports je zwei nach Sta. Cruz de la Palma. Flugzeit jeweils ca. 30 Minuten.

■ **Busverbindungen:** Alle grossen Überlandlinien gehen vom neuerbauten, zentralen *Busbahnhof* aus. Das Taxi ab Innenstadt dahin kostet ca. 100 Ptas. Einige wichtige Abfahrtszeiten: Linie 341 zum Südflughafen Reina Sofia regelmässig von 5.30h–24h, täglich ca. 15 Verbindungen. Linie 102 zum Flughafen Los Rodeos (und weiter nach Puerto de la

Cruz) von 5.30h bis 1.30h, alle 30 Minuten bis 21h.

■ **Nach Gomera via Los Cristianos:** Linie 111 ab Busterminal von 6.30h bis 20h in der Regel ungefähr jede Stunde. Fahrtdauer mindestens 70 Minuten. Fussweg vom Bushalt in Los Cristianos zu der Mole mindestens 10 Min. Die *Ferry Gomera* geht um 10h und 20h nach San Sebastián ab. Für die Morgenfähre muss man zur Sicherheit den Bus um 7.30h nehmen, abends den um 17.30h. Fahrtpreis auf dieser *(Titsa-)*Linie 500 Ptas., die Fähre nach Gomera kostet (ein Weg) 1225 Ptas. Das Büro der Ferry Gomera (es liegt schräg gegenüber vom Busterminal) setzt auch einen eigenen Bus direkt zur Fähre ein. Abfahrt in Sta. Cruz ca. 90 Min. vor Auslaufen der Fähre, 275 Ptas. Ticketbuchung und weitere Auskünfte: *Ferry Gomera SA, Avda. 3 de Mayo, edif. Rascacielos, Tel. 21 90 33.*

# Drei Landschaften

Die Vegetation auf der *Anaga*-Halbinsel im Nordosten Teneriffas ist mit der in den Bergen von Gomera und Hierro zu vergleichen. An den Nordhängen des knapp 1000 Meter hohen Gebirgszugs kondensiert die Feuchtigkeit des Nordostpassats. Deshalb findet man hier die typischen *Fayal-Brezal-Gewächse* sowie – einzig auf der Insel – zusammenhängende *Lorbeerwälder*, einer der bekanntesten beim Ort *Las Mercedes.* Der neben der Westspitze der Insel geologisch älteste Teil hat durch die Millionen Jahre andauernde Erosion eine zerklüftete Struktur erhalten. Das weichere Gestein ist ausgelöst, stehengeblieben sind harte Schlote und Gänge *(disques).* Die schroffen *barrancos* haben sich bisher noch kaum ans Strassennetz anschliessen lassen: Das Gebirge bleibt eine Domäne für Wanderer. Diese sollten auf Kälte und Nässe vorbereitet sein, denn der steife Nordostwind und die am Vormittag sich bildenden Passatwolken können ungemütlich werden.

Anfahrt entweder über *San Andrés/ Playa Teresitas* oder *La Laguna/Las Canteras.* Ein guter Ausgangspunkt für Wanderungen ist auch die *Punta del Hidalgo* unweit des Rentner-Stützpunkts *Bajamar.*

Das fast quadratische *Orotava-Tal,* das mit den vielfältigen Vegetationsstufen von der subtropischen bis herauf zur alpinen den Naturforscher Alexander von Humboldt zu seinen Vegetationsschemata angeregt haben soll, läuft nach *Puerto de la Cruz* hinunter aus. Noch immer verschlägt einem die üppige Vegetation in den unteren Lagen fast die Sprache. Von hier gesehen scheinen sich auch die weissen Häuser des *Ortes Orotava* in den letzten Jahrhunderten nicht verändert zu haben. Trotzdem machen sich die Ausleger der wuchernden Touristenstadt Puerto de la Cruz bemerkbar. Viele der Herrensitze sind in ausländische Hand übergegangen und als Ersatz für den kränkelnden Bananenanbau wird vermehrt auf Urbanisationen gesetzt.

Von dem Ort aus verlaufen einige faszinierende Wandertouren in die *Erika-Wälder* nordwestlich von Orotava und durch Kiefernaufforstungen in Richtung *Las Cañadas.* Als Basiscamp bietet sich die *Hostal-Residencia Silene,* Calle Tomás Zerolo, 9, Tel. 33 01 99, an.

▸ *Puerto de la Cruz an der Nordküste ist oft starker Brandung ausgesetzt*

Die *Caldera de las Cañadas* und der *Pico de Teide*, mit 3718 m der höchste Berg Spaniens, sind vom Norden über die Strasse ab La Laguna oder ab Puerto de la Cruz via Orotava zu erreichen. Vom Süden fährt man via Granadilla de Abona in die Höhe. Mitten im *Parque Nacional de Teide* fährt eine Seilbahn (9.00 bis 16.00, 400 Ptas.), von deren Endstation auf 3550 m nochmals 45 Minuten zu Fuss zu laufen ist, bis man am Rand des von Schwefeldämpfen umgebenen Kraters steht.

Vom *Parador* aus lässt sich die Mondlandschaft des Nationalpark am besten erkunden. Der Riesenkrater der Caldera de las Cañadas kann in seinen vielfältigen vulkanischen Formen mit den Feuerbergen in Lanzarote verglichen werden, zumal auf beiden Inseln noch Ausbrüche in den letzten Jahrhunderten registriert wurden. Zum letzten Mal «spuckte» auf Teneriffa 1909 der Vulkan *Chinyero* 11 km westlich vom Pico de Teide. Eruptionen erfolgten auch anfangs des 18. Jahrhunderts, als aufeinander folgend mehrere Vulkane explodierten.

Es sind praktisch alle Erscheinungsformen des Vulkanismus zu besichtigen: glatte und zerborstene Lavafelder, Aschewüsten und -kegel, deren Farben sich mit der Sonneneinstrahlung ändern. Rote, braune, gelbe und tiefschwarze Decken, ja sogar weisse Bimssteinfelder. Von der Erosion freigelegte ehemalige Schlote, metertiefe Abbrüche und Verwerfungen machen den Marsch querfeldein manchmal zum Wagnis, zumal hier oben auf über 2000 Meter Höhe plötzliche Kälteeinbrüche (im Winter gibt es Temperaturstürze sogar auf minus zehn bis zwanzig Grad) vorkommen können. Eine sorgfältige Vorbereitung für Entdekkungsmärsche ist unbedingt erforderlich, die Belegschaft des Paradors kann da beraten.

■ **Parador Nacional Cañadas del Teide;** Tel. 33 23 04, 30 DZ zu 3000 Ptas. (2-Sterne-Hotel). Diese Unterkunft bietet Gewähr für ungestörte Landschaftserlebnisse, da man schon frühmorgens – wenn noch keine Busladungen die Gegend «beleben» – losziehen kann.

# Stopover Las Palmas/ Gran Canaria

«Die Ciutad de las Palmas soll neuntausendvierhundertsiebenunddreissig Einwohner haben. Sie wird von einem Fluss, über den eine hölzerne Brücke führt, in zwei Teile abgesondert. Es ist eine hübsche Stadt, nur dass zu viel Klöster darin sind.» Das schrieb der Kanarienreisende Baron *Bory de Saint Vincent* um 1800. Heute hat's zu viele Touristen (pro Jahr das Vielfache der Einwohnerzahl von 350'000), und deshalb eine monströse Infrastruktur (vergleichbar etwa mit den Copacabana, nur aufgeblasener). Es gibt aber *barrios* (Stadtviertel), die recht abenteuerlich sind, und der grosse Hafen (Spaniens grösster und Europas drittgrösster) sorgen für wirtschaftliche und zwischenmenschliche Aktion. In dieser Boom-Stadt versuchen hängengebliebene Matrosen zu überleben, dealen arabische und afrikanische Händler mit den Touristen; Inder gibt's in ihren Basaren; japanische oder russische Hochseefischer, Soldaten der spanischen Kriegsmarine treffen sich in den Bodegas. Dieses Hafenstadt-Treiben spielt sich vor allem in den Barrios *Santa Catalina* ab (wo die grossen Touristenschübe durchfliessen), in *La Isleta* (dem Fischer- und Matrosenquartier) und am Hafen, dem *Puerto de la Luz*. Im Süden der Stadt wird's ruhiger, nach der *Ciudad Jardín* («Gartenstadt»; der *Parque Doramas* hier ist gut zum Relaxen) kommen die Barrios *Lugo, Arenales* (die Uni ist hier) und *Triana* (früher das Händler- und Handwerkerquartier; jetzt Businessviertel). Die eigentliche Altstadt (von hier segelte Kolumbus, mit Zwischenhalt in La Gomera, drauflos) heisst *Vegueta* und liegt ganz im Süden von Las Palmas: für das Auge eine angenehme Rückgewöhnung an spanisch-kanarische Formen nach den überdimensionierten Apartmenthäusern. Hier sind die *Casa de Colón* (das Haus, in dem Kolumbus wohnte), das *Museo Canario*, die Kathedrale *Santa Ana* und die älteste Markthalle der Stadt. Oberhalb Vegueta sind die sogenannten *riscos* (u.a. die Barrios *San Lázaro* und *San Francisco*) – die Volksquartiere, ziemlich abseits von den touristischen Hauptrouten.

## Ankunft

■ **Flug**: Vor dem Terminal *Gando* (ca. 22 km südlich von Las Palmas) befindet sich die Station für den offiziellen Transferbus der Iberia. Er verkehrt halbstündlich von morgens 6h bis nachts um 2h und kostet bis zur Stadtstation am Iberia-Gebäude (Avenida Alcalde Ramirez Béthencourt, 47) ca. 115 Ptas. (Fahrtdauer: etwa 20 Min. je nach Verkehr). Von hier nimmt man am besten eins der wartenden Taxis in Hotelviertel das Santa Catalina (ca. 200 Ptas.). Ein Taxi vom Flughafen in die Innenstadt kostet um die 1100 Ptas. inklusive Gepäck. Unbedingt vorher den Preis vereinbaren – beim

◀
*In der Caldera de las Cañadas*

Verhandeln offerieren die Fahrer häufig ihren «Spezialpreis», der um einige hundert Peseten über dem offiziellen liegt.

■ **Schiff**: Von der *Muelle de Sta. Catalina* sind es zu Fuss nur ein paar Minuten zu den Unterkünften. Wer sich noch nicht mit einem Stadtplan versorgt hat, läuft geradeaus ins Touristenbüro an der Hafenseite des Parque Santa Catalina, wo man kostenlos eine brauchbare Karte erhält. Taxis von der Mole ins angrenzende Hotelviertel kosten um die 100 Ptas.

## Unterkunft

Das üppige Raumangebot der kanarischen Metropole umfasst das ganze Spektrum vom pompösesten Luxushotel bis hin zur einfachsten Seemannspension.

Im folgenden ist eine Auswahl einiger Hotel-Residencias, Hostales-Residencias und Pensionen, die das ganze Jahr durchgehend geöffnet sind (eine beträchtliche Anzahl Hotelbetriebe ist in den Sommermonaten geschlossen) und alle in dem strandnahen *Santa Catalina*-Viertel liegen.

Bei den Preisangaben ist zu beachten, dass sie wohl staatlich kontrolliert sind, aber im Konkreten trotzdem nach Angebot und Nachfrage variieren. Wenn zum Beispiel zum Ende des Frühlings die Mitteleuropäer die Insel verlassen oder im Sommer die Las Palmas überflutenden Festlandspanier die Bettenkapazität nicht ausschöpfen können, werden die Zimmer häufig «unter Preis» vermietet. Dagegen kann man sich in der Hochsaison Winter und anfangs Frühling manchmal ein Zimmer nur mit einem inoffiziellen Zuschlag sichern. Sonst heisst es einfach: «completo». Die Praxis der variablen Preise ist um so verbreiteter, je niedriger der offizielle Preis der jeweiligen Unterkunft angesetzt ist.

■ **Hotel-Residencia Alva**, Calle Alfredo L. Jones, 29; Tel. 26 42 28, 33 Zimmer, DZ mit Dusche 1800/1700/1600 Ptas., EZ 1200/1100/1000 Ptas.

Ca. 200 Meter vom Strand gelegen, freundliches Personal, etwas lärmig. Gäste sind hauptsächlich Spanier und ausländische Individualreisende – das Haus arbeitet nicht mit Pauschalreiseveranstaltern. Das Frühstück wird nur auf's Zimmer serviert. Kategorie: 2 Sterne.

■ **Hotel-Residencia Syria**, Calle Luis Morote, 27; Tel. 27 06 00. 25 Zimmer, DZ mit Dusche 1450/1250 Pts, EZ mit Dusche 850/750 Ptas. Drei Minuten von der Playa de Las Canteras an stark befahrener Strasse gelegen. Die Zimmer sind sauber und funktionell ausgestattet. Wenn immer möglich, soll man sich in eine der oberen Etagen einmieten, da dort weniger vom Strassenlärm zu hören ist. Teilweise vom deutschen Grossveranstalter TUI belegt – der Manager spricht ein wenig Englisch und Deutsch. Kategorie: 2 Sterne.

■ **Hostal-Residencia Regina**, Calle Ripoche 9; Tel. 26 42 79. 27 Zimmer, DZ 1200 Ptas., EZ 800 Ptas. Die Zimmer sind einfach eingerichtet, zum Strand sind es etwa fünf Minuten. Der Manager will nichts mit Pauschaltouristen zu tun haben – ein Kollege hätte schlimme Erfahrungen gemacht. Die Strasse, an der das Regina liegt, ist gemessen an den Lärmverhältnissen im Viertel relativ ruhig. Kategorie: 1 Stern.

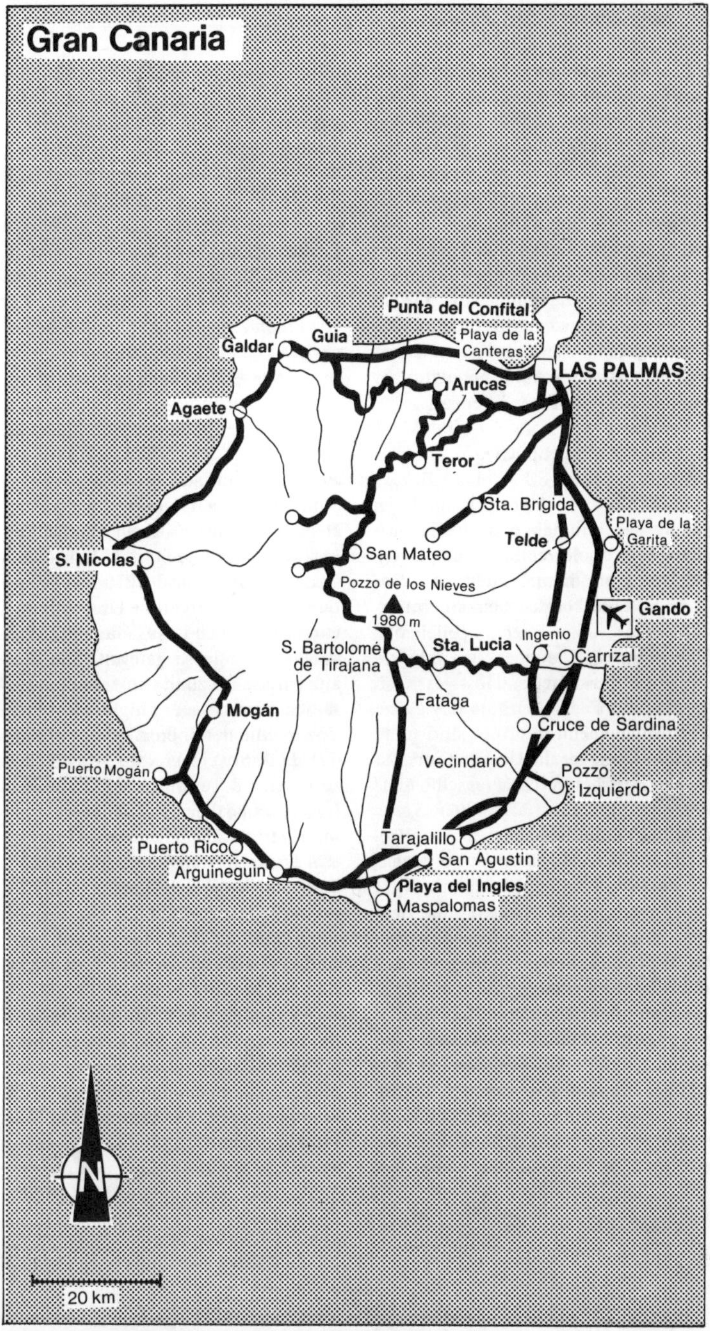

Gran Canaria
Punta del Confital
Playa de la Canteras
LAS PALMAS
Guia
Galdar
Arucas
Agaete
Teror
Sta. Brigida
Playa de la Garita
Telde
S. Nicolas
San Mateo
Pozzo de los Nieves
1980 m
Gando
Ingenio
S. Bartolomé de Tirajana
Sta. Lucia
Carrizal
Fataga
Mogán
Cruce de Sardina
Vecindario
Puerto Mogán
Pozzo Izquierdo
Tarajalillo
Puerto Rico
San Agustin
Arguineguin
Playa del Ingles
Maspalomas
N
20 km

■ **Pensión Hernandez**, Calle 29 Avril, 94. Vier bis fünf Zimmer (je nach Bedarf) im Parterre. Übernachtung 400 Ptas. pro Person. Einfachste Ausstattung für Reisende ohne Ansprüche. Die Pension befindet sich in einem romantischen Altbau mitten im kommerziellen Betonmeeer ca. 100 Meter vom Strand entfernt. Die Zimmer liegen um einen wintergartenähnlichen Innenhof, der mit Pflanzen angefüllt ist. Die Pension wird auch von Farbigen und Seeleuten als Unterkunft benutzt; sehr freundliches Vermieter-Ehepaar.

■ **Pensión Rayo**, Calle General Vives 75, Ecke Calle de Ripoche. 25 Zimmer, DZ 750/600 Ptas., EZ 400 Ptas. Einzelzimmer ohne Fenster. Die anderen Zimmer sind mit dem Nötigsten ausgestattet, die Benutzer sind hauptsächlich einfache Leute. Achtung: Der Hund soll im Notfall beissen. Im ersten Stock eines stehengebliebenen Altbaus an befahrener Strasse gelegen. Kategorie: Pensión.

Weitere Unterkünfte:

■ **Hostal-Residencia Duque**, Calle Ripoche 14. DZ 900/720 Ptas., EZ 600/500 Ptas.

■ **Hostal-Residencia Ibiza**, Calle Nicolas Estevanes, 31. DZ 900/800 Ptas., EZ 700/600 Ptas.

Wer nicht unter seinem Stand hausen will und mit Würdenträgern, Frostfleisch-Verschiebern, Opernsängern und Kreditvermittlern den Drink am Pool zu schlürfen pflegt, kann unter drei 5-Sterne-Hotels auswählen. Die beiden ersten liegen direkt an bzw. unweit der Playa de Las Canteras, verfügen von der Disco bis zum Swimming-Pool über alle Annehmlichkeiten. Sie sind im Verhältnis zu den Luxus-Hotels zuhause relativ billig (5000 bis 7000 Ptas. für das DZ) und mit ihren zusammen fast 1000 Zimmern selten ausgebucht.

■ **Hotel Cristina**, Calle Gomera, 4; Tel. 26 76 00.

■ **Hotel Reina Isabel**, Playa de Las Canteras; Tel. 26 01 00.

■ **Hotel Santa Catalina**, Parque Doramas; Tel. 24 31 40. Das Reina Isabel ist das kommunikativste Haus, die beiden anderen sind stärker von spanisch-unterkühlter Atmosphäre geprägt.

## Restaurants

Pizzas, Hamburger und «Wurstel mit Sauerkraut» in Hülle und Fülle, meistens viersprachig beschrieben. Daneben gibt's aber auch ca. 400 kategorisierte Restaurants/Cafeterias/Marisquerias mit internationaler, spanischer, exotischer Küche. Aus diesem breiten Angebot einige Restaurants, die auch kanarische Spezialitäten führen:

■ **Bar-Restaurante La Strada**, Calle Tomás Miller, 58, Barrio Sta. Catalina, Tel. 27 33 51.

An der Bar Frühstück für 100 Ptas. (offen ab 8h), Tortilla 80 Ptas., Calamares fritos 250 Ptas. Massive Holztheke, üppige Auslagen. Im 1. Stock kaltes Buffet à discrétion.

■ **Bar-Restaurante Hermanos Rogelio**, Calle Manuel Glez. Martin 38 (Ecke Calle Valencia 4), Barrio Alcaravaneras, Tel. 24 22 09.

An der Bar u.a. Bratenteller und Calamares für 225 Ptas. Tagesmenues ab 425 Pts; jeden Freitag gibt's Sancocho, und am Samstag (für Heimweh-Spanier) Paella Valenciana. Ein Teller mit Papas arrugadas inkl. Mojo rojo ist zu haben für 140 Ptas.

■ **Bar-Restaurante La Pancho Damian**, Léon y Castillo 26 y 28, Barrio Arenales, Tel. 36 53 23.

Tapas an der Bar ab 70 Ptas., Menues ab 300 Ptas. (2 Gänge), à la carte z. B. gegrillten Fisch ab 800 Pts (für 2 Personen). «Kontinentale» Küche mit kanarischem Unterton, Fleisch und Fischspezialitäten halten sich die Waage. Holztheke, Schinken und Knoblauchzöpfe; reele Küche; weg vom Touristenzentrum.

■ **Bar-Cafeteria El Herreño**, Calle General Mola, 5, Barrio Vegueta.

Menu ab 390 Pts (3 Gänge), z. B. Suppe mit Meerfrüchten, Salat, Bistec de ternera inkl. ein Glas Wein. A la carte 5 Sorten Tortillas 75-250 Ptas. Kanarische Spezialitäten (sie stehen nicht immer auf der Speisekarte, können aber trotzdem bestellt werden): Pata de cerdo 315 Ptas.; Ropa vieja («altes Kleid»), Kichererbseneintopf für 225 Ptas. Dazu passt der Wein (Clarete) von der Insel El Hierro (der ehemalige Besitzer stammt von dort, deshalb «El Herreño»), ab Fass gezogen; vulkanisch!

Lichtes Kellergewölbe mit frischen Holztischen; einfache, aber «durchsichtige» Küche. Und wenn man nicht genug hat, kann man einzelne Gerichte auch nach Gewicht kaufen: So kostet 1 Liter Mojo 300 Ptas., 1 kg Käse aus El Hierro 900 Ptas. und 1 kg Spaghetti (gekocht) 400 Ptas.! Samstags offen bis 2.30 nachts.

■ **Bar El Padrino**, Calle Jesús Nazareno, 1; in Las Coloradas, im rückwärtigen Teil von La Isleta, Tel. 27 20 94. Mit Taxi erreichbar, ca. 250 Ptas. Kanarische und Fischspezialitäten, z. B. Pescado frito für 1100 Ptas. (2 Personen). Das Lokal wurde oft empfohlen, was dem Besitzer in den Kopf gestiegen zu sein scheint (das teurere *Pitango* nebenan mit Grillspezialitäten gehört ihm auch): Aufpassen, dass die Rechnung stimmt! Hektische Atmosphäre, eine Volksküche, die für einen Gofio schon recht ist.

## Sehenswürdigkeiten

Als kurzer Abstecher in der Stadt, für Kunstfans (neben anderen Sehenswürdigkeiten):

■ **Museo Néstor**, im Pueblo Canario (Parque Doramas) gelegen. Geöffnet Mo-Fr 10h-12h / 16h-19h, Sa 10h-13h, mittwochs geschlossen. Eintritt 50 Ptas. Néstor (geb. 1888 in Las Palmas) experimentierte mit präraffaelitischen und symbolistischen Stilrichtungen, die sich in recht eigenwilligen (offensichtlich kanarisch-provinziellen) Bildern niederschlugen: Üppige erotische Szenen neben riesigen Fischen; ein Gesang auf den atlantischen Ozean.

■ **Museo Canario**, Calle Dr. Chil, 25; wochentags 10h-13h und 15h-18h, Sa 10h-12h. Angeschlossene Bibliothek mit grossem Canarias-Archiv, Mo-Fr von 15h-20h geöffnet. Wichtigstes völkerkundliches Museum des Archipels mit grosser ethnographischer und anthropologischer Sammlung. Hier kommt jeder an den Guanchen Interessierte einmal vorbei, u. a. wegen des berühmten *Idols von Tara.*

■ **Casa Museo de Benito Peréz Galdós**, in seinem Geburtshaus an der Calle Cano, 6; geöffnet Di-Sa 9h-13h. Hier verbrachte der Schriftsteller seine Jugend bis 1862, bevor er in Madrid mit den ersten gesellschaftskritischen Novellen Karriere machte (er starb dort

1920). Der Romancier und Dramatiker war geachtetes Mitglied der Akademie und wurde sogar für den Literatur-Nobelpreis vorgeschlagen – als Klassiker gilt heute noch sein Roman «Gloria». Peréz Galdós ist heute (zusammen mit dem Komponisten Teobaldo Power aus Teneriffa) das kulturelle Aushängeschild der Canarias, die mit seinem Andenken ihrem Ruf als Kultur-Provinz entgegenwirken wollen. In der Bibliothek stehen natürlich seine Werke wie auch ein grosser Bestand zeitgenössischer Literatur; Ausleihe möglich.

## Strände

■ **Playa de Las Canteras** ist das Westufer vom Viertel Sta. Catalina. Das Riff vor der Küste *(Los Rompientes)* bricht auch bei höherem Seegang die Wellen, so dass in der Regel das Baden ungefährlich ist.

Ein typischer Grossstadtstrand, an dem ab Mittag noch enger zusammengerückt wird, da dann die Einheimischen hier ihre Siesta abhalten. Dann – und am frühen Morgen, wenn die kanarischen Fitness-Fans Gymnastik und Lauftraining «schalten» – behält der Strand trotz der zahlreichen internationalen Touristen sein einer südlichen Grossstadt entsprechendes Kolorit.

Der weisse Sand durchmischt sich regelmässig mit braunen Teerfladen; auch wenn man beim Baden Glück hat und lediglich auf Ansammlung dunkler Kügelchen trifft, wird man so immer wieder an die internationale Bedeutung von Las Palmas als Hafen erinnert.

Der Playa de Las Canteras schliesst sich die «Promenade» *Paseo de Las Canteras* an, die von den angrenzenden, zahlreichen Hotels und Restaurants bestuhlt ist.

■ Der zweite Strand von Las Palmas, die *Playa de Las Alcaravaneras* im Osten an der Molenseite, wird selbst bei den Einheimischen meistens nur zum Ballspielen benutzt – der Hafenschmutz hat es nicht weit bis hierhin. Nur grosse Hitzeeinbrüche bewirken, dass auch dieser Strand manchmal randvoll mit Badenden ist.

■ **Wellensurfen an der Punta El Confital:** Vor allem wenn der heisse Wüstenwind Scirocco von Afrika hinüberweht, ziehen die besten Wellensurfer des Archipels in den Westen von La Isleta, der kleinen Halbinsel nördlich von Las Palmas. Schon vom Zuschauen beim gefährlichen Spiel mit den Monsterwellen stockt einem der Atem. Die Polizei bringt dann noch Pep in die Sache, wenn sie die Surfer vom Hubschrauber her per Megaphon aus den gefährlichsten Wellen treiben will.

## Transport

■ **Taxis** und die bis in die Nacht in kurzen Abständen verkehrenden Stadtbusse fahren auf den Hauptverkehrsadern von Las Palmas meistens rechts auf besonders markierten Fahrstreifen. Sonst würde der Fahrgast besonders zu den «rush hours» schneller zu Fuss sein Ziel erreichen. Denn der Individual- und Berufsverkehr hat inzwischen Ausmasse angenommen, die das Strassennetz oftmals zur Schneckenbahn machen.

Das Taxi ist auch für die Einheimischen ein äusserst beliebtes Fortbewegungsmittel, da es sehr billig ist. Folgende Fahrpreise geben einen Eindruck (sie sind jeweils von Sta. Catalina als Ausgangspunkt gerechnet): *Isleta* (ca. 100 Ptas.), Altstadt *Triana* (ca. 200 Ptas.), Flughafenbusstation (Iberia-Gebäude, ca. 200 Ptas.), Busstation für Inselverkehr am *Parque San Telmo* (ca. 200 Ptas.). Das Taximeter hat bei Fahrbeginn eingeschaltet zu sein, ein freies Fahrzeug ist am eingeschalteten grünen Licht sowie an einem manchmal hinter der Windschutzscheibe geklemmten Schild erkenntlich. Für grössere Entfernungen aus der Stadt hinaus gelten behördlich kontrollierte Fixpreise, deren Erhöhung allerdings sehr kurzfristig genehmigt werden kann. Die aktuellen Preise entnimmt man einer Liste, die im Touristenbüro aufliegt. Auch ohne sie erfährt man den richtigen Preis sehr schnell vom Fahrer, wenn auf die Tatsache offizieller Taxitarife hingewiesen wird.

Von den mehr als zweitausend allein in der Stadt zugelassenen Taxis verfügt ein grosser Teil über Taxifunk (Zentrale: Radio-Taxis Tel. 27 77 12).

■ **Busse:** Zentraler Terminal für Überlandbusse an der Avda. Bravo Murillo unweit des Parque de San Telmo in der Altstadt Triana. 5 Busse täglich nach Mogan im Süden, nach Maspalomas (via San Agustín) jede 10-20 Minuten, nach Puerto Rico jede 30 Minuten. Nach Arucas im Norden der Insel vier Busse pro Stunde, nach Galdar jede Stunde, noch weiter nach Agaete im Nordwesten nur drei Busse am Abend zwischen 18 h und 22 h.

Zwei Linien ins Bergland sind für Wanderer wichtig. Diejenige nach *Terror* im Barranco de Tenoya wird jede halbe Stunde bedient, die nach *Tejeda* ins Hochland Gran Canarias viermal um 7h, 12.30h, 15h und 19.30h.

Als allgemeine Regel gilt, dass stark frequentierte Strecken zwischen dem Morgen ab 6h–7h bis zum Abend um 21h–22h befahren werden. Im mindesten geht morgens um 7h ein Bus aus der Hauptstadt aufs Land, einer zu Beginn der Siesta und einer am Abend. Umgekehrt fährt immer einer, der in Las Palmas zu Geschäftsbeginn ankommt sowie einer am frühen Abend.

Man zahlt für den Buskilometer etwa ein Zehntel des Taxipreises, nach Maspalomas z. B. 300 Ptas., nach Tejeda 200 Ptas.

## Verschiedenes

Für Leute, die mehr über die Inseln wissen wollen, hier ein paar Tips:

■ **Biblioteca Publica**, Plaza de Tomàs Morales, 3; Tel. 36 10 77.

Hier gibt's eine grössere Sammlung von Kanarien-Büchern, die meisten natürlich auf spanisch. Die Universität ist gerade nebenan. Ein guter Platz, um interessante Leute zu treffen. Geöffnet Mo-Fr 10h-13h / 17h-20h.

■ **El Libro Técnico**, Calle Tomàs Morales, 44; Tel. 36 27 91. Im Untergeschoss links ein Gestell mit Büchern zu kanarischen Themen.

■ **El Corte Inglés**, Avda. J. Mesa y Lopez. Eigentlich ein grosses Warenhaus, aber irgendwo zwischen Uhren und Wechselstube eine erstaunlich gute Kollektion alter und neuer Bücher zum Thema.

■ **Oficina de Información de Turismo**, Casa de Turismo, im Park Santa Catalina, Tel. 26 46 23. Weitere wichtige Telefonnummern und Adressen:

■ **Deutsches Konsulat**, Calle Francy y Roca, 5, Tel. 27 57 00.

■ **Schweizer Konsulat**, Calle El Cid, 36a, Tel. 27 45 44.

■ **Österreichisches Konsulat**, Calle Luis Morote 6-4, Tel. 26 11 00.

■ **Busgesellschaften**: *Utinsa* (verkehrt im Norden und im Zentrum der Insel), Tel. 36 01 79. Die *Salcai* bedient den Süden. Tel. 37 21 33.

■ Reederei für den Verkehr zwischen den Inseln und zum spanischen Festland: *Trasmediterránea/Aucona*, Muelle Sta. Catalina, Tel. 26 00 70.

■ **Policia Municipal/Fundbüro**, Urbanisación Miller Bajo, Tel. 20 11 00.

■ **Guardia Civil**, Tel. 25 11 00.

■ Beschwerdestelle über Mietfahrzeuge: *Jefatura Provincial de Tráfico* (Sta. Cruz de Tenerife), Tel. 27 28 50.

■ **Post, Telegramme**; Zentrale in der Avenida Gralmo. Franco, 62; Tel. 36 35 18. Telegramme Ausland, Tel. 36 37 17. Post in der Nähe des Parks Sta. Catalina: Calle Albareda, 79, Tel. 26 33 72.

■ **Banken:** Die meisten an der Calle Franchy y Roca (Barrio Sta. Catalina) und an der Léon y Castillo.

■ **Einkäufe:** Obwohl Las Palmas zum «Zollfreigebiet» erklärt wurde, sind die Preise im allgemeinen nicht besonders tief. Das Angebot an zweitklassigen, d.h. elektronischen Uhren, Kameras, Souvenirs etc. ist riesig, und die wirklich guten Sachen (z.B. auch beim stark vertretenen afrikanischen Kunsthandwerk) sind rar. Unterhaltungselektronik kann allerdings recht billig gekauft werden. Eine Flasche Rioja im Supermercado kostet etwa gleichviel wie zu Hause.

▶
*Surf-Freak an der Punta El Confital*

## Weiterreise

■ **Flug:** Neben dem internationalen Linien- und Charterservice und den Iberiaflügen aufs spanische Festland ist der *Aeropuerto Gando* gleichzeitig auch Ausgangspunkt zu den anderen Inseln. Als Flugzeugtypen setzt die Iberia dafür hauptsächlich die moderne Boeing 727 und die DC 9, in einigen Fällen auch noch die bewährte Fokker Friendship ein. In punkto Zeitaufwand, Bequemlichkeit und sogar Kosten – die langen Schiffsfahrten zwischen den Inseln sind preislich nicht viel günstiger als die Flüge – gibt es zum interinsularen Flugverkehr keine Alternative. Ein Indiz hierfür ist, dass das Flugzeug als Verkehrsmittel bei der einheimischen Inselbevölkerung äusserst beliebt ist – die Strecken sind nicht nur zur Touristensaison hoch ausgelastet. Deshalb ist es in jedem Fall ratsam, den Flug ein paar Tage vorher zu buchen. Im Winter und Frühling ist es sogar notwendig, schon zuhause bei der Iberia Wochen vorher reservieren zu lassen, will man sicher mit einem Flug rechnen.

Verbindungen von Las Palmas bestehen zu allen Inseln ausser nach El Hierro (nur von Teneriffa her zu erreichen) und nach La Gomera, wo ein Flughafen schon seit Jahren nur Wunschdenken bleibt.

Die im folgenden angegebenen Preise verstehen sich für ein Einfach-Ticket; das entsprechende Retour-Tikket kostet jeweils das Doppelte.

Tenerife/Reina Sofia, täglich, 30 Minuten, 2200 Ptas.

Tenerife/Los Rodeos, zwei- bis dreimal täglich, 30 Minuten, 2200 Ptas.

Lanzarote/Arrecife, mehrmals täglich, letzter Flug gegen 21 h, 35 Minuten, 3400 Ptas.

Fuerteventura, zweimal täglich, 30 Minuten, 3000 Ptas.

La Palma/Santa Cruz, wenige Flüge ein- bis zweimal täglich, 40 Minuten, 4000 Ptas.

Für Traveller mit grosszügigerem Budget besteht von Gando ein- bis dreimal pro Woche eine Verbindung nach *Nouadhibou* (Mauretanien).

Ein weiterer «schneller» Abstecher ist nach *Marokko/Casablanca* möglich – einmal in der Woche für 20'000 Ptas. einfach.

■ **Schiff:** Auskünfte und Ticketverkauf bei der Trasmediterránea, Muelle Santa Catalina, Tel. 26 00 70.

Zu den Fährverbindungen ans spanische Festland nach Cadiz vgl. «Santa Cruz de Tenerife / Weiterreise».

Nach Santa Cruz/Teneriffa mit dem Jetfoil (schnelles Tragflügelboot, 80 Minuten). Mo-Sa um 7.30 h; 9.30 h, 15 h und 17 h, sonntags kein Boot um 9.30 h. Im Hochsommer besteht eine letzte Verbindung um 19 h. Einheitspreis ist 3800 Ptas. Den Jetfoil unbedingt frühzeitig reservieren: Vor allem am Wochenende und vor/nach Feiertagen ist er rasch ausgebucht, dann nämlich, wenn auch alle Flüge belegt sind. Warteliste: Eine Aufnahme nützt meistens nicht viel. Wenn jemand zurücktritt, rutschen ebenfalls wartende Einheimische eher auf einen freiwerdenden Sitz als die schwergewichtigen Fremden.

Die reguläre (langsame) Fähre geht morgens zwischen 8 h und 10 h ab, sonntags ausnahmsweise gegen 20 h. Fahrtzeit ca. 4 Stunden, 2000 Ptas.

Nach Lanzarote/Arrecife Do und So via Puerto Rosario/Fuerteventura (dort an jeweils Fr und Mo 8h, ab 11h). Ankunft an der Mole um 13.30h. Eine Direktverbindung von Arrecife zusätzlich am Montag um 23.45 h, Ankunft morgens um 8h. Gleicher Ticketpreis für beide Inseln, das billigste Tikket kostet 3400 Ptas.

Nach Fuerteventura/Puerto Rosario zusätzlich zu den beiden Fähren, die weiter nach Arrecife gehen, noch eine mittwochs um 23.45 h.

# La Gomera

Gomera, das ist auf den ersten Eindruck eine kleine, handliche Insel, wie geschaffen für die Bedürfnisse von Individualreisenden und Wanderern: viel Grün im Bergland, an der Küste sticht über das ganze Jahr die Sonne, deren Wirkung der starke Wind mildert. Dazu Strände, dieses kommune kanarische Eigenkapital, an denen Wassertemperaturen um die 20 Grad warten. Kein unsicher machender vulkanischer Grund (auf den ersten Blick), kaum Störfaktoren in Form einer organisierten Touristikindustrie, der sich die tief eingeschnittenen *barrancos* und der sehr alte Wald (noch) entziehen, ja, und nicht zuletzt Preise wie anderswo vor zehn Jahren.

Das alles erwarten Gomeras Gäste, sie finden es, denn es ist tatsächlich *eine* Wahrheit über die Insel. Ob weitere Wahrheiten hinzukommen, das hängt hier ausschliesslich von dem betriebenen Aufwand ab, der sich in Beweglichkeit und ein bisschen Beharrlichkeit, in Fussmärschen und im Erlernen der spanischen Sprache ausdrückt. Denn handlich, zuvorkommend, das ist Gomera nur entlang der ausgetretenen Pfade, dort, wo die Kräfte nur schlummern unter dem Flaum von Anmut und prallem Grün. Ein kostenloses Eindringen unter diese Oberfläche gibt es nicht – und das ist gut so.

## Klima, Vegetation, Wasser

Zwischen Meeresniveau und dem fast 1500 Meter hohen *Garanjonay* lassen sich auf Gomera drei (der insgesamt fünf auf den Canarias vorkommenden) Vegetationszonen unterscheiden. Dabei ist aber zu berücksichtigen, dass diese schematische Einteilung immer wieder Ausnahmen hat. Zum Beispiel bestehen Abweichungen zwischen der Luv- und Leeseite der Insel, auch jahreszeitliche Unterschiede zwischen Sommer und Winter.

Die Feuchtigkeit bringen der regelmässige *Nordostpassat* sowie im Winter auch Winde aus westlichen Richtungen, die an den Bergen aufsteigen. Mit der Abkühlung erfolgt die Kondensation zu Regen, der an der Luvseite Gomeras etwa zwischen 500 und 1500 Metern niedergeht. Ober- und Untergrenzen der Niederschlagsregion verschieben sich mit der Jahreszeit. Die Untergrenze steigt im Sommer bis auf 800 Meter, sie fällt im Winter bis auf 500 Meter. Und wenn dann die *Westwinde* Einfluss gewinnen, kann es sogar an der Küste zu zeitweiligen Schauern kommen. Im Sommer dagegen stösst der Garanjonay regelmässig durch die obere Passatgrenze. Am Berg herrscht dann Trockenheit und freie Sicht bis zu Teneriffas Teide.

Die *Kanarische Kiefer* wächst in der höchsten auf Gomera vorkommenden Vegetationsstufe. An der Luv-/Nordseite am besten über 1200 Meter, dort wo es weniger feucht ist. Auf der Lee-/Südseite, wo sich die Bewölkung wieder auflöst, wächst *Pinus canariensis* – so der botanische Name – bis auf 700

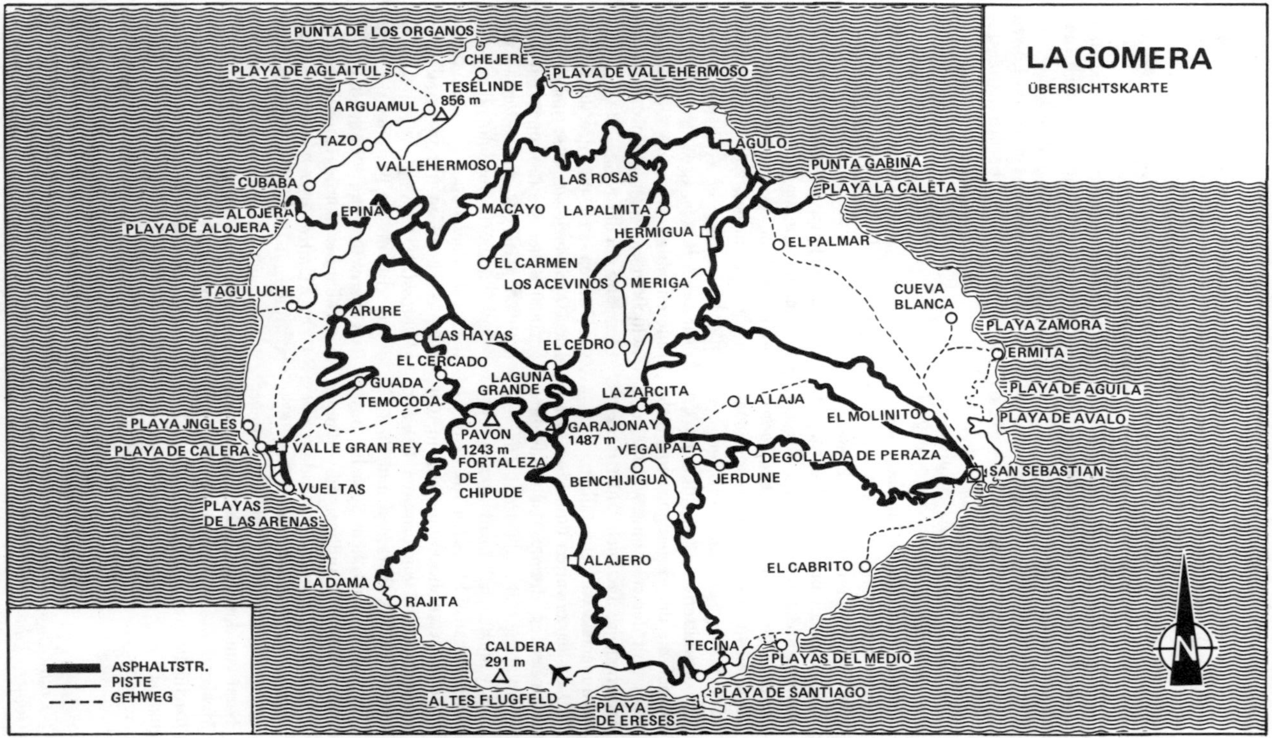
LA GOMERA
ÜBERSICHTSKARTE
PUNTA DE LOS ORGANOS
CHEJERE
PLAYA DE AGLAITUL
PLAYA DE VALLEHERMOSO
TESELINDE
856 m
ARGUAMUL
TAZO
VALLEHERMOSO
CUBABA
AGULO
PUNTA GABINA
PLAYA LA CALETA
LAS ROSAS
MACAYO
LA PALMITA
ALOJERA
EPINA
PLAYA DE ALOJERA
HERMIGUA
EL PALMAR
EL CARMEN
LOS ACEVINOS
MERIGA
TAGULUCHE
ARURE
CUEVA
BLANCA
PLAYA ZAMORA
LAS HAYAS
EL CEDRO
ERMITA
EL CERCADO
LAGUNA
GRANDE
GUADA
TEMOCODA
LA ZARCITA
LA LAJA
PLAYA DE AGUILA
EL MOLINITO
PLAYA DE AVALO
PLAYA JNGLES
PAVON
1243 m
GARAJONAY
1487 m
PLAYA DE CALERA
VALLE GRAN REY
VEGAIPALA
DEGOLLADA DE PERAZA
FORTALEZA
DE
CHIPUDE
BENCHIJIGUA
JERDUNE
SAN SEBASTIAN
VUELTAS
PLAYAS
DE LAS ARENAS
ALAJERO
EL CABRITO
LA DAMA
RAJITA
CALDERA
291 m
TECINA
PLAYAS DEL MEDIO
ASPHALTSTR.
PISTE
GEHWEG
ALTES FLUGFELD
PLAYA DE SANTIAGO
PLAYA
DE ERESES
N

Meter hinunter. Der hier viel geringere Niederschlag hat zur Folge, dass es auf der Südseite keine *monte verde-Zone* gibt, sondern unmittelbar auf die Kiefern trockenheitsliebende *Euphorbien, Tabaibas* und *Palmen* folgen. Leitbaum für diese unterste Vegetationszone der Insel sollte eigentlich der *Drachenbaum* sein. Aber diese Canarias-Regel nimmt Gomera aus – es existiert nur noch ein einziger *drago* in der Nähe Alojerós. Diese durch warmes, trockenes Klima geprägte Zone reicht auf der dem Passat zugewandten Seite nur etwa bis 600 Meter. Dann beginnt die Wolken- bzw. Niederschlagsregion, die Gomeras Kleinod, den *monte verde*, unterhält. Dieser «grüne Berg» besteht erst einmal aus *Lorbeerwald*. Etwas höher gedeiht die sogenannte *Fayal-Brezal-Formation*, das sind wuchernde Baumheide- und Erikagehölze, die Höhen bis über zehn Meter erreichen. Fayal-Brezal und Lorbeer bilden auf ca. 1000 Meter eine dschungelartige Einheit. Die einzelne Art ist dann unter den Moosbärten manchmal gar nicht mehr auszumachen.

Mit einer Niederschlagsmenge von im Durchschnitt über 400 Litern pro Quadratmeter liegt Gomera in der Spitzengruppe der Canarias. Zudem kann hier das Wasser besser als zum Beispiel auf Hierro in die landwirtschaftlichen Kanäle geleitet werden, da relativ wenig versickert. Die Wasserreservoirs und kleinen Talsperren sind bis zum Rand gefüllt, an der Nordseite der Insel fliesst am meisten Wasser. Zusammen mit den sehr fruchtbaren vulkanischen Böden bieten sich gute Voraussetzungen für den Anbau *subtropischer* und sogar *tropischer Früchte* – an der Küste reichen die Temperaturen dazu gerade aus.

Die trockenere Südseite Gomeras liegt windgeschützter, dafür fliesst das Wasser hier nicht so reichlich wie gegen Norden. Kapital musste deshalb in aufwendigen Brunnenbohrungen angelegt werden – kein Wunder, dass hier einige Grossgrundbesitzer den Löwenanteil des Bodens bewirtschaften lassen.

## Alter Vulkanismus

Erdgeschichtlich ist Gomera im Vergleich zu den anderen Canarias ein «altes Haus». Nach den Messungen der Geologen entstand der *Basalkomplex* im Nordwesten vor etwa 15 bis 20 Millionen Jahren. Er bildet zusammen mit 10 Millionen Jahre alten Basaltschichten einen Ring um das zentrale Bergland der Insel.

Das Wasser hatte also lang genug Zeit, die *barrancos* auszuspülen. Das Fehlen jüngerer Eruptionen hat dazu geführt, dass der dichte Vegetationsteppich den ursprünglich vulkanischen Charakter Gomeras quasi maskiert. Dieser tritt offen nur in gerade zwei *Lavafeldern* (dasjenige im Barranco de Tazo und eins am Barranco de Monte Forte östlich von Hermigua) und einem kleinen Aschekegel im Inselsüden zutage. Und wenn man es weiss, dann erzählen auch die markanten Felstürme vom ehemaligen Vulkanismus. Es sind *Schlotfüllungen*, die bisher der Erosion widerstanden. Über die ganze Insel verstreut sind die bekanntesten: *Los Organos, Roque Cano* bei Vallehermoso, die *Fortaleza de Chipude* und

*Eigentlich wäre El Drago der Leitbaum der untersten Vegetationsstufe – auf La Gomera gibt es aber nur ein einziges Exemplar*

der *Roque Agando* an der Strasse San Sebastián-El Cedro.

Die jüngste Eruption, von der die kleine *caldera* unweit Playa del Santiago zeugt, wird auf die Zeit vor ca. einer Million Jahre datiert. Warum Gomera im Gegensatz zu den Nachbarinseln La Palma und Teneriffa keine jüngere Vulkangeschichte schrieb, fand bisher keine schlüssige Erklärung. Denn allen Inseln ist gemeinsam: Der Ozeangrund wird einheitlich auf ein Alter von 150 Millionen Jahren geschätzt. Die eigentliche Aufbauphase der Inseln ist genauso alt wie der Basalkomplex Gomeras (ein solcher liegt auch in Fuerteventura frei), also etwa 20 Millionen Jahre. Folgt man der Theorie, dass die westlichen Canarias aus einem einzigen Riss der Erdkruste, der sich infolge der Kontinentaldrift bildete, hochgedrückt wurden, dann muss auch auf Gomera das Beispiel der Nachbarinseln Schule machen: Einmal wird auch hier wieder Lava fliessen.

Einen grossen Teil der Insel bedeckt die jüngste Basaltschicht, die vor ca. 5 Millionen Jahren entstanden ist. Sedimentmaterial ist dagegen selten, einzig an der Basis des Valle Gran Rey bestehen nennenswerte Ablagerungen. Die verschiedenartigen Formen der *barrancos* beruhen auf der langen Erosionszeit in Zusammenhang mit der Konsistenz des jeweiligen Gesteins: Poröseres verschwand, härteres blieb stehen. Das erklärt auch die Muster hervorstehender Gänge in den Barranco-Wänden. Deren härteres Material – die ganze Insel ist mit diesen *disques* durchzogen – wiederstand bisher der Erosion und hält die Wände zusammen.

Die *Steilküste* Gomeras, die lediglich von den Barranco-Mündungen unterbrochen wird, hat der starke Atlantik gestaltet. Er setzte den einzelnen Aufbauphasen stetig zu: Der Zugang zum Meer ist von den oft mehr als hundert Meter hohen Ufern nur gelegentlich, dann aber meistens auch nur über riskante Abstiege möglich.

# Von der Steinzeit in die Jetztzeit

Über die Ureinwohner der Canarias, von den einen neutral als *canarios*, von den anderen mit dem mythenträchtigeren Namen *Guanchen* bezeichnet, wird seit einigen Jahren in solchen Blüten spekuliert, dass dies ein bisschen an Karl May-Romane erinnert. «Aborigines» müssen halt stark, schön, blond, ja blond sein. Und die Götter, diese Heiligsten, sie wohnten in den alten Steinen und wachten über die paradiesischen Gemeinschaften, deren Kultur bis in 15. Jahrhundert eben eine steinzeitliche war. Bis die bösen Eroberer mit ihrem Eisen kamen und allem ein Ende setzten. Sie infizierten die Wiege mit ihrem Gott so perfekt, dass selbst für die kleinen ETs – sie hinterliessen überall auf den Canarias ihre Zeichen – kein Platz mehr war: Ausserirdische waren fortan nicht mehr gesehen.

Über «Guanchiges» spekulieren heute besonders auch Zugereiste um die Wette. Dies vielleicht in der Hoffnung, hier am letzten Ende der Europawelt doch noch die Blaue Blume zu ergattern. Inzwischen halten die Einheimischen mit, schliesslich geht es um ihre Eilande, und das Jonglieren mit

Mythen findet in der spielerischen Mentalität der Canarias fruchtbaren Boden. So erscheinen jedes Jahr ein paar neue Schriften, zum Teil mit fantastischen Illustrationen: Eine prächtige Star-Rasse muss ehemals die Inseln bevölkert haben! Das ist natürlich Wasser auf die Mühlen der Politiker, die das Unabhängigkeitsstreben der Canarias gegenüber Madrid vertreten. Dieser Umstand erklärt vielleicht auch, warum Archäologen und Ethnologen vom Festland so zurückhaltend auf den Inseln forschen bzw. über sie publizieren. Für die «Halbinsulaner» sind die Canarias immer noch nur ein Stützpunkt, wo das Aufleben alter Traditionen stören kann. Deshalb werden auch gern die Publikationen über die Guanchen in die Umgebung des Separatistenführers – er lebt im Exil – gerückt. Wer mehr Appetit auf die alten Zeiten hat, dem hilft die Literaturliste auf Seite 11 ein bisschen weiter.

## Conquista

Die geschriebene Geschichte Gomeras beginnt mit keinem präzisen Datum. Selbst die Schulbücher nehmen keine Stellung, denn zu beginnen hat die Geschichte doch üblicherweise mit einer *Eroberung.* Und mit dieser taten sich die ersten Expeditionen schwer. 1404, zwei Jahre nach der Unterwerfung von Lanzarote und Fuerteventura, landete der Normanne *Jean de Béthencourt* in der Bucht des heutigen San Sebastián – er eroberte Gomera nicht. Nach der damaligen Piratensitte befestigte er wohl eine kleine Siedlung, um gegenüber seinem Auftraggeber, dem spanischen König, das Gesicht zu wahren. Béthencourts eigentliches Geschäft war das Aufbringen von Sklaven; mit der Beute verschwand er schnell wieder aufs Festland. 1438 zog der Söldnertrupp eines gewissen *Fernando Castro* vom gleichen Landeplatz über die Berge Richtung Chipude. Warum er die Expedition abbrach, oder ob sogar die Guanchen ihn dazu zwangen, ist bis heute ungeklärt. Zehn Jahre später machte dann *Hernán Peraza der Ältere,* der spätere Graf von Gomera, Nägel mit Köpfen: Er hielt zumindest die Stellung San Sebastián, liess dort sogar den Wehrturm *Torre del Conde* errichten.

Weder er noch sein Nachfolger, *Hernán Peraza der Jüngere,* konnten aber ihre Macht auf der ganzen Insel durchsetzen. Für Eskapaden mit Frauenschändung und Sklavenjagd reichte aber ihr kleines Heer aus; sie begründeten mit solchen Taten ihren Ruf als zünftige Inselpisaker. Der jüngere Peraza ruinierte seinen schon vorher angeschlagenen Leumund am Hof – er war in die Ermordung des Offiziers *Juan Rejón* verwickelt – vollständig. Eine offizielle Untersuchung über seinen Regierungsstil endete mit seiner endgültigen Abschiebung nach Gomera. Als Trostpflaster gab ihm die Königin eins ihrer «Probleme» mit auf die Reise: Eine gewisse *doña Beatriz de Bobadilla* gefiel ihrem königlichen Gatten Ferdinand allzu gut – auf Gomera konnte sie keinen Schaden mehr anrichten.

Als der Guanche *Huatacuperche* dann Peraza umbrachte und damit einen Aufstand auslöste, zog sich die Doña zusammen mit einigen Siedlerfamilien in den Grafenturm zurück. *Pedro de Vera,* der Conquistador Gran

Canarias, eilte herbei und befreite die Dame. Ihm gelang es mit seiner grossen Truppe als erstem, Gomera total zu unterwerfen; er gilt deshalb auch als eigentlicher Eroberer der Insel. De Vera landete später wegen des von der Krone verbotenen Sklavenhandels im Gefängnis, die Doña in den Armen des *Alonso Fernández de Lugo*, der für den König La Palma, Tenerife und Gran Canaria verwaltete.

## Training für die Conquista Südamerikas

In der Rückschau kann das, was im 15. Jahrhundert auf dem Kanarischen Archipel geschah, als *Conquista-Training* für die Aneignung Süd- und Mittelamerikas angesehen werden. Viele der Eroberungstechniken wurden hier erstmals erprobt. So zum Beispiel das Festsetzen der gegnerischen Anführer, worauf die führungslosen Krieger meistens aufgaben. Die Ohnmacht der alten Götter wurde vorgeführt, die Eingeborenen kollaborierten und liessen sich sogar taufen. Die *Christianisierung* erwies sich überhaupt als taugliches Unterwerfungsmittel. Typisch auch die Bereitschaft der Eroberer, in die besetzten Gebiete einzuheiraten und so Feindschaften in Verwandtschaften aufzulösen.

Auch beide später in den überseeischen Kolonien angewandtenVerwaltungsformen wurden auf den Canarias ausprobiert: Die grossen Inseln La Palma, Tenerife und Gran Canaria unterstanden von Anfang an der Krone direkt, die zur Verwaltung einen Stadthalter einsetzte. Die ökonomisch unbedeutenderen wie La Gomera, El Hierro, auch Fuerteventura und Lanzarote erhielten den *Señorio-Status*. Gegen Gebühren delegierte damit die Krone die Gewalt an einen Investor. Dieser an ein Lehnsverhältnis erinnernde Zustand dauerte bis Mitte des 19. Jahrhunderts und hat auch heute noch für die von der Natur ohnehin benachteiligten kleinen Inseln Konsequenzen. Denn die *Feudalstrukturen* (sie bestehen bis heute in der Art der Aufteilung des Grundbesitzes) liessen wenig Raum zur Einführung moderner Landbearbeitungsmethoden oder gar zum Handelsaustausch mit anderen Ländern, der auf den grossen Inseln schon im 16. Jahrhundert begann. Gomera ist deshalb auch heute nicht viel mehr als eine Aussenstelle von Teneriffa – aus eigener Kraft könnten nicht einmal die Investitionen für den Tourismus getätigt werden.

## Piraten, Armut und Emigration

Seit dem blutigen 15. Jahrhundert gelten alle Canarias als im Inneren befriedet. Vom Meer allerdings kamen öfters Piratenunternehmen, jetzt, da die reichen Spanier den Archipel attraktiv gemacht hatten. Wenn keine Schiffe abzufangen waren, wurde auf die Siedlungen zurückgegriffen und das Menschenmaterial eingesammelt. Man setzte sich ab, bevor die spanischen Truppen aus Teneriffa der Bevölkerung zu Hilfe kommen konnten. Die Inselherrschaften waren inzwischen in ihrem Turm sicher.

Ein *französischer Angriff* auf San Sebastián wurde 1553 noch abgewehrt, im August 1571 fiel die Feste dann zum ersten Mal, ein paar Jahre später auch Playa de Santiago. 1592 standen die *Engländer* in Vallehermoso, *Berber* brannten im Mai 1618 San Sebastián samt Kirche nieder.

Am Handel mit England, Mitteleuropa, der Halbinsel und Südamerika, der sich im Archipel langsam etablierte, nahm Gomera nur als unbedeutender Zulieferer von Wein und Früchten teil. Grosse Kontingente stellte die Insel dagegen an *Emigranten* – die Auswanderung nach Südamerika (besonders nach Kuba und später dann Venezuela) kam erst mit dem aufblühenden Tourismus vor ein paar Jahren zum Stillstand. Auch die grossen Barrios mit Herreños und Gomereños in Las Palmas und Santa Cruz zeugen von der Inselflucht, die in den grossen ökonomischen Krisen Ende des 19. und in den 50iger Jahren des 20. Jahrhunderts am stärksten war.

## Tourismus als Chance?

Auf diesen Impuls hoffen sie alle, die Gewerbetreibenden, die Politiker jeden Couleurs, die Gewerkschaften, nicht zuletzt die vielen Arbeitslosen. Letztere erhalten zur Zeit immerhin 30'000 Ptas. Arbeitslosenunterstützung, an sich ein ausreichendes Einkommen hier, wenn weiter schwarz gearbeitet werden könnte. Aber neuerdings schickt die Behörde ihre Inspektoren unangemeldet und kassiert bei Schwarzarbeitern und ihren Auftraggebern hohe Strafen ein. Deshalb schielt mancher Arbeitslose jetzt wieder auf die ca. 60'000 Ptas., die ein regulärer Arbeiter heimbringt. (Ein weiteres Beispiel zu den Lebenskosten: Studenten in La Laguna kommen schon mit 20'000 Ptas. über die Runden.)

Doch bis heute trägt der Tourismus mit kaum mehr als 10% zum Sozialprodukt bei, das noch immer zu mehr als 50% von der Landwirtschaft getragen wird. Dieses Verhältnis wird sich in den nächsten Jahren sicher ändern – für das Valle Gran Rey und die Hauptstadt San Sebastián bestehen ehrgeizige Projekte.

Mehr Fremde auf der Insel lassen aber auch die Grund- und Häuserpreise in die Höhe schiessen. Ein Beispiel dazu: Im Barranco de Villa kostete der Boden vor ein paar Jahren noch 500 Ptas. pro Quadratmeter, 1985 liegt der Preis bei 3000 Ptas. Verfallene Häuser, für welche die Einheimischen in der Vergangenheit keine 10'000 Ptas. zahlten, bringen heute an begehrten Lagen wie z. B. im Valle Gran Rey spielend das Vierzigfache.

Auf die Preiserhöhungen im alltäglichen Bereich, die auf den Fremdenstrom folgen, weiss man natürlich allerorts Antwort: Mit dem üblichen System der «gespaltenen Preise», ein künstlicher für die Gäste, ein regulärer für die Einheimischen. Dieses Prinzip ist einer der Gründe dafür, dass in Gomera Supermärkte, in denen einheitliche Preise bestehen, hauptsächlich an Touristenplätzen entstehen.

## Politik und Verwaltung

Seit 1982 sind die Bande zwischen der Zentralregierung in Madrid und den Canarias weniger straff gespannt: Die Inseln erhielten einen *autonomen Status.* Obwohl das *Gobierno Central* weiterhin in den beiden *Provinzen Gran*

*Canaria* und *Tenerife* (wozu Gomera und Hierro gehören) wichtige Exekutiv-Gewalten ausübt, können die *Junta de Canarias* und die beiden Provinzregierungen in ihren Bereichen relativ frei entscheiden.

Höchste Selbstverwaltungs-Instanz auf jeder Insel ist der jeweilige *Cabildo Insular*, zuständig für Gesundheitswesen, Strassen, Wasserversorgung, Kultur etc. Unterste örtliche Behörde ist das Bürgermeisteramt *(ayuntamiento)*, sechs davon gibt es auf Gomera: *San Sebastián, Hermigua, Agulo, Vallehermoso, Valle Gran Rey* und *Alojeró*. Gewählt werden kann seit 1979 schon mit 18 Jahren. Zwischen dem Hochland und der Playa besteht ein *Parteiengefälle* zugunsten der Linksparteien. Die Kommunisten sind z. B. in San Sebastián stark vertreten, in den Bergen spielen sie überhaupt keine Rolle. Die Inselhauptstadt wird im Moment von einer Linkskoalition aus Kommunisten und Sozialisten regiert, im Cabildo Insular sitzen Rechte und Linke im Patt gegenüber. Den *senator* in Madrid stellt (wie auch für Hierro) noch immer die alte *UCD*, deren Männer auch in den meisten Ayuntamientos das Sagen haben. Aber wer die Tradition der spanischen Inseln als Hüter des Konservatismus kennt, den wundert das nicht. Vergleichbare Verhältnisse herrschen ja sogar auf den vergleichsweise weltoffenen Balearen.

## Plátanos (Bananen)

In Gesprächen mit den Einheimischen kommt man schnell einmal auf *plátanos*. Seit ein paar Jahren folgt zu diesem Thema ein grosser Katzenjammer. Schuld daran ist der massive Preisverfall der Bananen, die auf den westlichen, wasserreichen Inseln praktisch in landwirtschaftlicher Monokultur angepflanzt sind.

Seit 1880 wurde hier zuerst erfolgreich in grossem Stil auf die Früchte gesetzt. Mit dem Aufkommen moderner Kühlschiffe erlitt der Export einen ersten grossen Einbruch, da die Konsumenten die grosswüchsigeren Sorten aus Süd- und Mittelamerika bevorzugten. Der längere Transportweg erwies sich auf Grund der natürlichen Bewässerung im fernen Kontinent nicht mehr als Kostennachteil – auf den Canarias benötigt das Wachstum eines Kilos Bananen ca. 300 bis 400 Liter Wasser, wohlgemerkt zugeführt durch künstliche Bewässerungssysteme. Bei den heutigen Wasserpreisen ist die Produktion nur noch für die Besitzer von Wasseraktien lohnend (Grossmarktpreis für Bananen bester Qualität 1985 bei 50 Ptas./kg).

Unter diesen Bedingungen spielt der Export im Vergleich zu früheren Jahrzehnten (damals vor allem nach Frankreich, Finnland und Osteuropa) keine Rolle mehr – die kanarischen Bananen landen zu mehr als 90% auf dem spanischen Festland. 1984 hätte jeder Spanier mindestens 18 kg verdauen müssen, um die ganze Produktion umzusetzen. Zu viel auch für Bärenmägen: Grossteile der Ernte landeten auf dem Abfall. Kein Wunder, dass immer mehr Plantagen unbestellt bleiben, denn ihre Besitzer müssten für eine kontinuierliche Bewirtschaftung ihr Sparbuch für den Wasserkauf plündern.

Einige botanische Daten: Die Pflanze stammt ursprünglich aus Südostasien, sie wurde dann nach Afrika und

◂
*Jeder Spanier müsste 18 kg Bananen essen, um die ganze Jahresproduktion der Canarias aufzubrauchen*

erst mit der Conquista im 16. Jahrhundert in Südamerika eingeführt. Heute ist sie in allen tropischen und subtropischen Regionen zu finden. Gepflanzt werden die aus dem unterirdischen Rhizom wachsenden Schösslinge, bzw. der alte Stamm wird abgehauen und die Schösslinge stehen gelassen. Gerade so viele, dass in regelmässigem Abstand ein neuer Fruchtstand wachsen kann. Der erste Blütenstand entwickelt sich nach ca. einem Jahr, auf ihm befinden sich in dieser Reihenfolge weibliche, zwittrige und männliche Blüten – aus den weiblichen entwickeln sich die Früchte ohne Bestäubung.

Auf den Canarias dauert es etwa zwei Jahre (in den Tropen um die 12 Monate), bis der erste Fruchtstand geerntet werden kann, die ihm folgenden jeweils nach einem Jahr (vier bis sechs Monate in den Tropen). Häufigste Krankheiten sind Pilzbefall oder aber, der «Bananenbohrer» schlägt zu – dagegen hilft die Chemie. Eine dicke Schicht aus Blättern am Boden dient als Unkrautunterdrücker. Der Grund soll am besten gar nicht bearbeitet werden, da die oberflächennahen Wurzeln sehr empfindlich sind.

Bananen oder Wind: Die kanarischen Betonindustriellen haben sich an den Windschutzmauern gesund gestossen. Wenn sie auch noch ein paar Temperaturgrade mehr hätten verkaufen können – nicht auszudenken. Denn für beste Früchte müsste es gleichmässig einiges über zwanzig Grad warm sein. Die Canarias erreichen gerade einmal die 20-Grad-Grenze: Das erklärt, warum die Produktionszeit hier doppelt so lang wie in den Tropen ist.

Ohne weiteres verkäuflich sind heute nur noch die «Hände» mit den grössten Früchten, die jeweils nur einen Teil der bis zu einem Zentner schweren Fruchtstände bilden. Sie werden grün geerntet. Beim Transport wird darauf geachtet, sie nicht unnötig der Sonne auszusetzen, da dies die Reifezeit beschleunigen würde. Ausserdem dürfen keine Verletzungen der Schale entstehen, die Früchte werden meistens mit einer chemischen Haut versehen.

Die schwierige Marksituation, die durch Überproduktion und Preisverfall, relativ hohe Entstehungskosten bei nicht optimalem Klima gekennzeichnet ist, lässt immer mehr Plantagenbesitzer vor dem Zusammenbruch der (Subventions-)Wirtschaft schaudern. Sie versuchen sich deshalb an Alternativen, die weniger Wasser kosten. Avocado-Bäume (sie brauchen wie Mango- und Papayabäume nur etwa 500 Liter Bewässerung pro Jahr und Pflanzungs-Quadratmeter, Bananen brauchen ca. 1700 Liter) und auch Mangos und Papayas finden immer mehr Verbreitung. In letzter Zeit werden Hierros Erfolge an der Ananas-Front sorgfältig registriert. Denn den Touristikkulturen, die als neuer Erwerbszweig auch auf den westlichen Inseln immer mehr Verbreitung finden, ist genau das eigen, was sich jetzt bei den Bananen verheerend auswirkt: Sie neigen zur monokulturellen Wucherung.

# San Sebastián

Hauptstadt, Sitz der Behörden und Honoratioren, Hafentor zur anderen kanarischen Welt. Vormals letzter Rastplatz Cristóbal Colóns – so wird Kolumbus hier genannt –, bevor er gen Amerika navigierte.

Dieser grösste Ort der Insel liegt am Ausgang des Barranco de la Villa und besteht in seinem Zentrum aus einem Karree mit zwei grossen Strassen längs des Barrancos und einigen Verbindungsgässchen zwischen ihnen. Weitere Streusiedlungen, die noch zur Stadt gehören, findet man an den beiden Ausfallstrassen (nach Hermigua/Vallehermoso bzw. El Cedro/Valle Gran Rey), zum Neubauen wird das Barranco de la Villa immer beliebter.

Die ca. 7000 Einwohner sind hauptsächlich im Dienstleistungsbereich und im Baugewerbe tätig, der Landwirtschaft ringsum kommt nur sekundäre Bedeutung zu. Lebensnerv ist die Fährverbindung nach Los Cristianos. Schon eine Stunde vor der Schiffankunft wird das sonst lethargisch dahintreibende Leben in den Gassen auf Speedgang geschaltet. Lastautos und Taxis verstopfen die Strassen Richtung Mole. Allen scheint wieder eingefallen zu sein, dass in dieser Welt auch die *dineros* eine Rolle spielen. Aber nur, um dies nach Ablegen des Schiffs wieder zu vergessen, dem alten gemächlichen Lebensrhythmus im Kreise der Familie und Freunde zu huldigen.

Der Fremde, vor allem jener, der im herrlichen Parador (vgl. gesondertes Kapitel) absteigt, wird in der Regel nicht mitbekommen, wie es hinter den Mauern der Häuser zugeht. Wohnt er doch hoch oben in gehörigem Abstand zu den Einheimischen inmitten einer repräsentativen Parkwelt – manche Parador-Besucher beharren sogar darauf, auf Gomera hätten sie im Ort «Parador» gewohnt.

Die Fremden, die unten in San Sebastián übernachten, bleiben meistens nur für eine Nacht. Sie nutzen den Ort als «Zwischenlager», um am nächsten Tag zu ihrem eigentlichen Ziel zu gelangen. Diese Gewohnheit ist u.a. dafür verantwortlich, dass die meisten z.B. das Valle Gran Rey in- und auswendig kennen, von San Sebastián aber kaum mehr als den Namen. Sie wissen nichts von der Geschichtsträchtigkeit der Plätze und Häuser, den abenteuerlichen Stränden in der Nähe, den Liedern abends auf der Plaza – das sind nur Beispiele.

Obwohl die Immobilien-Heinis auch hier (besonders am Hang zum Parador hinauf) die Spekulation in Gang gebracht haben, ist San Sebastián noch immer einer der intaktesten Orte der Insel, vielleicht gerade weil der Tourismus nicht die einzige Perspektive der Stadt ist. Wer dazu noch den zentralen und den östlichen Teil der Insel erkunden will, ist mit San Sebastián als Ausgangsort gut beraten.

## Unterkunft

Der Ort besitzt lediglich fünf *hostales* mit bescheidenem Komfort. Dazu kommen noch der luxuriöse Parador (vgl. Extrakapitel) und eine Anzahl Ferienwohnungen bzw. Bungalows.

■ **Hostal-Residencia Colombina**, Calle Ruiz de Padrón, 81; im hinteren Teil des Ortes neben dem Kino gelegen, Tel. 87 12 57. Beliebteste Adresse bei

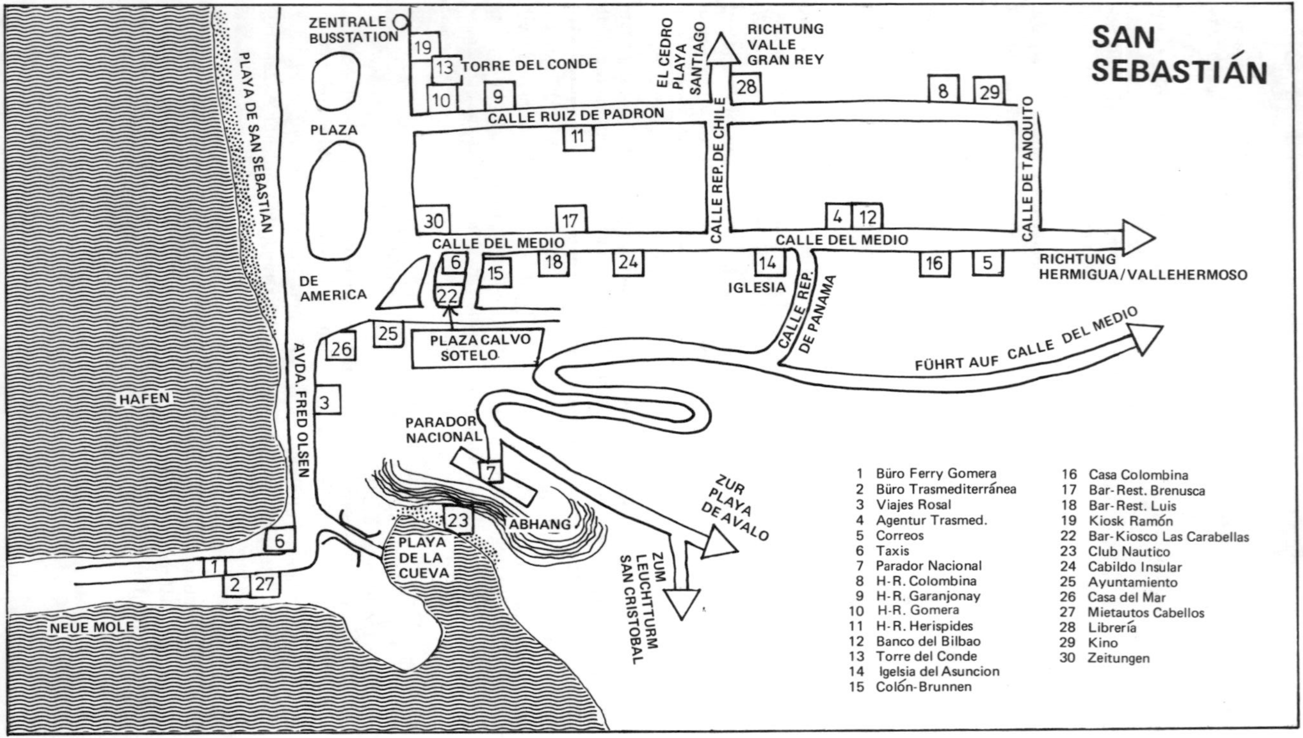
SAN SEBASTIÁN
ZENTRALE BUSSTATION
TORRE DEL CONDE
EL CEDRO PLAYA SANTIAGO
RICHTUNG VALLE GRAN REY
PLAZA DE AMERICA
CALLE RUIZ DE PADRON
CALLE REP. DE CHILE
CALLE DE TANQUITO
CALLE DEL MEDIO
CALLE DEL MEDIO
RICHTUNG HERMIGUA/VALLEHERMOSO
IGLESIA
CALLE REP. DE PANAMA
FÜHRT AUF CALLE DEL MEDIO
PLAYA DE SAN SEBASTIAN
HAFEN
AVDA. FRED OLSEN
PLAZA CALVO SOTELO
PARADOR NACIONAL
ABHANG
PLAYA DE LA CUEVA
NEUE MOLE
ZUR PLAYA DE AVALO
ZUM LEUCHTTURM SAN CRISTOBAL
1 Büro Ferry Gomera
2 Büro Trasmediterránea
3 Viajes Rosal
4 Agentur Trasmed.
5 Correos
6 Taxis
7 Parador Nacional
8 H-R. Colombina
9 H-R. Garanjonay
10 H-R. Gomera
11 H-R. Herispides
12 Banco del Bilbao
13 Torre del Conde
14 Igelsia del Asuncion
15 Colón-Brunnen
16 Casa Colombina
17 Bar-Rest. Brenusca
18 Bar-Rest. Luis
19 Kiosk Ramón
22 Bar-Kiosco Las Carabellas
23 Club Nautico
24 Cabildo Insular
25 Ayuntamiento
26 Casa del Mar
27 Mietautos Cabellos
28 Librería
29 Kino
30 Zeitungen

den Travellern, die die Nacht vor der Morgenfähre bzw. den ersten Bussen abschlafen. Saubere Zimmer mit Gemeinschaftsdusche draussen im Gang (DZ 1500 Ptas.), Frühstück in der gewienerten Bar im Paterre. Der Besitzer ist nicht immer greifbar – er beschäftigt sich noch mit dem Verleih von Videos nebenan.

■ Wenn das Colombina belegt ist (manchmal an Ostern/Weihnachten und zur spanischen Ferienzeit), bleiben zwei günstige Adressen, die dann aber oft auch (von jungen Budgetreisenden) belegt sein können: *Casa Huéspedes Heperides*, Calle Ruiz Padrón, 32; und *Hostal-Residencia Canarias* an der gleichen Calle Nr. 5. Fürs DZ sind beide um ein paar hundert Ptas. günstiger, bieten dafür aber auch nur das Allernötigste, um die Nachtstunden nicht draussen verbringen zu müssen.

■ Die zwei Sterne vom *Hostal-Residencia Garanjonay*, Calle Ruiz de Padrón, 15; Tel. 87 05 50 garantieren ein funktionierendes Badezimmer, dafür kann man von Glück sprechen, wenn der Aufzug funktioniert. Die Zimmer leiden unter Atmosphärelosigkeit, 2000 Ptas. fürs Doppelzimmer sind allerdings dann gut angelegt, wenn woanders alles voll ist oder eine Vorreservation sinnvoll erscheint: Das Personal gilt als zuverlässig.

■ **Hostal Gomera, Calle del Medio:** Neu eröffnete Herberge, stimmungsvollste Alternative unter den einfachen Häusern. Zugang durch einen grosszügigen Patio hinauf über die Balkons (DZ 1200 Ptas.).

■ **Apartamentos** werden immer zahlreicher längs der Strasse zum Parador angeboten. Hier deshalb, weil an dem Hang die Sonne am längsten scheint. Unter einer Woche Aufenthalt wird es schwierig sein, sich einzubuchen. Als Durchschnittspreis für eine 2-Personen-Wohnung gelten pro Tag 2500 Ptas. Zu den einheimischen Ferienzeiten wohnen die kanarischen Besitzerfamilien meistens selbst in ihren vier Wänden. Einige Anlaufstellen: Aptos. Orqudeo, Aptos. Ramón Castilla, Aptos. Juan Ramón, alle auch über *Viajes del Rosal,* Avda. Fred Olsen, 10; Tel. 87 09 24 zu buchen. Das Büro liegt direkt an der Küstenstrasse, die zum Anleger führt.

■ Hinter dem Parador Richtung Leuchtturm haben einige Germanen zugeschlagen und Häusle gekauft. Die Badezimmerarmaturen wurden Reise für Reise ergänzt, auch auf manchem Teppichboden klebt noch der Ikea-Elch. Schliesslich lebt man in einer Siedlung, und der Nachbar reizt auch immer sein Gepäcklimit aus. Wer unbedingt so wohnen will, wie dort zu wohnen ist, kann mal vorbeigehen und sich eine Schachtel ansehen. Denn manchmal werden sie auch vermietet.

## Parador Nacional

Auch Menschen, die nicht zum Schwärmen neigen, geraten in Begeisterung, wenn sie den *Parador Nacional Colombino «Conde de la Gomera«* beschreiben. Zurecht gilt die dem Stil alter kanarischer Landhäuser nachempfundene Anlage als das schönste Hotel des Archipels, ja sogar als eines der schönsten ganz Spaniens.

Der Hotelkomplex liegt hoch auf den Klippen über dem Atlantik etwas ausserhalb von San Sebastián. Die Gemäuer mit den traditionellen Holzveranden und -balkonen verraten nicht, dass der Parador erst 1973 erstellt und anfangs 1985 erweitert wurde – der Gast wähnt sich in alten, geschichtsträchtigen Mauern. Im Haus herrscht wie in den meisten staatlichen Luxushotels eine vornehm-unterkühlte Atmosphäre. Als Kontrast dazu der grosse, üppige Park, dessen subtropische Gewächse im Frühjahr und Sommer mit ungeheuerer Blütenpracht betören: Alles, was auf der Insel wächst, ist vertreten. Der Swimming-Pool liegt auf einer der Parkterrassen. Sein angestaubter Charme versetzt den Gast in die Kolonialzeit zurück. Das passt zu den historischen Darstellungen aus den Eroberungs-Jahrhunderten, die an den Wänden der kastilianisch eingerichteten Säle im Hauptgebäude daran erinnern, wer die Kultur auf die Insel gebacht hat. Teneriffas Teide schaut manchmal direkt durch die Fenster der Gästezimmer, sein schneebedeckter Gipfel im Winter rundet das Luxusgefühl, der Kälte entronnen zu sein, ab. Mit den um die 5000 Ptas. für ein DZ ist auch der obligate Meeresblick bezahlt. Die Küche bietet Speisen nach Festlandtradition. Sie erfüllt die Erwartung in puncto Qualität, die der festliche Rahmen im Speisesaal auslöst.

Keine Rose ohne Dornen: Der Parador bietet nur ca. 60 Gästen Platz, häufig ist kein Bett mehr frei. Das macht eine Vorreservation (Tel. 87 11 00) fast immer erforderlich.

## Restaurants & Bars

■ **Bar-Restaurante Brenusca,** Calle del Medio. Wer direkt aus Mitteleuropa kommt, erhält hier eine erste (gute) Kostprobe kanarischer Kneipen- und Esskultur. Ein riesiger Propeller sorgt für moderate Temperaturen, die Toiletten sind auffällig sauber, und obwohl auch die Brenusca-Familie sich inzwischen bemüht, mehrsprachig zu servieren, wird das bodenständige Speisenrepertoire beibehalten. Deshalb stellen die kanarischen Familien den Hauptanteil der Gäste, die Preise bezeugen dies. Wo bekommt der Gast auf Gomera noch *leche azada* («Hackmilch») für 100 Ptas., *curroz a la Cubana* für 225 Ptas., *bisteca de res a la barrado* (300 Ptas.), die Flasche *vino de Gomera* für 350 Ptas. Natürlich kocht man hier auch die Einerlei-Gerichte der Inseln aus Fisch oder Fleisch – nur besser und zu geringeren Preisen als in den meisten Bars anderswo. Doch regelmässig überrascht die Köchin mit einer der Inselspezialitäten (vgl. Kapitel «Küchenvokabular» weiter vorne), die sie auf der Tafel ankündigt.

■ **Luis**, die andere gute Adresse, liegt schräg gegenüber. Auch hier faire Preise und keine Anbiederung an «internationale Geschmäcker». Empfehlenswert *carne de cerdo* mit *papas arrugadas* und die «Alte», der *vieja*-Fisch, der in einer Riesenportion auf den Tisch kommt. Mit Getränken muss man mit etwa 700 Ptas. pro Person rechnen.

■ **Bar-Restaurante El Pajar**, Calle Ruiz de Padrón, 44. Hier als Warnung aufgeführt: Um einen Patio sind die Tische und ungemütlichen Sitzgelegenheiten gruppiert. Manch einer lässt sich von der heimeligen Westmusik anlocken und überzahlt oft nicht nur mit Rückenschmerzen. Schade, aus dem Lokal liesse sich Besseres machen: Die

*Von hier geht's mit dem Bus weiter (oben)*
*San Sebastián mit Playa und Plaza de las Americas (Mitte)*
*Mole mit Ferry Gomera (unten)*

*langustinas* sind nur mit der Lupe zu erkennen, vom *steak a la pimienta* ist der Pfeffer verweht, der Name *calamares a la Romana* erzählt höchstens etwas über das Papp-Marketing der Bude. Alles hier, auch der Wein, ist dazu noch viel zu teuer, selbst dann, wenn die Qualität besser wäre.

■ Ebenfalls nur *bei absoluter Not* in die beiden Lokale *Aramare* und *Steak-House* einkehren – sie liegen an der Rückseite der Plaza. Das erste zeichnet sich durch trostlose Stimmung aus. Wer auf Kosten der guten Laune und des Magens sehr billig speisen will, der allerdings liegt hier richtig. Nicht viel verträglicher, dafür um einiges teurer isst man im Steak-House. Wahrscheinlich sind die ordentlichen Decken auf den Tischen ein Grund für die verrechneten Summen, oder vielleicht die Bedienung? Das Lokal ist übrigens nicht mit einem Steakhaus à la Alemana zu verwechseln, es heisst nur so.

■ **Club Nautico**, Calle del Conde. Man muss durch den Tunnel gegenüber der Mole gehen, der Club liegt direkt an der Steilküste unter dem Parador. Hier war einmal eine recht sportliche Szene zuhause, damals, als der gewiefte Tauchlehrer noch seine Basis betreute (er ist inzwischen auf den Kapverdischen Inseln ansässig). Das olympische Feuer legte auch schon einmal Rast ein, aber seitdem versuchen die Mitglieder nicht ganz erfolgreich, an den Glanz und Clubstandard der grösseren Inseln Anschluss zu finden. Immerhin lässt man fleissig putzen und der neue Belag für den Tennis-Court ist auch nicht schlecht. Der Swimming-Pool im Parador hat mehr Stil, der nebenan liegende Strand *Playa de la Cueva* (benannt nach der Natursteingrotte) ist trotz seiner massiven Benutzung nicht spektakulär.

Jeder Beliebige erhält allerdings nicht Zutritt zum Club: Gastmitgliedschaft für begrenzte Zeit kann gegen einen Obolus erworben werden. Als Referenz genügt meistens die Unterkunft im Parador – die Rezeption dort erledigt das – oder die Einführung durch ein «member». Wer ein paar Tage in San Sebastián bleibt, wird um die Abwechslung, die der Verein doch bietet, froh sein. Zumindest erfährt er, wer in Gomera so dazugehört, und kann im Restaurant recht gepflegt speisen.

■ **Bar-Kiosco Los Carabellos** auf der Plaza Calvo Sotelo unter den riesigen indischen Lorbeerbäumen. Schönstes Plätzchen der Stadt, um einen Kaffee oder Drink einzunehmen oder etwas aus der grossen Tapa-Auswahl zu verdrücken. Jeder kommt hier im Verlauf des Tages einmal vorbei, auch die vom Cabildo, von der Gewerkschaft und vom Ayuntamiento, um die neueste Zeitung vom Kiosk gegenüber zu verschlingen und die «news» zu diskutieren. Die Fremden warten hier auf die nächste Fähre, Parador-Gäste erzählen von Zuhause und über ihren abenteuerlichen Trip durchs Inland der «Gomerianer». Von der «Bar der alten Hochseefahrer» sieht man natürlich direkt auf das alte, an der Fassade frisch getünchte Haus, in dessen Patio Cristóbal Colón den letzten Schluck Frischwasser geschlürft haben soll, bevor er auf Indianer traf – so jedenfalls der Wille der Inselchronisten.

■ Wer spätabends noch andere Menschen oder auch nur einen letzten Schluck sucht, für den hält San Sebastián nichts Empfehlenswertes bereit. Bloss nicht der gedämpften Musik bzw. dem roten Licht gegenüber dem Hostal Colombino nachgehen. Wen es trotzdem in den Gang zieht, der sollte wirklich nur einen einzigen Blick in die schummrige Bar werfen und dann sofort wieder umkehren. Denn sonst könnte sich dieser Ort als komischer Puff mit komischen Preisen für komische Getränke herausstellen. Und glaube keiner, sich komisch-radikal durchzusetzen: Hilfstruppen warten im Dunkeln.

## Strände

Die beiden Stadtstrände *Playa de San Sebastián* (entlang der Küstenstrasse am Hafenbecken) und *Playa de la Cueva* (vor dem Club Nautico) bestehen je nach Wasserstand aus kantigen Basaltsteinen und mehr oder weniger grauem Sand. Sie werden vor allem von den Einheimischen benutzt, eben weil sie in der Siesta so schnell zu erreichen sind. Fremde nehmen höchstens einmal eine kleine Erfrischung im salzigen Nass und träumen weiter von einem richtigen Karibikstrand.

■ Von anderem Kaliber ist die *Playa de Avalo* 3 km nördlich der Stadt in einer geschützten Bucht gelegen. Anfahrt über die Strasse am Parador und Leuchtturm vorbei – rechts unten taucht dann bald einmal die Bucht auf (siehe Karte). Sie besteht aus einem 200 Meter langen, ca. 15 Meter breiten Steinstreifen. Bei schwacher Brandung rückt der Ozean ein paar Meter Sand heraus. Im Sommer (dann wie auch an Wochenenden stark von den Einheimischen frequentiert) herrscht meistens ruhige See, die Winterbrandung kann auch mutigen Schwimmern den Adrenalinspiegel hochjagen. Vorort auch eine kleine Bar, die aber nicht regelmässig besetzt ist. Wenn, dann gibt es Erfrischungsgetränke zu zivilen Touristenpreisen sowie Antwort auf die Frage, wo denn die berühmte Süsswasserquelle zu finden sei. Ein kleiner Platz zum Zelten (vor den Palmen) oder als Alternative dazu die Schaumstoffmatratzen aus dem Lagerraum der Bar machen es möglich, hier ohne Vorbereitung eine Nacht unter freiem Himmel zu verbringen. Am Morgen darauf ist dann Schnorcheln oder Angeln angesagt. Wer bequem bleiben will, wartet auf den Fischer, der während des Tages vorbeikommt und frischeste Ware anbietet. Wenn dann die Sonne steigt, bieten die Palmen im kleinen Tal und die Bananenstauden Schatten. Wer neugierig ist, was sich hinter der Punta de Avalo versteckt, muss seine Beine bemühen. Denn die (teilweise) jungfräulichen Buchten und Strände haben diesen kleinen Preis in puncto Aufwand.

■ Belohnt wird man (fast) mit Robinson-Atmosphäre. Die Strände heissen in der Reihenfolge Richtung Norden: *Playa de Aguila, Playa de la Sabina, Playa de Zamora* und *Playa Majona.* Die Playas de Zamora und de la Sabina sind winzig ausgefallen, die anderen sind aber schöne Stein-Sandstrände mit mehreren hundert Metern Ausdehnung. Wer unbedingt will, kann sie auch mit dem Auto über die Piste zum *Santuario Nuestra Señora de Guadalupe* bzw. der zu den *Casa de Cuevas Blancas* erreichen. Für den letzten Abstieg muss das (gut bereifte) Auto aber dann doch stehengelassen werden. Besser ist es, die nordöstlichen Buchten zu erwandern, sie sind alle in Tagesmärschen (hin- und zurück) zu erreichen. Das gilt auch für die *Playa de la Guancha* und *Playa del Cabrito* südwestlich von San Sebastián.

## Grafen, die Doña & Kolumbus

Der *Torre del Conde*, der gleich hinter der Busstation liegt, wurde 1447 gebaut, um gegen die Attacken von der See her Schutz zu bieten. In den ersten hundert Jahren bewährte er sich ausschliesslich nach innen, dann wenn die Conquistadores mit ihren Familien sich vor der Bevölkerung verbarrikadierten. Ende des 16. Jahrhunderts baute *Leonardo Torriani* die Anlage im Auftrag der spanischen Krone aus, um sie als Zwischenlager für die Conquista-Beute aus Südamerika einzusetzen. Diese Nutzung sprach sich natürlich in interessierten Kreisen schnell herum. In zahlreichen Piratenangriffen wurde versucht, den Turm zu knacken: Er hielt stets.

Die erste Nutzniesserin war jedoch die legendenumwobene *doña Beatriz de Bobadilla.* An der Seite des *Hernán Peraza*, des Grafen von Gomera und Hierro, führte sie ein brutales Regime. 1488 antwortete die Bevölkerung auf die Übergriffe und Sklavenverschiebungen: *Hautacuperche* tötete den Grafen am *Degollada de Peraza* (vgl. «San Sebastián/In der Nähe») und löste damit einen Volksaufstand aus. Doña Beatriz und die kleine spanische Kolonie verschanzten sich erst einmal hinter den dicken Mauern, bis der Conquistador *Pedro de Vera* mit seinen Truppen aus Gran Canaria zu Hilfe kam. Das neue Paar arrangierte den Denkzettel für die heidnischen Meuterer – mit Hilfe und «zur Ehre» des Herrn im Himmel. Die *Iglesia de la Asunción* – im Laufe der Jahrhunderte ist der ursprünglich gotische Bau nach wechselndem Geschmack «restauriert», wiederaufgebaut, vergrössert worden – war Stätte der «Versöhnungsmesse», zu der alle am Aufstand Beteiligten eingeladen wurden. Ihnen ward versprochen, falls sie sich von ihrem Heidentum lossagen und durch das Tor der Begnadigung gängen *(Puerta del Perdón)*, sei der Friede wieder hergestellt. Warum die Betroffenen das Angebot annahmen, wo sie doch ausreichend Erfahrung mit dem Herrschaftsstil der Grafen gemacht hatten, ist nicht überliefert. Jedenfalls traten sie der Reihe nach durch die Puerta del Perdón ein und liessen sich taufen. Doch Pedro de Vera muss den neuen Katholiken misstraut haben: Galant rächte er den Schmerz der Doña und liess alle töten.

Das Tor der Begnadigung ist heute noch zu besichtigen (an der Seite des Kirchenschiffs), allerdings nicht mehr in seinem ursprünglichen Zustand. Dafür sorgte u. a. das Feuer der Berber im Jahre 1618, das die Kirche bis auf die Grundmauern zerstörte.

Doña Beatriz heiratete später den königlichen Gouverneur von Gran Canaria, Teneriffa und La Palma, *Alonso Fernández de Lugo.* Vor diesem mächtigsten Mann des Archipels schaute bei ihr aber noch einer der grössten Wagehalse des Jahrhunderts vorbei; Kolumbus oder wie er hier heisst, *Cristóbal Colón.* Anfang September 1492 empfing Doña Beatriz den Kapitän, der fünf Wochen später auf «Indianerland» treten sollte. In der Kirche betete er, damit ihn der Passat ja nach In-

▶
*Stoff für einen prallen Roman: Das Techtelmechtel zwischen dem Wagehals Cristóbal Colón (oben)*
*und der Doña Beatrix de Bobadilla (unten)*

CHRISTOPHORVS COLVMBVS LIGVR, INDIARV̄ PRIM' INVĒTR A' 1492

dien blase, und gab lüsternen Historikern Anlass, über ein Techtelmechtel mit der Schönen zu spekulieren. Dies auch deshalb, weil er vor seiner zweiten Amerika-Fahrt Gomera noch einmal beehrte.

Seither gibt sich die Insel als *Isla Columbina*: Alles, was mit dem Entdecker in Zusammenhang gebracht werden kann, wird gehätschelt und vorgezeigt. So begeht San Sebastián sein Andenken jeweils im Sommer mit den *Fiestas Columbinas*, das sind Kulturveranstaltungen und Ausstellungen u.a. im *Casa Columbina* ein paar Häuser neben der Post. Das Porträt der Doña Beatriz hat übrigens einen Ehrenplatz im Parador, der richtige Ort für eine Dame, deren Frauen-Part in der Geschichte Stoff für einen prallen Roman gäbe.

■ Der *Torre del Conde* beherbergt ein kleines *Museum* mit Gegenständen aus der Conquista-Zeit. Ausserdem befindet sich hier der Ort des Massakers, an dem viele Canarios von den Spaniern ermordet wurden. Dieser ist für die geschichtsbewusste Bevölkerung heute ein Mahnmal, das nach wie vor an den Besetzungszustand erinnert. Für Besucher sind die Türen schon seit Jahren geschlossen mit der offiziellen Begründung, hier werde ein neues Museum eingerichtet. Hoffentlich gehen die Verantwortlichen nicht mit der gleichen Methode wie bei den Ausgrabungen rund um den Turm vor. Dort fanden Archäologen alte Strukturen, die auf vorspanische Zeit zurückdatiert werden konnten. Inzwischen ist das alles wieder säuberlich zugeschüttet worden und die Geschichte Gomeras kann wieder dort beginnen, wo die spanische Zivilisation eine Steinzeitkultur beglückte.

## In der Nähe

■ **Santuario de la Virgen de Guadalupe** an der Playa de Punta Llana. Die Kapelle stammt ursprünglich aus dem 16. Jahrhundert. Sie beherbergt eine Marienfigur, die alle fünf Jahre am 4. Oktober zu einer grossen *romería* abgeholt wird und in San Sebastián wie auch in den anderen Hauptorten der Insel Mittelpunkt der Fiestas ist. Die Virgen wird, wenn es die Bedingungen an der Atlantikküste zulassen, traditionellerweise mit dem Boot in die Hauptstadt gebracht, das nächste Datum dafür ist der 4. Oktober 1988. Von Pilgerreisen zwischendurch zeugen die hier meistens vorzufindenden Blumen, Mitbringsel der Gläubigen, die ihre Sorgen und Wünsche bei der Inselpatronin abladen. In der Nachbarschaft der Kapelle finden sich ein paar alte Hütten, die sich im Privatbesitz einiger einflussreicher Familien befinden. Denen dienen sie während der Romería als Unterstand.

Pistenfahrer und Wanderer gelangen an den Ort über den Weg vorbei am Parador und am Leuchtturm der Punta Cristobál. Dann weiter hinunter ins Barranco de Avalo, nach der Abzweigung zur Finca und Playa den Hang hinauf. Von hier sind es noch ca. 2 km, bis die Piste endet. Von dort über den Trampelpfad ein paar hundert Meter zum *santuario* hinuntersteigen. Zu Fuss dauert der Ausflug ca. 3 Stunden (ein Weg), mit einem Badestopp in einer der zahlreichen Buchten ein lohnenswertes Ziel für einen Tagestrip.

■ **Degollada de Peraza:** In der Grotte unterhalb der Strasse fand der berüchtigte Graf von Gomera den Tod, als er eine attraktive Ureinwohnerin be-

▶ *Der Grafenturm (Torre del Conde) konnte seit seiner Errichtung 1447 nie eingenommen werden*

glückte. Der «mutige» Hautacuperche erschlug den Grafen kurzerhand und leitete damit die Rebellion gegen die Eroberer ein (vgl. auch Extrakapitel). Heute befindet sich in der Nähe des «Schlachtplatzes» ein Aussichtspunkt mit Blick auf Teneriffas Teide sowie vor der Abzweigung ins Barranco Santiago die *Bar Peraza.* Aus ihrem grossen lichten Raum ist der Blick frei auf die Bananenplantagen von Playa de Santiago. Die günstigen Fleisch- und Fischgerichte schmecken zu den Kommentaren der Vögel über den Topffarnen besser als bei eingeschaltetem Fernseher. Sehr «gekonnt» die Erweiterung der Aussicht an den Wänden. In der Bar kehren viele der Lastwagenfahrer zur Siesta ein.

Anfahrt mit dem Auto über die Carretera del Sur. Als Wanderroute hierhin bieteten sich ein Weg durch den Barranco de la Villa über La Laja oder ein nördlich der Asphaltstrasse über den Lomo de Camello führender Pfad an. Die Asphaltstrasse geht vorbei an Ayamosna bzw. am Pico Gomero.

■ **El Cabrito**, etwa auf der Mitte zwischen San Sebastián und Playa de Santiago an der Küste gelegen, ist über einen Eselspfad (markiert ab Unelco-Anlage an der Carretera del Sur) zu erwandern. Ca. drei Stunden braucht man zum Caserio am Auslauf des Barrancos Juán de Vera. Die meisten der kleinen Fincas sind inzwischen verlassen, die noch ausharrenden Familien halten per Boot Verbindung mit der Aussenwelt. In San Sebastiáns Club Nautico kann ein Trip übers Wasser nach El Cabrito organisiert werden, eine bequeme Variante für diejenigen, denen das anstrengende Auf und Ab zu sehr an Knochen und Herz geht.

## Verschiedenes

■ **Banken:** Alle wichtigen Institute haben hier eine Filiale. Das Nachsenden von Geld per Telex lässt sich am besten zur Zweigstelle des *Banco del Bilbao* schräg gegenüber der Kirche bewerkstelligen. Die Überweisung via Festland dauert etwa drei Tage.

■ **Automiete**: Vgl. dazu entsprechendes Kapitel unter «Valle Gran Rey», da die meisten Autovermieter an beiden Orten Filialen besitzen.

■ **Trasmediterránea**: In San Sebastián gibt es kein Büro der Fährlinie, nur eine Agentur. Das hat zur Konsequenz, dass den Angestellten bei einer Buchung oder Reservation genau auf die Finger gesehen werden muss. Sie sind nicht immer zuverlässig, geschweige denn sehr auskunftsfreudig. Am besten ist es, sich das Ticket sofort ausstellen oder die Reservation schriftlich bestätigen zu lassen. Adresse: Calle del Medio, 35; Tel. 87 13 00.

■ **Tickets** für die Fähre *nach Hierro* bzw. *La Palma* sind auch an dem Schalter an der Mole erhältlich. Der ist etwa eine Stunde vor der jeweiligen Abfahrt geöffnet. Direkt auf der Mole liegt auch das Büro der *Ferry Gomera*, das nicht mit dem Trasmediterránea-Schalter zu verwechseln ist.

■ **Flüge** sind am besten über *Viajes del Rosal*, Avda. Fred Olsen, 10, Tel. 87 09 24 zu buchen. Sehr freundliches Personal hier, das als sehr zuverlässig gilt.

■ **Behörden:** *Cabildo Insular* (das ist die Inselregierung), Calle del Medio, 20; Tel. 87 14 05. Zuvorkommende Leute, die sich bemühen, sogar auf ausgefallene Fragen Antworten zu finden. *Ayuntamiento* am Rand der Plaza de America, Avda. José Antonio, 4;

▶
*Degollada de Peraza mit der Bar Peraza im Hintergrund (oben)*
*Bester Strand der Region: Playa de Avalo (unten)*

Tel. 87 00 62. Man verwaltet hier ein bisschen im Chaos. Der linke junge Haufen bemüht sich aber, wenigstens die Pausen einzuhalten. Den Traum einer Strasse von San Sebastián nach Playa de Santiago – ein Modell davon steht im Vorraum – hat man allerdings von den konservativen Vorgängern übernommen. Wer mit dem Bürgermeisteramt in Kontakt treten will, für den sind perfekte Spanischkenntnisse obligatorisch.

■ **Policia Municipal**, zugleich auch Fundbüro unter Tel. 87 02 55. Für ernstere Angelegenheiten ist zuständig: *Guardia Civil*, Tel. 87 02 55.

■ **Hospital Insular** im Barrio El Calvario hinter dem Flussbett: Tel. 87 09 06.

Die *Commandanciá de Marina* befindet sich direkt neben der Busstation. Sie ist u. a. für Yachtankünfte (auch für die Häfen Vueltas/Valle Gran Rey und Playa de Santiago) zuständig.

■ **Der Hubschrauberlandeplatz**, wo ist nun der? Nach dem grossen Waldbrand versprach der Chef der Guardia Civil, ihn unten am Strand vor dem Sportplatz bauen zu lassen. Das wäre auch für Unsereins ein beruhigendes Gefühl, wenn man z. B. bei einem Unfall auch in der Dunkelheit wegkäme. Auf den heftig geforderten Flugplatz (vgl. auch Abb.) wird in jedem Fall noch Jahre gewartet werden müssen – wenn er je kommt.

■ **Feste**: Das grösste Inselfest mit Zehntausenden von Teilnehmern findet alle 5 Jahre ab 4.Oktober ca. einen Monat lang statt. Vgl. dazu auch Seite 72. Alle Jahre kommen wieder: *Fiesta de San Sebastián* am 17. Januar, *Fiesta de Nuestra Señora de Asunción* anfangs September. Zu diesen Gelegenheiten dann auch Tanz auf der Plaza Calvo Sotelo.

# Inselnorden

Hier lebt ein Drittel der Gesamtbevölkerung in grossen Barrancos. Das Land besteht hauptsächlich aus einem bis zu 20 Millionen Jahre alten Basalkomplex – es gehört zu dem ältesten freiliegendem vulkanischen Erdmaterial auf den Canarias. Somit konnte das Wasser über eine lange Zeit arbeiten: Die im Vergleich zum Inselsüden grossen Barrancos sind Folge davon. Überhaupt fliesst das Wasser im Norden reichhaltiger, kondensiert doch die Passatfeuchtigkeit an den Nord- und Nordosthängen des Berglands. Ja, sogar der Küstenstreifen erhält noch an die 400 mm Niederschlag pro Quadratmeter, wogegen derjenige im Süden fast völlig leer ausgeht. Auf grossen Plantagen werden Bananen, Obst, Kartoffeln und Wein angebaut – sattes Grün auch in den zahlreichen Palmenhainen. Die Fruchtbarkeit des Landstrichs konnte in der Vergangenheit aber nicht die Emigrationswellen stoppen, die die Männerbevölkerung vor allem in der Vallehermoso-Region stark ausdünnte. Diese Entwicklung scheint aber im Moment zum Stillstand zu kommen.

Die Nordküste sieht sich über den grössten Teil des Jahres einer starken atlantischen Dünung ausgesetzt, die vom rauhen Passat unterstützt wird. Das hat zur Folge, dass hier wenig sichere Badeplätze vorhanden sind; zwei bizarre Poolkonstruktionen schaffen ein bisschen Ersatz. Wem die Wel-

▶ *Im Kampf um den Flughafen spannen alle zusammen. Trotzdem hat Madrid wieder einmal abgewinkt*

SABADO DIA 2 DE FEBRERO A LAS 5 DE LA TARDE
MANIFESTACION EN SAN SEBASTIAN
LA GOMERA POR SU AEROPUERTO
CONVOCA: el Excmo. Cabildo Insular
¡ACUDE!
Para seguir luchando
LA UNION INSULAR DE LA GOMERA U.G.T CONSIDERA INDISPENSABLE PARA EL DESARROLLO economico, y por tanto social y cultural, y ve necesaria la construccion del AEROPUERTO en ESTA ISLA.
Por tanto CONVOCAMOS A TODOS LOS TRABAJADORES A LA manifestacion en pro del AEROPUERTO INSULAR
ACUDE
UGT
Comision Ejecutiva Insular U.G.T

len an den Steinstränden keinen Eindruck machen, der sei auf den Zustand der verlassenen Molenanlagen in Hermigua und Vallehermoso hingewiesen. Vor Jahren noch in Funktion geben sie heute das Bild totaler Zerstörung: Meterdicke Betonmauern sind halt kein Problem für die Gewalt des Atlantiks.

Dieser Teil der Insel besitzt nur beschränkte Infrastruktur für Reisende. In der Regel durchstreifen ihn passionierte Wanderer, die die zum Teil anspruchsvollen Aufstiege in den Barrancos schätzen. Dazu kommen noch Sightseeing-Fahrer und ein paar Ausflugsbusladungen – zur Zeit der hiesigen Sommerferien auch noch eine Anzahl kanarischer Familien, die hier bei Verwandten unterkommen.

■ **Busverbindungen:** Nach Vallehermoso via Hermigua und Agulo täglich ab San Sebastián nach Fährankunft (ca. 12h) und um 18h. Rückfahrt ab Vallehermoso um 6h und 15h zur Fähre. Ab Hermigua besteht um 8h eine Zusatzverbindung zur Hauptstadt. Sonntags verkehren keine Busse.

# Hermigua

Zweitgrösster Ort der Insel mit ca. 6000 Einwohnern – die Häuser ziehen sich längs des Barrancos von der Talsperre hoch oben bis zur Playa hinunter. Zwei grössere Ortsteile bestehen: *El Convento* um die Plaza Gral Victoriano Montesinos und die Siedlung unten an der Küste. Unter den Dörfern im Norden besitzt Hermigua noch die besten Unterkünfte, dazu sogar einen richtigen Badestrand in der Nähe: *Playa La Caleta.* Und im Barranco beginnen einige der lohnendsten Wanderrouten Richtung El Cedro. Der Linienbus braucht für die 24 km von San Sebastián nur eine halbe Stunde – deshalb ist Hermigua auch bequem in einer Tagestour von der Hauptstadt aus «zu machen».

■ **Unterkunft:** Im Fischerdorf gibt es zwei bescheidene Pensionen, eine c/o *Piloto-Bar* (Tel. 88 20 14), die andere mit dem Namen *Castellana* an der Strasse, die zur Playa führt. Schade, die Zimmer über der Kunstgewerbeausstellung *Los Telares* (Tel. 88 07 81) werden neuerdings an organisierte Wanderfans vergeben. Aber vielleicht hat das Unternehmen «Geheimtip Gomera» der Wikinger Reisen in Hagen doch keine Zukunft und die Unterkünfte sind wieder zu haben; gegenüber der Institution Telares werden auch noch einige neue Apartamentos angeboten. Sie liegen um einiges über den Zimmerpreisen, die hier sonst üblich sind (DZ für 1000 Ptas.), bieten dafür auch einen krassen Kontrast in Sachen Atmosphäre: Krankenhausstimmung.

■ **Ins Wasser:** Die *Playas de Santa Catalina* und *de Hermigua* werden wohl offiziell als Touristenstrände ausgewiesen, doch wenig Sand verliert sich zwischen ihren grauen Steinen, und die Brandung lässt nur manchmal das Schwimmen zu: Unfallgefahr. Deshalb hat die Ortsbehörde bei der alten Mole ein Naturbecken mit Beton befestigt, das etwas über Meeresniveau liegt. Nicht hoch genug, denn grössere Brecher schütteln immer wieder die Planscher durch: Im Sommer meistens ein Heidenspass, im Winter aber oft lebensgefährlich, weil die Brecher einen in die Meeresriffs ziehen können. Neben dem Becken existiert eine Bar-Anlage, die im Sommer viele junge Leute anzieht. Einen Drink mit Tapas, eine Kickerpartie mit Blick auf die angenagten Betonpfeiler der alten Mole – ein bizarres Plätzchen, an dem Mensch sich klein vorkommt.

■ **Playa de La Caleta:** Der Weg dahin über eine Steinpiste dauert mit dem Auto 20 Minuten, zu Fuss 90 Minuten. In der Bucht liegt ein kleiner Santuario, von hier sieht man direkt auf Teneriffas Silhouette. Trotz der Öffnung nach Norden liegt der Strand teilweise windgeschützt: Die *Punta de San Lorenzo* deckt den Passat ab, *die Punta Gabiña* die Winterwestwinde. Auf dem zentralen Strandteil liegt sogar Sand, den die vorgelagerten Riffe beschützen. Bei Ebbe besteht ein starker Sog, dann sollte man sich nicht weit hinauswagen. Bei Flut lässt es sich komfortabler baden. Die Vorhängeschlösser an den Hütten werden nur sporadisch geöffnet, manchmal während der Sommerferien und der Fiesta rund um die Kapelle. Sonst ist es hier einsam, zu einsam vielleicht, so dass ein banges Gefühl beim Anblick der «mahnenden Finger» auf der Punta San Lorenzo aufkommt. Da hilft oft nur der Rückzug unter die Felswand, wo sich im Winter Süsswasser sammelt.

■ **Los Telares:** Das ist eine Kunstgewerbeausstellung mit Verkaufsstätte und angeschlossener Bar. Das Ganze ist initiiert vom rührigen *don Brito*, der als kompetentester Sachverwalter für die alten Traditionen Gomeras gilt. In der sympathisch-verwinkelten Anlage wird vor allem die hiesige Webtradition dokumentiert, daher auch der Name. Leider werden ausser den Textilien und der Chipude-Töpferei (relativ teuer) auch allerlei Krimskrams wie «Don Quichotte» aus Bananenblatt angeboten: ein Kompromiss mit der Nachfrage halt. Die herrliche Terrasse der Bar mit Vogelbauer, Orangenbaum und Pool erlebt regelmässig Überfälle von Busladungen mit Touristen, die das Kleinod in 3000 Sekunden inklusiv Drink und Kauf vom Klöppelware absolvieren. Einige sind schon von früheren Schlucken zu benebelt – sie kommen nicht mehr hoch in die Räume oberhalb vom Swimming-Pool, wo alte Spinn- und Haushaltgeräte zu besichtigen sind. Ausserhalb der Invasionszeiten (die Busse kommen aus Teneriffa) gehört diese Anlage zu den idyllischsten Plätzchen der ganzen Insel. Vielleicht sind die Zimmer im oberen Stockwerk wieder zu vermieten, vgl. dazu «Unterkunft».

## Agulo

Der Nachbarort von Hermigua liegt auf einem Sattel vor einem amphitheaterähnlichen Felsrund. Die 1500 Einwohner des Municipios verteilen sich auch auf die drei *barrios Lepe, Las Rosas* und *La Palmita*, deren Jungvolk die Händel-Tradition in der Nacht des San Juan handfest pflegt. Unweit des Hauptortes gibt es zwei nicht sehr attraktive Strände, am Dorfplatz bieten zwei einfache Pensionen Zimmer an: *Casa de Huéspedes Victor Plasencia Navarro*; Tel. 88 02 23, und *Mercedes*; Tel. 88 09 55. An der Hauptstrasse vor dem Ort gibt es einen Kunstgewerbeladen fürs Fahrpublikum, sehr zu empfehlen ist dagegen die örtliche *Konditorei*, die die besten traditionellen

Süssspeisen der Insel herstellt. Ohne eine *torta de cuajada* sollte kein Besucher Agulo verlassen. Bliebe noch zu erwähnen, dass der Maler *José Aguilar,* dessen ländlichen Motive auf allen Canarias präsent sind, als bekanntester Sohn des Fleckens gilt.

Im *barrio Las Rosas*, das durch einige Kurven auf der Hauptstrasse Richtung Vallehermoso erreicht wird, erwartet das *Restaurante Las Rosas* viele, viele Gäste. Der grosse, an die Barranco-Wand geklebte Schuppen bietet an sich essbare Gerichte zu Touristenpreisen. Durchstarten statt Einkehren immer dann, wenn einer oder gar mehrere der Teneriffa-Ausflugsbusse schon parken. Denn dann ist im Las Rosas Normversorgung angesagt, und Einzelgäste werden stiefmütterlich behandelt, falls sie überhaupt wahrgenommen werden.

# Vallehermoso

5000 Menschen wohnen in dem weitläufigen Barranco, in dem Bananen, Baumobst, Tomaten und Kartoffeln angebaut werden. Bevor der *Tunel de la Culeta* gebaut wurde, lag die ganze Zone total abgeschieden. Noch heute gelten deshalb die Bewohner als völlig hinter dem Mond lebend. Auffällig sind die zahlreichen Palmenhaine (viele entlang der Strasse zum *barrio de Macayo*) und die Omnipräsenz des *Roque de Cano,* des «Hundefelsens», einer durch Erosion freigelegten Schlotfüllung, dessen Wände scheinen unbezwingbar auszusehen. Kaum zu glauben, dass er einem Verfolgten aus Vallehermoso während des Bürgerkriegs einige Jahre Zuflucht gegeben haben soll. Es wird erzählt, dass der Mann jeweils nachts (barfuss) herunterstieg, um in seinem Haus zu essen und zu schlafen. Zu Tagesanbruch kletterte er dann wieder hoch.

Westlich des Hauptortes erstreckt sich die wohl hermetischste Region der Insel mit den mythenumwobenen Caserios *Arguamul, Tazo* und *Cubaba* (vgl. Kapitel «In der Nähe»). Sie können in Tagestouren zu Fuss erreicht werden.

Die berühmten Basaltformationen von *Los Organos* lassen sich aus der Nähe allerdings nur vom Schiff aus bewundern. Von Vallehermoso aus führen auch einige beliebte Wanderrouten ins Bergland. Die Umgebung des Ortes zusammen mit den vorhandenen Unterkünften macht Vallehermoso zu einem geeigneten Ausgangspunkt, um für einige Tage den Nordwesten Gomeras zu entdecken.

## Unterkunft

■ **Bar-Restaurante Amaya** mit angeschlossener Pension an der zentralen Plaza; Tel. 80 00 73. Sehr einfache Zimmer für 500 Ptas. pro Person, die im Sommer häufig belegt sind. In die grosse Bar kehren nachmittags die Männer ein. Dann flimmert der Fernseher und manchmal schneit ein Mietwagentourist herein, um nach Gomerón zu fragen.

■ **Pensión y Apartamentos Milagro,** C. M. Amaro Barroso; Tel. 80 01 35, zu erreichen über die Calle Triana, an deren Ende rechts die Strasse den Hang hinauf. Im Gegensatz zum Amaya hier ruhige Zimmer und Wohnungen. Man ist allerdings Eine-Nacht-Gästen gegenüber äusserst zurückhaltend.

## Verpflegung

Eine Anzahl Supermärkte und Tiendas mit reichhaltigem Angebot an Früchten und Gemüsen («del país») machen die Selbstversorgung attraktiv. Neben dem (durchschnittlichen) Amaya gilt als Essenstip:

■ **Bar-Restaurante Triana**, Calle Triana, 29. Einfaches Lokal mit bester Aussicht auf die Bananenfincas von der gedeckten Terrasse. Die Inselgerichte werden sorgfältig zubereitet. Die Frau verkauft auch *miel de palma* (500 Ptas. pro Liter), *Gomerón*, den Likör aus gleichen Teilen Palmensaft und Rum, sowie als besondere Spezialität den Aperitif *Mistela.*

## Am Meer

Ca. 2,5 km von der Plaza liegt die Playa, bzw. das, was von ihr übrig geblieben ist. Denn die Küste bricht in den Atlantik ab, sie ist ein Paradebeispiel für ein völlig unstabiles Ufer. Das Meer hat die Ruine vor dem Strand schon fast völlig unterspült und rückt dem Fussballfeld immer näher. Die Bevölkerung ist nicht ganz unschuldig an dem fortschreitenden Prozess, denn sie räumte hier Steine und Sand zu Bauzwecken ab, so dass sich den Wellen noch mehr Angriffsfläche bietet. Warum der Strand in einigen Publikationen noch immer als zum Baden geeignet ausgewiesen wird, bleibt völlig unverständlich. Denn die meterhohen Wellen transportieren schwere Steine, dazu kommen sie häufig kurz aufeinander herein, verdoppeln sich zuweilen. Sie zu untertauchen ist sowieso äusserst gefährlich, ihnen auszuweichen meistens unmöglich. Dazu besteht noch ein starker Zug aufs offene Meer. Kein Wunder, dass hier in den letzten Jahren schon Tote zu beklagen waren. Als Ersatz für den Strand hat die Gemeinde ein grosses öffentliches Schwimmbad angelegt, das von Juni bis Oktober nachmittags geöffnet ist. In der übrigen Jahreszeit kann die es umgebende Mauer nicht alle Nass-Süchtigen abhalten, die an der morbiden Playa ihre Geister auffrischen wollen.

■ **Bar Taral**, auch Bar La Playa genannt, gleich vor dem Schwimmbad. Der Besitzer erzählt gern von dem verrückten Deutschen, der die Felshäuser draussen – bevor die Strasse nach San Sebastián gebaut wurden, waren sie Bestandteil der Molenanlage – in eine Diskothek verwandeln wollte. Wers glaubt ...

Wenn die See einmal ruhig ist, und sich einige Interessenten zusammenfinden, kann man von hier mit dem Boot nach Los Organos starten. Im Gegensatz zum Trip vom weit entfernten Valle Gran Rey belastet dies den Magen nur 20 Minuten (gegenüber 2 Stunden; ein Weg) und kostet viel weniger. Unbedingte Voraussetzung für den Trip ist eine ganz glatte See, denn ein Fischer soll einmal einen Passagier verloren haben und in grosse Probleme mit Behörden und Gerichten gekommen sein. Seitdem gehen die Bootsbesitzer auf «Nummer sicher». Weitere Auskünfte an der Bar.

## In der Nähe

■ **Los Organos** («Die Orgeln») an der gleichnamigen Punta. 200 m lang und

bis zu hundert Meter hoch ragen die Basaltformationen direkt aus dem Meer auf. Das harte Material war ehemals ein Vulkanschlotpfropfen, den die Brandung freigelegt hat. Ähnlich wie der Roque de Cano in Vallehermoso und die Fortaleza de Chipude hat die Formation den Naturkräften bisher widerstanden – was lange hält, wird prominent. Hier hat die Erkaltung der Lava zu regelrechten Säulenmustern geführt, die am eindrücklichsten vom Meer her zu betrachten sind. Schiffstouren werden ab Vueltas im Valle Gran Rey, San Sebastián (Club Nautico) und Vallehermoso bei Bedarf organisiert. Nähere Angaben dazu unter den jeweiligen Ortskapiteln.

Zu erwandern ist ein Blick auf die Orgeln auch, einer aus nächster Nähe dagegen nicht: Von Arguamul, das via Tazo auch mit dem Auto zu erreichen ist, geht man ca. zwei Stunden auf einem markierten Weg in nördlicher Richtung zur Playa Arguamul. Schon unterwegs ist von mehreren Stellen der Blick auf Los Organos frei, am besten ist er direkt an der Playa.

■ **Epina, Tazo, Cubaba und Arguamul:** Nach zehn Kilometern auf der Strasse Richtung Valle Gran Rey kommt beim Restaurante *Chorros de Epina* der Abzweig nach Alojera, von dem wiederum die Piste Richtung Tazo und Arguamul abgeht. Im Barranco unter der Strasse sollen heute noch immer Rituale zur Geisterbannung abgehalten werden. Die Wirkung der alten Hexentänze gibt offensichtlich den meisten Orten in dieser Region genug Kraft, um sich gegenüber dem Eindringen der Fremden zu schützen.

In den noch abgelegeneren Caserios (Cubaba z. B. ist nur auf Schusters Rappen zu erreichen) sollen Austreibungstänze zum Überlebens-«knowhow» gehören. Andere rituelle Handlungen und Gegenstände fallen offenen Augen sofort auf: Die gekreuzten Reisigbündel vor Viehställen, an Bootsplätzen, Quellen, Unterständen. Zeichen an Steinen – in alten Steinen sollen die guten Götter wohnen, die jüngeren beherbergen häufig Hexen *(brujas)*, die nicht aufgeweckt werden dürfen: Wer mit einem Einheimischen durch einen Barranco zieht, wird an manchen Plätzen zum Schweigen bzw. Flüstern ermahnt. Nicht spezifisch für die Nordwest-Ecke der Insel sind dagegen die bunten Halsbänder der Ziegen, die Krankheiten und anderes Übel abhalten sollen – sie sieht man auf der ganzen Insel.

■ **Alojera und Tagaluche:** Die Strasse führt bis an die *Playa de Alojera* hinunter, eine ca. 200 Meter breite, graue Sandbucht, die rechts von einer kleinen Mole begrenzt wird. Besonders im Sommer zieht der Strand (einer der besten der Insel) die kanarischen Familien in die stetig wachsende Zahl der Privat-Residencias. Die meisten Häuschen strotzen vor einem seltsamen Geschmack für «Orginales». Doch macht das nichts, denn alles andere hier hat Nestcharakter: Der *Teselinde* im Nordwesten hat die Landschaft mit jungvulkanischem Material bedeckt – eine Ausnahme auf der «alten» Insel Gomera. Die wilden Felsküsten in benachbarten, kleinen Buchten, die Fischergemeinschaft, denen Wildcamper am Strand noch kein Dorn im Auge ist. Vielleicht hat der Wunderheiler Don Eduardo auch die Playa unter seinen Fittichen, auf das sie keinen Schaden nehme. Die *Bar El Prisma* ist das

◀
*Ihre ganze Pracht ist nur vom Boot aus zu sehen: Los Organos an der Nordwestspitze der Insel*

kleine Zentrum hier, spezialisiert auf die Schleckereien Wein, Gomerón und Helados. Hier gibt's auch zu essen, der Fisch (um die 300 Ptas.) kommt direkt aus dem Boot, das nebenan in der Garage geparkt ist. Wer eine Zeitlang in der Siedlung leben will, dem kann der Barbesitzer weiterhelfen. Für Kurzaufenthalter besteht an der Playa keine Bleibe, sie müssen den Weg von der Pension im Dorf auf sich nehmen.

Das Dorf liegt zweihundert bis dreihundert Meter höher, der Fussweg hinauf dauert ca. eine halbe Stunde. Die Plaza säumen stattliche Palmen mit den hier üblichen Narben, die von den in die Höhe drückenden Blechringen stammen. Es gibt auch eine Pension, die der Besitzer des Supermercado betreibt (Tel. 80 03 34). Eine regelmässige Busverbindung nach Alojera besteht nicht.

Nach *Tagaluche* gelangt man über eine neu angelegte Steinpiste, die ca. 2 km vor Alojera abzweigt, oder über den Eselspfad, der von Arure ins Tal hinunter geht. Autofahrer lassen ihre Räder auf dem Platz über dem Caserio ruhen und klettern die Treppen durch die Anwesen hinunter. Bis zur Kakteenfarm, die ein Fan aus San Sebastián direkt über der Küste angelegt hat – rechts davon eine alte Schiffsverladekonstruktion. Der Weg wieder hinauf kann bei der hier herrschenden Hitze Bäche von Schweiss kosten, die Bar-Tienda auf halben Weg hält Coke & Wasser bereit.

Notorisch bekannt ist der Weiler auf der ganzen Insel, da viele Jahre hier nur Mädchen-Geburten registriert wurden. Wenn immer die Väter zur Behörde gingen, um wieder «nur» eine Tochter zu vermelden, waren sie sich des Trostes der Beamten ob dieser unglücklichen genetischen Besonderheit gewiss: Wer gab schon gern zu, keinen Sohn als Nachkommen zu haben. Die Abgeschiedenheit des Dörfchens und die versteckte Lage der Häuser im Tal garantierten einen ausreichenden Schutz vor Nachprüfungen. So erhielt das spanische Militär aus Tagaluche jahrzehntelang keinen Nachschub. Natürlich darf das «Frauenphänomen» nicht als Antimilitarismus gedeutet werden. Die Falschangaben sind wohl eher auf die schwierigen Lebens- und Feldarbeitsbedingungen zurückzuführen. Eine Abwesenheit der jungen Männer infolge der Wehrpflicht hätte wohl viele der Familien in wirtschaftliche Not getrieben. Eine andere Interpretation ist bei dem auf den Inseln ungebrochenen Machismo kaum denkbar.

# El Cedro

Sie gibt es hier, die Flecken, die (noch) zusammenhalten im Geflecht aus riesigem und winzigem, wuchernden und modernden frischem über altem Grün. Die Dickichte, aus denen Sagen schlüpfen, in denen sich Wurzelmännchen und Hexlein verbergen (müssen), die ungezügelte Chlorophyll-Produktion, die an unzugänglichen Hanglagen seit dem Tertiär keine Hand mehr geordnet hat: *alter Wald.*

Seine Weisen überfallen den Neugierigen nicht abrupt. Denn der Weg hinauf führt durch Wolken, die erst in Fetzen, weiter oben dann in Bänken ohne Halt die Berge hochrasen. Durchs schummrige Licht huschen die

Parque Nacional Garajonay
N
Vallehermoso
Hermigua
Laguna Grande
Valle Gran Rey
Garajonay
S. Sebastian
Alajero

Schemen der moosbärtigen Bäume vorbei, abgestürzte Geröllbrocken müssen umkurvt werden. Soviel Feuchtigkeit, soviel Wind-Bewegung setzt an manchen Tagen Zeichen des Überflusses: In Gestalt eines kleinen Sturmchaos mit roten Sturzbächen, die die neu angelegten Strassen einfärben, sie sogar für einige Stunden unpassierbar machen können. Die Feuchtigkeit findet dann den Weg vorbei am prallen Grün und die roten Böden schwimmen ins Tal.

Gomeras zentrales Bergland ist in der schützenden Klammer des *Parque Nacional de Garanjonay* organisiert. Sein höchster Punkt ist der namensgebende *Garajonay*, dessen Hänge mit der Kanarischen Kiefer bewirtschaftet werden. Das heisst, man holzt die grossen *pinos canarios* ab und forstet emsig wieder auf. Bei der Wacholderart *Juniperus Cedrus* wird man nicht an Nachwuchs gedacht haben. Obwohl diese Bäume dem Barranco, dem Caserio und eigentlich der ganzen Gegend den Namen gaben, (denn sie waren einmal hier zahlreich), ist heute kaum noch ein Exemplar zu finden. «Es war einmal» auch südöstlich von El Cedro zwischen La Laja und Benchijigua, wo sich seit 1984 der «schwarze Streifen» mit all dem erstreckt, was von dem grossen *Waldbrand* übrig geblieben ist.

Um Brandherde zu begrenzen, den alten Wald forstwirtschaftlich und touristisch zu nutzen, letzteres auch mit der vorläufigen Konsequenz, den Baumbestand in seiner Artenvielfalt zu schützen, hat der Mensch Schneisen einplaniert. Das Netzwerk aus Pisten und Leitungen bleibt aber dort noch sehr weitmaschig, wo an den Nordhängen sich der *Lorbeerwald* und das *Fayal-Brezal-Gehölz* an unwegsames Gelände krallt. Die Abgeschiedenheit werden nicht einmal mitteleuropäische Wanderer auflösen können, obwohl El Cedro immer wieder einmal von alternativen Picknicktrupps «angetestet» wird. Denn abseits von gekennzeichneten Wanderwegen kommt schnell einmal die Sorge um körperliche Unversehrtheit auf, schlägt um in (artikulierten) Respekt für die Relikte aus der «heilen Welt». Je ungetretener die Flecke im Hochland sind, desto mehr Risiken birgt ihre Entdeckung: abrupte Wetterveränderungen mit grossen Temperaturstürzen, Steinschlag, umstürzende Bäume, Unfallgefahr auf nassem Fels. Und die Erinnerung an die Camper, die beim 1984-Brand umkamen, will auch so schnell nicht weichen. So sind es diese heimlichen, konkreten Kräfte, mit denen sich der alte Wald selbst beschützt.

## El Silbo heisst «der Pfiff»

Verständigung durch Pfeifen, ein Phänomen, das sich auf Gomera erhalten hat, weist auf eine Verbindung der Urbevölkerung mit Afrika hin. Denn einzig auf der Welt wird nur noch bei einem nordafrikanischen Bergstamm eine vergleichbare Übermittlungstechnik registriert.

El Silbo ist keine Natursprache mit ihren eigenen Worten und Bedeutungen. El Silbo ist ein Sprachersatz, ein Quasi-Code für ein geografisches Umfeld, in dem die Kraft der Stimmbänder zur Kommunikation nicht ausreicht. Dieser Charakter einer Übermittlungstechnik erklärt auch, warum El Silbo nicht mit in den Untergang der Natursprache, die im 15. und 16.

▶
*Die Passatwolken wälzen sich ins Bergland (oben)*
*Lorbeer- und Erikabäume als Schemen (unten)*

Jahrhundert durch das Spanische ersetzt wurde, gefolgt ist. Die Pfeifer hatten einfach ihr System auf das (zerlegte und vereinfachte) Spanisch anzuwenden – wären damals Engländer gelandet, hätte dies genauso gut mit dem Englischen geschehen können.

Es wird angenommen, das El Silbo in der vorspanischen Zeit auf allen gebirgigen Inseln des Archipels verbreitet war, überall dort, wo die normale Stimmkraft über den tief eingeschnittenen Barrancos nicht ausreichte. Denn das Pfeifsystem funktioniert bei guten Windverhältnissen über Entfernungen von einigen Kilometern. Warum die Fähigkeit aber gerade in Gomera noch lebendiges Kulturgut ist, dafür gibt es nur Erklärungsversuche: Zum einen ist die geografische Situation der Insel extremer als auf den Nachbarinseln. Ihre Barrancos sind grösser, steiler, unzugänglicher. Zum anderen – und das hat vor allem auch mit der Eroberungs- und Verwaltungsgeschichte zu tun, vgl. auch die diesbezüglichen Kapitel – waren noch vor einigen Jahren ganze Regionen ohne jeden Anschluss an die Zivilisationserrungenschaften wie Strom, Autos, geschweige denn hatte man Ahnung von einem Telefon. (Beide Sachverhalte gelten auch in etwa für El Hierro, und – die «Gomerianer» mögen verzeihen, dass sie ihr «Heiligtum» für dieses Buch zu teilen haben – auch in El Hierro sind die Pfiffe heute noch zu hören.)

Nicht ganz begründet ist das Gerede vom Aussterben El Silbos. Dank des rührigen Einsatzes des *don Brito* aus Hermigua ist in den letzten Jahren das Bewusstsein der Bevölkerung und der Behörden derart geschärft worden, dass Einiges zur Wahrung der Tradition unternommen wird. So hat sich z.B. die Schule des El Silbo angenommen, und die Kinder sind Feuer und Flamme beim Lernen. Dank der *Auszeichnung der Uno*, die El Silbo auf die Liste der *schützenswerten Weltkulturgüter* aufgenommen hat, fliessen auch ein paar Förderungsmittel, und die alten Könner sind mit ihren Silbo-Weisen plötzlich wieder Wer.

Die positive Entwicklung wird alljährlich beim Silbo-Wettstreit an der Cedro-Romería deutlich, an dem eine steigende Zahl der Teilnehmer zu beobachten ist. Und ein einmaliges Erlebnis ist auch die Romería-Nacht, wenn begleitet von *chácaras* und *tambores* die alten Chorgesänge durch den Wald hallen. Begleitet von dem Geschwirr aus Silbo-Fetzen – eine wahre Pfeif-Orgie, die da Alt und Jung aufführt.

Zur Silbo-Technik: Gepfiffen wird über einen oder mehrere Finger, manchmal bilden die hohlen Hände gleichzeitig zusätzliche Resonanzkörper. Variiert werden dabei die Lippen- und Zungenstellung. Vokale, Konsonanten, einfache, oft wiederkehrende Silben sind einzelnen Tönen bzw. Tonfolgen zugeordnet. Lautstärke und Unterbrechung des Modulationsflusses z.B. verändern die Bedeutungen. El Silbo auf hohem Niveau praktiziert setzt vieljähriges Pfeif- und Hörtraining voraus – trotz der vereinfachten Bedeutungsauswahl für Warnungen, Suchmeldungen nach Vieh, Notfälle z.B., die das Codesystem erst handpfeifbar macht.

▶
*Ein junger El-Silbo-Könner aus Alajeró*

## Transport

Alle drei Buslinien berühren bzw. durchqueren das Hochland. Man kann sich an der gewünschten Stelle absetzen lassen, auf Schusters Rappen weiterziehen, um an einer anderen Stelle den Abendbus zu stoppen. Die Durchgangszeiten der Busse sind dabei auf Grund der ungefähren Abfahrtszeiten am Ausgangspunkt der Linie zu schätzen, Verkehrszeiten siehe unter den Ortskapiteln. Dabei ist die «mas o menos«-Regel grosszügig anzuwenden, sonst wird schnell einmal ein unfreiwilliges Nachtlager fällig.

Als Rettung besteht dann vielleicht noch der Autostopp (nach der Dämmerung sehr unsicher) oder ein Taxi, das durch eins der wenigen Telefone oder per «walkie talkie» der Brandwächter herbeigerufen wird. Sicherer ist es, sich von vornhinein auf einen Chauffeur zu verlassen, der einen zum vereinbarten Zeitpunkt wieder auffischt: Für Tagestrips wird dieser Zubringerdienst immer beliebter. Oft finden sich kleine Gruppen zusammen, dann kostet der Spass kaum mehr als 1000 Ptas. pro Person.

Eine Bemerkung für Zweirad-Fans: Bei sommerlicher Bekleidung besteht starke Erkältungsgefahr, dies allein schon durch das starke Temperaturgefälle zur Küste. Dazu kommt noch der mächtige Passatwind und die dichte Feuchtigkeit. Besonders im Winter durchnässen plötzlich auftretende Schauer in Sekundenschnelle bis auf die Haut – nur ein imprägnierter Regenschutz bzw. Leder- und Gummibekleidung schützen vor späteren Komplikationen: Ein Unterstand ist meistens so schnell nicht aufzutreiben. Extem-Rider, die ihrer Hätschel-Guzzi das Gelände zeigen wollen, kommen im El Cedro voll «auf Kosten». Wenn sie nicht als Barranco-Düngung enden, dann mit ziemlicher Sicherheit auf der Notfallstation in San Sebastián oder Santa Cruz de Tenerife. Solche Geschichten schrieb die gesamte Crew jener schwäbischen Rider-Sekte, für die eine Garanjonay-Rallye der letzte Schrei war: Sogar der Letztgestarte, der Hilfe für die anderen holen wollte, brach sich noch ein Bein.

## Anlaufstellen

■ **Garanjonay:** Er liegt mit seinen fast 1500 Metern schon im Bereich des Gegenpassats. Das bedeutet, dass auf dem Gipfel häufig Fernsicht auf die anderen Inseln besteht, wenn der Aufstieg noch durch «dicke Suppe» führt. Zwei ausgebaute Forstwege wurden ab Asphaltstrasse angelegt (vgl. Karte), der kürzere steigt ziemlich steil an, so dass normal angetriebene Autos in dem Schlamm weitere Dienste verweigern. Ja, wahr ist es, dass die *caminos forestales* für Touristenautos geöffnet sind, schliesslich soll auch dem trägen Gast Gomeras Dach nicht vorenthalten bleiben. Erlebnisreicher und risikoloser tragen einen dagegen die eigenen Füsse eine Stunde lang aufwärts. Dabei steht die kleine sportliche Leistung eher im Zentrum als eine aussergewöhnliche Begegnung mit der Vegetation: (aufgeforstete) Kanarenkiefern rechts und links, die nicht fleissiger als ihre Kolleginnen anderswo auf der Insel mit ihren langen Nadeln Wasser fangen. Der Bewuchs wird in der Höhe spärlicher, dort dominiert niedri-

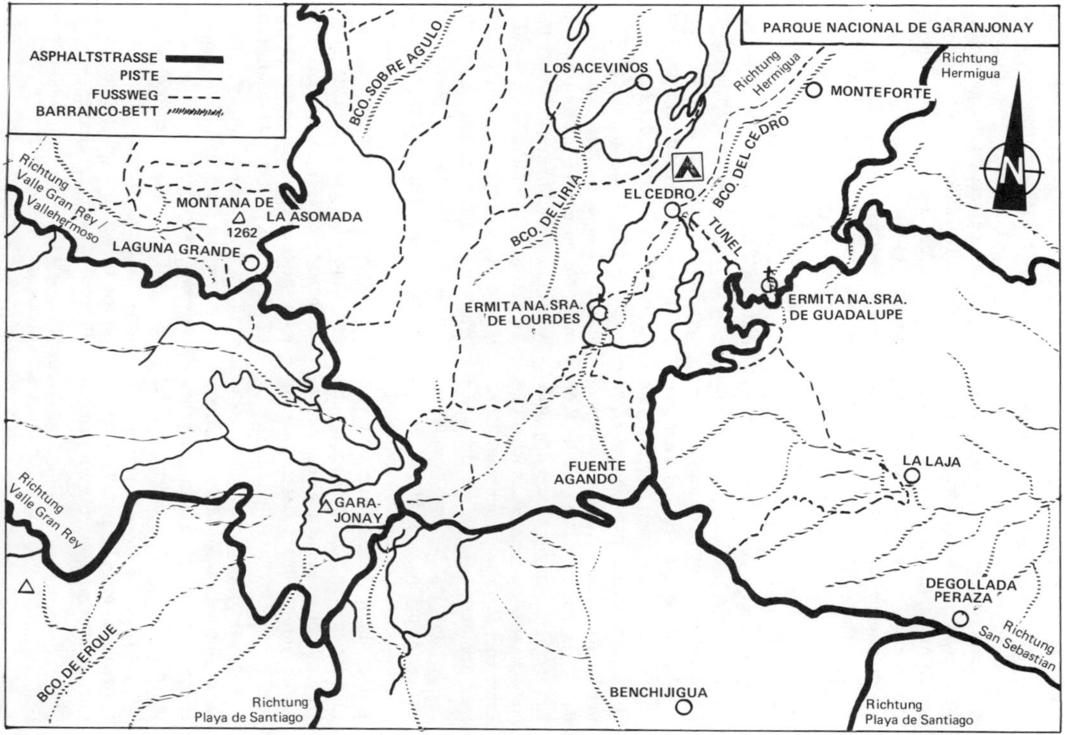
PARQUE NACIONAL DE GARANJONAY
ASPHALTSTRASSE
PISTE
FUSSWEG
BARRANCO-BETT
BCO. SOBRE AGULO
LOS ACEVINOS
Richtung Hermigua
MONTEFORTE
Richtung Hermigua
BCO. DEL CEDRO
N
Richtung Valle Gran Rey / Vallehermoso
MONTANA DE LA ASOMADA
1262
LAGUNA GRANDE
BCO. DE LIRIA
EL CEDRO
TUNEL
ERMITA NA. SRA. DE LOURDES
ERMITA NA. SRA. DE GUADALUPE
FUENTE AGANDO
LA LAJA
Richtung Valle Gran Rey
GARA-JONAY
DEGOLLADA PERAZA
Richtung San Sebastian
BCO. DE ERQUE
Richtung Playa de Santiago
BENCHIJIGUA
Richtung Playa de Santiago

ges Erikakraut. Auf der Bergspitze wacht eine Crew der Icona über Brandanzeichen. Der Beobachtungsstation ist kein Barbetrieb angegliedert, an kalten Tagen sind die Wanderer aber um ein kleines Plätzchen am Holzfeuer froh.

■ **Laguna Grande:** Wer im Sommer in diese *zona recreativa* gerät, bemerkt keinen Anlass für den Namen. Erst der Winterregen verwandelt die flache Mulde in eine Riesenpfütze, die dann bis zum Parkplatz reicht. Auf diesem werden das ganze Jahr lang «Gomera in einem Tag«-Busse aus Teneriffa abgestellt. Sie lassen ihre Rudel frei, um diese in die angeräucherten Wände der Bar zu lenken, wo der typisch-schnelle Einheitsdrink vom Tisch muss.

Wenn die Busse weg sind, kann hier recht «urig» gegessen werden, im Hochsommer auch draussen zwischen den Kindermeuten. An den Wochenenden – nur dann – haben sich die Wolken verzogen, um den Vätern den Grillspass zu ermöglichen. Nur noch dieses Ende vom Jagdritual kann von den armen Männern ausgeübt werden – die Wälder sind fast leer geschossen, das wenige Schiessbare ist längst verteilt: *caza controllada.* Derweil leben die Kinder ihren Austobdrang und ihre «Kreativität» an den bewährten Stahlkonstruktionen aus und lassen endlich, endlich ihren Müttern Zeit zur Bewältigung der druckfrischen Magazine.

Laguna Grande, der Name lockt auch alle hellen Mietautos Gomeras einmal an: Für ca. 5 Minuten gehen deren Lenker auf Nummer sicher, hier bloss nichts verpasst zu haben. Und schwenken mit langen Gesichtern, doch sehr beruhigt wieder auf den Asphalt ein.

■ **El Cedro, das Dörfchen:** Die Piste zum Caserio hinunter ist mindestens so steil wie die hinauf auf den Garanjonay, für Autos zudem noch eine Sackgasse. Halt ist am Bachbett, dessen Wasser zu Unwetterzeiten sogar zentnerschwere Felsbrocken bugsiert. Den Campingplatz an der gegenüberliegenden Barranco-Seite erreicht man mit dem Auto nur über einen Umweg an der Ermita Nuestra Señora de Lourdes vorbei.

Der zerstreute Caserio besteht aus etwa zwanzig Häusern. Das wichtigste belegt die Forstverwaltung, sie beschäftigt meisten der hier noch Lebenden. Die *Bar* – sie ist im Haus mit der grossen Terrasse – sieht oft unbetreut aus. Man hat sich an der linken Seite bei dem kleinen Wohntrakt bemerkbar zu machen. Einer von der Familie ist meistens anwesend und öffnet dann vorn die Läden zur Bar-Tienda-Kreuzung. Neben einer Cola gibt es auch Kerzen und den unteren Teil einer Plastikflasche als Windschutz: für den langen Marsch durch den berühmten *Wassertunnel*, der unweit des Anwesens beginnt. Fast tausend Meter führt der Weg durch den ausgehauenen Fels unter *La Montañeta* hindurch. Falls innendrin einmal aufrecht gegangen werden kann, sich bloss nicht daran gewöhnen: Nach zehn Metern knallt der Kopf bestimmt wieder an die Decke. Ein bisschen Mut zur Durchquerung braucht es schon, zumal der Verlauf gekrümmt ist, und das Lichtloch am anderen Ende lange auf sich warten lässt. Auf der anderen Seite des Berges findet man sich über den Kehren der Strasse wieder mit Blick auf die *Ermita Nuestra Señora de Guadalupe.* Von hier verläuft auch eine Wanderroute Richtung San Sebastián.

▶
*Der (östliche) Eingang des Tunnels, der zum Dörfchen El Cedro führt – Windlicht bei der Durchquerung nicht vergessen*

Kommt man aus diesem Barranco, so ist der Tunneleingang leichter zu finden: Vor der Spitzkehre (vgl. Karte) steigt ein Grasweg leicht an. Ihn bis zum Strommast verfolgen, und schon geht es ins Loch. Klaustrophobe bewältigen die Röhre Richtung El Cedro leichter, da das Licht am anderen Ende schneller auftaucht. Trotzdem sind Kerze mit Windlichtbehältnis obligatorisch – der Schädel wird's danken.

■ **Ermita Nuestra Señora de Lourdes:** Alljährlich findet hier am letzten Sonntag im August die bedeutende Romería statt. Folgende Auszüge aus dem Programm der Organisatoren *Asociación de vecinos Hautacuperche El Cedro* sollen einen Eindruck vermitteln, was zu einer «Top-Romeria» so alles gehört:

Religiöser Teil am Sonntag: Eine Prozession begleitet die Madonna mitten durch den Wald zum Caserio El Cedro und zurück. Nach altem Brauch sorgen *chácaras y tambores* (Trommeln und Kastagnetten) für den dumpfen Rhythmus, der von den Barranco-Wänden widerhallt. Abgeschlossen wird die Prozession um zwölf Uhr mittags mit der Heiligen Messe, die von Pfarrern aus verschiedenen Orten der Insel gelesen wird.

Weltliches Programm am Samstag: Am Morgen liest der Inseldichter aus seinen Werken, danach beginnt der Wettbewerb um die besten Gerichte wie *potaje de berros* (Eintopf mit Kresse), *almodrotes* (das sind scharfe Tunken, zu denen auch z. B. *mojo rojo* gezählt wird), im Hirtensack geknetetet *gofio* mit Käse und last but not least natürlich *vino del país.* Das Publikum juriert die Bewerber. Mittags wird in den behelfsmässigen Kneipen Traditionelles aufgetischt: Schweinefleisch vom Holzkohlegrill, Ziegenfleisch, Gofio, Kresseneintopf, Quarktorte mit *miel de la palma* zum Dessert, dazu die würzigen Weine der Insel. Am Nachmittag wird im Sinn des Wortes die gleiche Sau losgelassen und wieder eingefangen, die tags darauf versteigert wird: ein Spektakel. Die Männer messen sich im Steinheben-Wettbewerb, einer Fertigkeit, die im LKW- und Betonzeitalter der Pflege bedarf. Bis in die tiefe Nacht herrscht dann totale Fiesta mit Tänzen, Gesängen, kollektiven Rhythmuswogen in den Lichtungen des alten Waldes.

Weltliches Programm am Sonntag: Um zehn Uhr treten die Männer mit der Axt an, um den zu erküren, der in zehn Minuten das meiste um- und abhaut, danach die Demonstration der alten Fertigkeit *salto de astia.* Die *astia* ist eine zwei Meter lange Stange mit ca. drei bis vier Zentimeter Durchmesser, mit der unwegsames Gelände übersprungen wird: eine Art Stabhochsprung. Immer grössere Bedeutung bekommt der Nachwuchs-Wettbewerb in *el silbo* und *baile de tambor* – beides wird inzwischen auch wieder in einigen öffentlichen Schulen gelehrt, um dem Aussterben der Pfeifsprache und der überlieferten Trommelschlagkunst entgegenzuwirken. Nach der Heiligen Messe dann Bäumeklettern nach Zeit, gefolgt vom Höhepunkt, dem Sing- und Spielwettbewerb der verschiedenen Dorfgruppen, die in alten Trachten Folkloristisches darbieten. Danach Fiesta auf allen Plätzen: ein elektrisch verstärktes Orchester, daneben traditionelles Sing- und Tanzspiel, in das immer wieder das Publikum mit Improvisationen, Dialogen, feuchtfröhlichen Komikeinlagen eingreift. Gegen morgen schlafen Viele gleich im Wald – der nächste Tag ist ja immer noch ein Frei-Tag.

## Der Waldbrand vom Sommer 1984

«Ich bin wie ein Verrückter bergab gerannt. Ein paar Mal bin ich hingefallen, dann überholte mich das Feuer rechts und links. Ich bin einfach irgendwie weitergerannt.»

Manuel Gonzáles hatte das unwahrscheinliche Glück, dass er in die richtige Richtung rannte, als das Feuer so plötzlich um sich griff. Er war mit vier Freunden zum Zelten in den Bergen, als ein Deutscher sie über den Waldbrand informierte. Sie bauten sofort die Zelte ab und fuhren in Richtung Tal. Als sie das Feuer sahen, hielten sie mit dem Auto praktisch an der gleichen Stelle, wo auch der Zivilgouverneur ausgestiegen war: bei den *Roques de Agando.* Hier beobachteten sie den Brand, bis es zur Katastrophe kam. Manuel Gonzáles ist der einzige der fünf Camper, der dem Brand entkam. Seine vier Freunde starben auf der Flucht vor dem Feuer…

…Die grösste Kaltblütigkeit bewies wohl Alvaro García, Regierungsdelegierter auf La Gomera. Als sich die Flammen in ungeheurer Geschwindigkeit den Berg hochfrassen, wurde ihm klar, dass er aus dieser Hölle nicht entfliehen konnte. Schnell laufen kann er nicht, denn er hat einen Wirbelsäulenschaden. Also riss er die Kleider vom Körper, warf sich auf den Boden und deckte sich, so gut es in der Eile ging, mit Erde zu. So wartete er das herannahende Feuer ab. Er überlebte. Mit Verbrennungen an 40% der Oberfläche seines Körpers liegt er im Krankenhaus…

Soweit zwei Zitate aus dem Diario de Avisos/Wochenspiegel vom 21.9.1984, der ausführlich über die Katastrophe berichtete. Die staatliche Naturschutzbehörde ICONA gab bekannt: «750 Hektar Wald verbrannt (die verkohlten Stämme sind heute zum grossen Teil abtransportiert) – ein relativ glimpflicher Waldbrand mit einer Anzahl Verletzter und 19 Toten». (Stand Anfang 1985 – einige kämpften damals noch im Krankenhaus ums Überleben.) Wie es dazu kam?

Am 10.September 1984, einem Montag, flackert in der Nähe von *La Laja* aus ungeklärter Ursache ein Feuer auf – kein ungewöhnlicher Vorgang für diese trockene Inselregion. Man nimmt auch nicht besonders Notiz davon, am nächsten Tag schon scheint das Feuer unter Kontrolle gebracht wie so viele schon zuvor. Gerade als der *Zivilgouverneur von Teneriffa*, der gleichzeitig auch für Gomera zuständig ist, davon Kenntnis erlangt und per Ferry übersetzt, um die Folgen zu inspizieren, frischt der Wind auf, schlägt in seiner Richtung um. Das Feuer rast mit ungeheurer Geschwindigkeit Richtung Strasse an den *Roques de Agando*, genau dorthin, von wo die Offiziellen schauen. Zwischen den Felsen entsteht Düsenwirkung, der Wind dreht unvermittelt nochmals: Einige verbrennen in der Strassenschneise, andere auf der vergeblichen Flucht vor den Flammen in Richtung *Benchijigua.* Die in Richtung *El Cedro* laufen, haben Glück und überleben.

Das Drama vom Tod der Offiziellen entfacht sofort einen grossen Medienwirbel. Zu Wort kommen aber auch aufgebrachte «einfache Leute», Angehörige und Freunde von Jugendlichen zum Beispiel, die verbrannten. Sie sprechen von einem Skandal, da die Behörden Freiwilligen-Trupps mit Schaufel und Hacke ans Feuer liessen. Die gleichen Institutionen, die für das Fehlen jeglicher Löschinfrastruktur auf Gomera verantwortlich sind. Die Politiker versprachen schon beim grossen Waldbrand von Teneriffa, der nicht unter Kontrolle gebracht werden konnte, alle notwendigen technischen Einrichtungen zur Brandbekämpfung auch auf Gomera anzuschaffen. Nichts geschah, keine Tankwagen kamen für die Feuerwehr, keine Wasserdepots an besonders gefährdeten Stellen wurden angelegt, niemand sah auch nur eins der Wasserflugzeuge, die die Brandherde schnell hätten eingrenzen können.

Was wird diesmal geschehen? In den Bussen, die das Bergland durchfahren, werden die Aschenbecher abmontiert. Das Rauchverbotsschild an der Frontscheibe ist in einigen schon wieder abgefallen, die Kippen werden halt am Boden zerdrückt. Der Landeplatz für die beiden Hubschrauber, die der oberste Chef der Guardia Civil für Katastrophenfälle versprach, wird schon mal in die Karten eingezeichnet (vor dem Sportplatz in San Sebastián). Wird der Bau auch einmal fertig? Seine Anlage wäre auch für Feriengäste beruhigend, denn Notfälle werden in der Regel noch immer mit der Ferry weiterverfrachtet, und ein Rettungshubschrauber – falls überhaupt vorhanden – kann bisher nur tagsüber landen.

Vorwärts geht's vor allem da, wo Hand angelegt werden kann. Der Grossteil der angebrannten Stämme und Sträucher – das Feuer fegte so schnell über das Land, dass der Bewuchs gar nicht völlig verbrennen konnte – sind weggemacht und der Weiterverwertung zugeführt. Dies auch mit dem Effekt, dass den Gästen Zeichen der potentiellen Gefahr nicht die Aussicht trüben. Denn schliesslich soll Gomeras Tourismus gefördert werden und dabei kann alles, was die Abgeschiedenheit der Insel demonstriert, nur stören. Denn: Etwas Schlimmes darf nicht passieren im Paradies.

## Playa de Santiago/Tecina

Doppelort aus Hafensiedlung und Bananenrepublik. Die ca. 800 Einwohner leben zum Teil noch in feudalistischen Strukturen, sie sind mehr oder weniger abhängig vom norwegischen Multi *Olsen.* Dessen Schiffahrtslinie betreibt nicht nur die *Ferry Gomera*, die Familie organisiert auch schon seit langer Zeit Boden und Fischerei in dieser Region: Die *Konservenfabrik* an der Plaza und das unter Halbpacht vegetierende Dorf *Benchijigua* (so auch der Name des Fährschiffes) geben u.a. davon Zeugnis. Eine ähnlich grosse Anzahl Telefondrähte wie zu den Olsen-Unternehmungen führt zu den Anschlüssen von *Alvaro Rodriguez Lopez*, dem Bananenkönig im Tal. Allerdings spricht man davon, dass zumindest dieser Zweig der bekannten kanari-

◀ *Auf den ersten (Schwarz/weiss-)Blick kaum auszumachen: Die Spuren des Waldbrandes von 1984*

schen Familie Rodriguez Lopez längst schon unter dem Olsen-Dach ist. Dabei bauten die Rodriguez einmal die (heute verfallene) Landepiste westlich von Playa de Santiago, die schnelle Sprünge zu den Interessen auf den anderen Canarias ermöglichte. Heute besitzt die Familie neben grossen Handelsunternehmen auch noch die Fährlinie *Alisur*, die zwischen Fuerteventura und Lanzarote verkehrt. Nicht gerade für Harmonie zwischen den beiden Grossen sprach der Plan der Alisur, eine tägliche Schnellfähre zwischen Los Cristianos und San Sebastián zu etablieren. Die Büros waren schon angemietet, die Prospekte gedruckt – dann wurde das Projekt aber schnell eingestellt. Zumal Konkurrent Olsen die Beförderungspreise seiner Ferry seit Jahren sehr sehr tief ansetzt und so sein Transportmonopol nach Gomera behält.

Playa de Santiagos wirtschaftliche Ausrichtung auf den *Fischfang* – hinter der Mole ist die grösste Flotte der Insel zuhause – macht hier zwei weitere mächtige Logos der Canarias präsent, die der (Fisch-)Handelsfirmen *Ramón* und *Hernandez*, deren moderne Kühlwagen die Fänge auf die Hauptinsel karren.

Der sich (noch) in bescheidenem Rahmen entwickelnde Fremdenverkehr verspricht den Einwohnern den einzigen Ausweg aus der Umklammerung der Grossen. Denn hier unten fällt praktisch kein Niederschlag, die Wasserrechte im Gebirge sind selbstverständlich besetzt, und deshalb besteht kein Freiraum zu unabhängiger Landwirtschaft.

Wenn so viele Bande das Erdenleben regeln, dann muss wenigstens der Himmel freibleiben: Playa de Santiago besitzt das wärmste Klima auf Gomera. Hier scheint sogar dann noch die Sonne, wenn im Valle Gran Rey einmal Wolken den Barranco herunterrasen.

Trotzdem bietet der Ort im Vergleich zum «Valle» ein Kontrastprogramm. Es existieren nur wenige Ferien-Apartments und Pensionszimmer, dafür sind immer noch unbewohnte Häuser zu vermieten – viel billiger als im bereits heimgesuchten In-Platz Valle Gran Rey. Mit Ausnahme der Weihnachts- und Osterzeit finden sich hier selten mehr als dreissig Ausländer. Davon sind nur ein paar wenige «feste Fremde», die zum Teil schon seit Jahren die niedrigen Flaschenpreise hier schätzen. Unter den Wintergästen befindet sich eine grosse Anzahl «Wiederkommer», die jedes Jahr monatelang Skat auf der Veranda des Casanova dreschen.

## Anreise

Mit dem Bus ab San Sebastián zwischen 11h und 12h (nach Ankunft der Fähre) und abends um 18h. Um 6.30h und 16h in umgekehrter Richtung. Die Busse verkehren täglich ausser sonntags, Fahrtdauer ca. eine Stunde. Bushalt ist an zentraler Plaza Nuestra Señora del Carmen, hier in der Bar-Restaurante Tecina gleich erste Info-Rast.

Ein Taxi kostet um die 2000 Ptas., je nach Nachfrage besteht Spielraum zum Handeln.

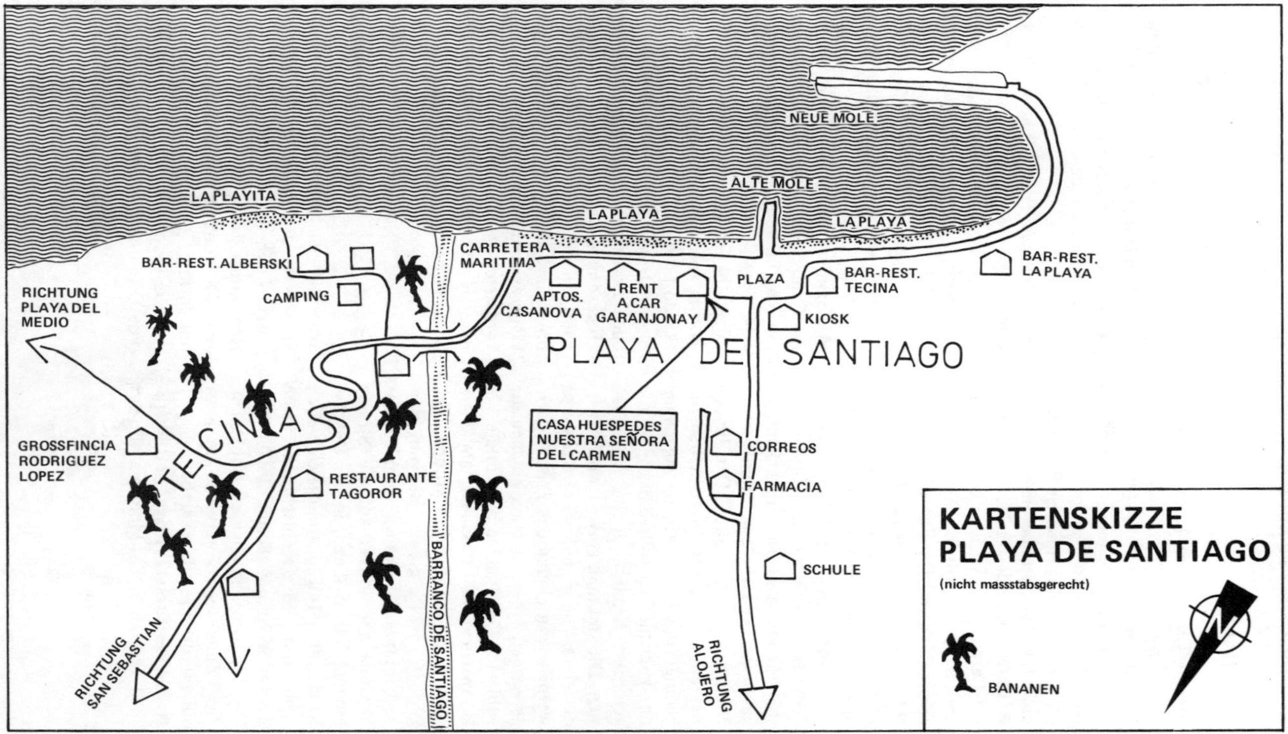
KARTENSKIZZE
PLAYA DE SANTIAGO
(nicht massstabsgerecht)
BANANEN
NEUE MOLE
ALTE MOLE
LA PLAYITA
LA PLAYA
LA PLAYA
CARRETERA MARITIMA
BAR-REST. ALBERSKI
CAMPING
RICHTUNG PLAYA DEL MEDIO
APTOS. CASANOVA
RENT A CAR GARANJONAY
PLAZA
BAR-REST. TECINA
BAR-REST. LA PLAYA
KIOSK
PLAYA DE SANTIAGO
CASA HUESPEDES NUESTRA SEÑORA DEL CARMEN
CORREOS
FARMACIA
SCHULE
TECINA
GROSSFINCIA RODRIGUEZ LOPEZ
RESTAURANTE TAGOROR
BARRANCO DE SANTIAGO
RICHTUNG SAN SEBASTIAN
RICHTUNG ALOJERO

## Unterkunft

Bislang gibt es noch kein Ellenbogenklima unter den Bettenanbietern. Deshalb ist es empfehlenswert, sich von Kundigen in das aktuelle Preisniveau einweisen zu lassen, schon allein deshalb, um die eingespielten Richtpreise nicht fahrlässig zu überbieten.

■ **Casa Huéspedes la Nuestra Señora del Carmen,** links neben der Plaza an der Avda. Maritima; Tel. 80 50 28. Zwei Stockwerke voller Zimmer (DZ 800 Ptas.), Gemeinschaftsbad, kleine Bar in der Eingangshalle. Leider hört man von dieser Pension in letzter Zeit nicht nur Gutes. Das Haus ist trotzdem beschrieben, weil man hier am besten für ein paar Tage unterkommen kann, um Zeit für die Zimmer- oder Haussuche zu gewinnen. Den beiden Faktota, die die Pension betreiben, unbedingt deutlich machen, dass man nur kurz bleiben will. Bloss nicht die geforderte Kaution für eine Woche leisten. Die soll man entweder nicht wiedersehen, oder auf der Rechnung werde schon einmal das Datum dazugerechnet: Über das Haus machen die wildesten Geschichten die Runde.

■ **Apartamentos Casanova** am östlichen Ende der Avda. Maritima; Tel. 89 50 02. Neuer grosser Bau mit Bar-Restaurante im Haus, die niedliche Veranda geht direkt auf die Strasse hinaus. Alle Wohnungen mit Dusche, Küche, zum Teil Meerblick; eigentlich fehlt nur ein Kühlschrank. Eine Zweier-Wohnung kostet 1600 Ptas. Das Casanova ist allen zu empfehlen, die «Zuhause-Wohnniveau» in etwa auch in der Fremde anstreben.

■ **Bar-Restaurante Playa** am westlichen Teil der Avda. Maritima, die zur Mole führt. Die Familie vermietet Zimmer und Wohnungen zu den ortsüblichen Preisen.

■ **Kiosco** vor der Konservenfabrik: Sein Betreiber hört alles, sieht alles, kennt alle potentiellen Zimmervermieter, unterhält die beste Info-Börse im Ort.

■ **Wohnungen und Häuser** kosten (Stand 1985) selten mehr als 1800 Ptas. am Tag, bei langfristiger Miete deutlich weniger. Wer mehr anlegen will, muss sich schon an die grossen Grundbesitzer wenden, die über einige repräsentative, selten genutzte Villen verfügen.

■ **Camping:** Organisiert campen ist am Campground (vgl. Karte) möglich, auf dem im Sommer vor allem kanarische Familien stationiert sind. Campingautos stehen oft auch an der *Playita* neben dem Restaurante Alberski, dort wo das Abendleben im Sommer pulsiert. Schöne einsame Plätzchen findet man mit Ausnahme des Hochsommers, wenn es voll werden kann, an der *Playas de Medio.* Allerdings legt der Wind hier oft einen Gang zu und stürmt. Die Bar an dem vordersten Medio-Strand ist an den meisten Wochenenden und in der Sommer-Feriensaison geöffnet.

## Essen

Wer in Playa Santiago von anderem als von der gewohnten Palette aus frischem Fisch und Schweinefleisch kosten kann, darf sich glücklich schätzen: Die Lokale unterscheiden sich nur in ihrer Ambiance. Im folgenden sind die Essstätten kurz charakterisiert (von Osten nach Westen):

■ **Bar-Restaurante Playa:** Frische Blumen auf den Tischen, der Spielautomat ist häufig in Betrieb.

■ **Bar-Restaurante Tecina:** Kühler Speisesaal direkt an der Plaza, an der Bar u. a. die Daueraufenthalter; Supermercado im Anbau.

■ **Bar-Restaurante Casanova** im Apartmenthaus: Funktionale Einrichtung im hispanisierten Ikea-Stil, die kleine Veranda geht auf die Avda. Maritima hinaus. Hier essen die Hausgäste, stets!

■ **Bar-Restaurante Alberski:** Grosse Terrasse direkt vor dem Meer. Das Lokal strahlt eine Stimmung aus, als wenn hier Zigeuner auf grossem Fuss lebten. Am Wochenende gibt's Tanz zur Disco, oder richtige «acts» spielen auf; im Sommer ist hier der «Top-Treff» der jungen Ferienszene.

■ **Bar-Restaurante Tagoror** in Tecina an der Strasse nach San Sebastián: Gepflegte Terrasse am Hang mit traumhafter Aussicht aufs Tal. Alles ist in den Lanzarote-Farben Grün und Weiss gehalten. Hier kehren vor allem Einheimische und Festlandspanier ein, was immer ein gutes Zeichen für die Küche ist.

## Strände

■ **Playa vor der Hafenmauer** an der Avda. Maritima: Grauer Basaltstrand Marke «Rollende Steine». An den Stellen, die nicht durch die Mole abgedeckt sind, warnt schon das unangenehme Geräusch. Wer hier schwimmen will, springt von der alten Mini-Mole direkt vor der Plaza ins Wasser.

■ **Las Playitas** neben dem Alberski: Ebenfalls viele Steine hier, Schwimmen nur bei ruhiger See.

■ **Playas del Medio:** Das sind vier Buchten, die vorderste ist sogar mit dem Auto (durch die Rodriguez-Lopez-Plantage via Punta Marichal) anzufahren. Bei starkem Wellengang ist hier die Strömung nicht zu berechnen. Welche Kraft das Meer entfalten kann, ist am Zustand des heute nicht mehr benutzten Privat-Kais abzulesen. Das hält im Sommer aber keinen Canario ab, das alljährliche Ferienlager aufzuziehen. Dann ist auch die Bar in Betrieb und man richtet bei Bedarf Schlafplätze in den Räumen ein. Die Buchten weiter nordöstlich bleiben oft relativ einsam – die Einheimischen marschieren nicht gern.

■ **Playa Erese** vor dem alten Flugfeld: Anmarsch über die alte Zubringerpiste, von der es in den *Barranco de Erese* hinunter geht. Marschzeit (ab Hauptstrasse gerechnet) für einen Weg ca. zwei Stunden. Die Bucht liegt geschützt, sie wird immer wieder auch von Yachten angelaufen. Vor einigen Jahren landete sogar ein Brite mit Generator, Presslufthämmern und Tiefbau-Crew. Über Nacht liess er Teile der Playa anboren, um den Schatz zu finden, den die alten Pläne verheissen. Ob er reüssierte, ist nicht bekannt, setzte er sich am nächsten Tag doch flugs auf die hohe See ab. Die Polizei in Santa Cruz nahm Ermittlungen auf und stellte sie ein – zumindest ein Indiz, dass es auf der Insel Schätze geben könnte?

Allen Stränden bzw. Schwimmplätzen in der ganzen Region ist gemeinsam, dass sie bei bestimmten Wind-Wellen-Konstellationen gefährlich sind. Als Planschparadies für Kinder kann Playa de Santiago nicht empfohlen werden.

## In der Nähe

■ **Benchijigua:** Nahe am Hochlandwasser ist «señor» Olsen noch König. Hier auf um die 800 Meter Höhe lässt er seine Böden noch ganz im alten Stil bestellen: In *Halbpacht*, das heisst, die Bauern müssen dem Olsen-Verwalter die Hälfte des Ertrags abliefern. Eine Alternative bietet sich keinem, der bleiben will, da der Norweger alles Land und Wasser (es wird in der kleinen Talsperre gesammelt) besitzt. Dabei wär der Flecken sonst ein kleines Paradies: Kastanien, Feigen, Eukalyptus gedeihen in dem gemässigten, feuchten Klima. Die Olsen-Siedlung muss auch auf den Zivilgouverneur aus Teneriffa eine Anziehungskraft ausgeübt haben: Er flüchtete 1984 beim grossen Waldbrand in Richtung Benchijigua. Oberhalb des Dorfes holte das Feuer ihn und seine Begleiter ein – alle verbrannten.

■ **Alajeró:** Kleines, malerisches Dorf auf knapp 900 Meter, das im Winter häufig schon in der Wolkenzone liegt, im Sommer aber als sonnensicher gilt. Hier bleibt, wer für sich sein will, allein mit dem Blick auf den Ozean unten. Die verschlafene Siedlung bietet karge Unterkünfte an der Plaza (nach «pensión» fragen), der Findige ergattert auch schon mal eins der Häuser am Hang. Wem es mit «El Silbo» ernst ist, muss in der Umgebung Alojerós die Ohren spitzen. Von hier führt auch ein alter Trampelpfad zur *caldera* bzw. zu den *Casas de la Cantera* und *Cantera-Playa* (Tagestour ca. fünf Stunden reine Marschzeit hin- und zurück).

## Mangos und Avocados

Der *Mangobaum* stammt ursprünglich aus dem Grenzgebiet zwischen Ostindien und Burma, woher auch heute noch die meisten der in unseren Supermärkten oder Delikatessgeschäften angebotenen Mangofrüchte stammen. Die Araber führten ihn in Afrika ein. Heute ist er überall auch in subtropischen Breiten, ja sogar in Israel verbreitet. Man unterscheidet zahlreiche Sorten mit verschiedensten Fruchtformen – auf den Canarias werden vor allem grossvolumige Früchte angetroffen. Unbewässert bilden die laubreichen Bäume keine verwertbaren Früchte, obwohl sie Monate lange Trockenheit gut überstehen, die sogar die Blüte und den Fruchtansatz fördert. Aber danach benötigen Mangobäume sehr viel Wasser, im Jahresschnitt rechnet man mit 500 bis 700 Liter pro Mangobaum-Quadratmeter. Der Niederschlag in den kanarischen Küstenregionen – nur hier herrschen ausreichende Temperaturen für den Anbau – beträgt höchstens 200 Liter, eine künstliche Bewässerung ist demnach notwendig.

Mangobäume beginnen zwischen dem dritten und fünften Jahr zu tragen, die besten Ergebnisse erzielen sie im Alter von zehn bis fünfzehn Jahren. Der Grossmarktpreis für ein Kilo Mango liegt zur Zeit um die 300 Ptas.

Der *Avocadobaum*, spanisch *aguacate*, stammt aus Mittelamerika. Die Frucht ist erst in den letzten Jahrzehnten richtig populär geworden, da schnelle Transportmöglichkeiten mit der Entdeckung des Nährstoffreichtums und des nussartigen Geschmacks zusammenkamen.

▶
*Altar mit Schutzpatronin des Hafens an der Mole von Playa de Santiago*

Für den Export – die kanarischen Avocados werden hauptsächlich nach Frankreich und England exportiert, wo sie allerdings auf starke israelische Konkurrenz treffen – erntet man die Früchte unreif, hart. Allzu früh gepflückten Avocados fehlt ein Grossteil des Aromas, was von aussen u.a. schon durch die runzelige Haut zu erkennen ist.

Der Befruchtungsvorgang ist kompliziert, da zwei Blütenarten bestehen, die sich nur kurz hintereinander befruchten lassen. Deshalb müssen Sorten mit beiden Blüten zusammen angepflanzt werden.

Auf den Canarias stellt die *aguacate* seit einigen Jahren eine immer beliebter werdende Alternative zu *plátano-Kulturen* dar, zumal ein Baum in der Regel schon nach fünf Jahren lohnende Erträge abwirft und im Verhältnis zu Bananen einen bescheidenen Wasserbedarf hat. Dabei wird ein doppelt so hoher Marktpreis erzielt (bis zu 100 Ptas. gegenüber 50 Ptas. für das Bananenkilo).

# Valle Gran Rey

Sonne, Palmen, eine kleine Strandsszene vor den vielen Bananenplantagen, angenehme Preise: Verträgliche Exotik bietet das lange Tal. Vielleicht ist das aber schon eine Dosis zuviel für den städtischen Mitteleuropäer. Viele von diesen Spezies werden süchtig von dem «schon immer Geträumten», lassen sich hier nieder. Das sagt wenig aus über das Valle Gran Rey, mehr aber über unsere heimischen Lebensumstände und Fluchtgedanken. Denn nichts im Valle ist so störend, dass es geändert werden müsste, das Vorgefundene kann voll ausgeschöpft werden, so wie es ist (und sich langsam verändert).

Da darf sogar die inzwischen wieder hochgeschätzte Natur das Gemüt streichelnde Dekoration bleiben – das ist hier in durchaus mitfühlendem Sinn gemeint. Natur auch als Kulisse für eine Kneipenszene, und beide Elemente – vielleicht macht das ein Paradies aus – sind eine attraktive Symbiose eingegangen.

Ob das ausreicht, die Gefahr der Wiederholungsmuster zu umgehen? Alle, die die erkannten alltäglichen Rituale in den Ferien nicht wollen, bleiben einfach weg von der putzigen Valle-Szene, verkriechen sich weiter hoch ins Barranco und probieren schon einmal aus, wie es ist, wenn man einsam auf dem Land lebt.

Denn das weite Tal ist seit ein paar Jahren bereit, nicht nur die Freakies, die diesen Platz zuerst entdeckten, sondern alle Arten von Flüchtlingen aufzunehmen und zufriedenzustellen: Gestylte und Alternative, Pensionäre und junge Familien, Künstler und Akademiker, Erben und Dauerträumer. Für alle hat es, solange es hat.

## Anreise/Abreise

Ausgangspunkt ist die Haupt- und Hafenstadt San Sebastián de la Gomera, wo die Ferry Gomera täglich gegen 11.30h und 21.30h anlegt. Der Mittagsbus ins Valle Gran Rey fährt anschliessend an die Fähre – bequem zu erreichen am Platz vor dem Torre del Conde (siehe Stadtplan San Sebastián

Seite 64). Der zweite Bus geht abends um 18h; Fahrtzeit ca. 2 Stunden ins Valle (295 Ptas.) über Chipude, Las Hayas. Bushalt im Valle dem Fahrer kurz vorher angeben! Kein Busanschluss existiert auf die Abendfähre. Um dann noch ins Valle zu gelangen, ist das Taxi obligatorisch (per Mietwagen ist die Strecke durch die Berge für alle, die sie nicht genau kennen, zumindest das erste Mal hochgefährlich). Taxipreis tagsüber um die 2500 Ptas., nachts und sonntags ca. 500 Ptas. mehr. Zu dritt (manche Taxis besitzen noch eine weitere, hochklappbare Bank, so dass sie bis zu fünf Fahrgäste aufnehmen können) kein allzu grosser Aufwand, da ja die Übernachtung in San Sebastián gespart wird. Das Taxi braucht ca. 90 Minuten ins Valle. In Saisonzeiten ist es sogar oft unumgänglich, sofort weiterzufahren: Denn Unterkünfte sind in San Sebastián rar, vom luxuriösen Parador abgesehen gibt es nur fünf Herbergen, die gegen Abend schon ausgebucht sein können.

Beim Taxitransfer nachts ist zu beachten, dass zur Ankunftszeit um ca. 23h im Valle Gran Rey nicht alle Vermieter damit rechnen, dass noch Gäste kommen, man also nicht in offene Arme läuft.

Die Unterkunftssuche vorort unbedingt per Taxi erledigen – die Entfernungen im Valle sind beträchtlich.

Dritte Anreisealternative ist diejenige per Mietwagen. *Autos Pinero* z. B. vermietet direkt an der Mole Autos – das Büro ist immer zu Schiffsankünften geöffnet –, die auch bei der Zweigstelle in Vueltas (vgl. «Verschiedenes») zurückgegeben werden können. Bei alles in allem ca. 3000 Ptas. Mietpreis pro Tag kostet die Fahrt ins Königstal dann nur den Sprit. Aber Achtung: Die Strassenverhältnisse sind durch die neue, asphaltierte Höhenstrasse wohl günstiger geworden, jedoch kann ein Fahrfehler besonders an den holperigen Zwischenstücken den Tod bedeuten. Bei Tageslicht mal in den Abgrund hinunter schauen, er nötigt zu Respekt. Regelmässig kommt das Auto auch in die «dicke Suppe» der Passatwolken von El Cedro. Während der Winterstürme verwandeln sich die Pisten manchmal in reissende Bäche, Steinschlag ist dann an der Tagesordnung.

Einen Engpass gibt es, bei dem unter den drei Anreisealternativen die mit dem Taxi absoluten Vorrang hat: zur Höchstsaison im Winter, wenn die Unterkünfte absolut besetzt sind. Dann gilt es, die jeweils morgens freiwerdenden zu ergattern, unter den Ersten vorort zu sein. Die halbe Stunde Vorsprung vor Ankunft des Busses kann dann nützlich sein. Wer derartige Hektik hasst, kann vorreservieren und den Wettlauf sehr «tranquilo» an sich vorbeiziehen lassen.

Die Planung für die Rückreise hängt meistens vom Abflugtermin am Flughafen Teneriffa-Süd ab. Geht das Flugzeug später als 11h, lässt sich der Transfer am selben Tag erledigen. Sonst muss ein Stopover auf Teneriffa eingelegt werden.

Zur Morgenfähre, die um 8h den Hafen verlässt, geht der Bus um 5.30h im Valle ab, die halbe Stunde Aufenthalt in San Sebastián reicht, um das Ticket an der Mole zu erstehen und einzuchecken. Wer von Los Cristianos mit dem Ferry Gomera-Bus weiter nach Santa Cruz will, muss den Fahrschein dafür schon in San Sebastián erstehen – der Bus ist häufig besetzt. Der andere Bus geht um 15h ab Valle Gran Rey – reichlich Zeit zur Abendfähre. Wichtig für die Abreise: Man kann nicht vom absolut pünktlichen Einhalten des Fahrplans ausgehen. Am besten eine viertel Stunde vorher an der Haltestelle warten, denn manchmal hat's der Chauffeur sehr eilig.

## Soviel kostet's im Valle

| | |
|---|---|
| Café solo ab | 30 Ptas. |
| Café con leche | 60 Ptas. |
| Bier, Glas ab | 50 Ptas. |
| Tequila Sunrise in Abendbar | 200 Ptas. |
| Taxi Calera–Vueltas | 100 Ptas. |
| Glas vino tinto | 50 Ptas. |
| Taxi Calera–San Sebastián | 2500 Ptas. |
| Dito Bus | 300 Ptas. |
| Frühstückstoast | 150 Ptas. |
| Bocadillo ab | 80 Ptas. |
| Fruchtsaft, z. B. Mango, Glas | 150 Ptas. |
| DZ in Pension pro Person | 400 Ptas. |
| 2-er Apartment pro Person | 600 Ptas. |
| Traumhaus für 6 Personen | 6000 Ptas. |
| Mietauto inkl. Vers. pro Tag | 3000 Ptas. |
| Superbenzin pro Liter | 70 Ptas. |
| Postkartenporto | 30 Ptas. |
| Menü im Restaurant | 500 Ptas. |
| Marlboro, in Bar | 100 Ptas. |

## Unterkunft

So lang ist's gar nicht her, als *Maria* aus *Calera* auf die Idee kam, den «Ingléses» – diese Bezeichnung hat seit der Piratenzeit die Doppelbedeutung «Engländer» und «Hergelaufene» – für 100 Ptas. Zimmer zu vermieten. Sie konnte nicht wissen, dass damit der erste Stein ins Rollen kam, dem eine regelrechte Lawine von Aussteiger-Touristen folgte. Damals, als noch keine Asphaltstrasse nach San Sebastián führte, als einzige Verbindung nur eine steinige Piste existierte, über die sich die Fremden per Jeep oder auf Eselsrücken den Barranco hinunterwagten. Damals, als ein Engländer die Finca Argada samt Barranco gegen ein Butterbrot tauschte – der Besitz wurde inzwischen für einen Preis auf Ibiza-Niveau in der FAZ ausgeschrieben. Schön einsam war's auch dann noch, als im Musikmagazin «Sounds» ein erster Bericht über das «Valle» erschien, als die andere Maria unten an der Playa (nicht zu verwechseln mit der Concha-Maria) noch als Geheimtip galt. Das war vor sechs Jahren – und heute? Alles weg?

Die Maria von der Pension Concha vermietet immer noch Zimmer auf ihre berüchtigt-grantige Art, dazugekommen ist im unteren Tal ein eng geknüpftes Netz aus Pensionen, Privatzimmern, Häusern und vor allem Wohnungen *en masse.*

Darin finden zur Hochsaison für Mitteleuropäer an die 4000 Leiber gleichzeitig Unterschlupf. Um Weihnachten und Ostern müssen viele, die nicht reserviert haben, unverzüglich wieder umkehren: Dann ist auch der letzte Puppenwagen vermietet. Wildcampen und Strandsackschlafen (im Winter schon wegen der rauhen Nächte nicht unbedingt zu empfehlen) werden nicht einmal dann gern gedul-

▶
*Calera-Playa vom Dorf aus gesehen (oben)*
*Rechts La Puntilla, im Vordergrund Borbalan und dahinter Vueltas (unten)*

det. Der Dorf-Sheriff verscheucht zumindest die Strandschläfer, die allzu auffällig lagern.

*Apartamentos sí* – immer mehr werden hochgezogen, auf sie setzt die investitionsfähige Einwohnerschaft: Kein Ortsteil ohne Baustellen, vor kaum einem Haus kein Zementhaufen. Hier werden gleich zwei Etagen auf einmal aufgestockt, dem Nachbarn reicht es schon einmal zu einer halben. Manchmal wächst das Haus sogar jedes Jahr um eine neue, so hoch, bis die Vorschriften den Himmel schützen. Keine Sorge: Häuser mit mehr als an einer Hand abzuzählenden Etagen sind bisher noch absolute Ausnahme, und die Emsigkeit des Bauens wird von der Weitläufigkeit des Tals verschluckt.

Hintergründe des Stein auf Stein? Zuerst einmal ist da der Marktpreis für Bananen zu nennen, der in den letzten Jahren unter die Produktionskosten gefallen ist. Im gesamten Valle Gran Rey leiden die Finca-Besitzer unter dem Preisverfall – hier wie auch anderorts auf den Canarias ist der *plátanos-Anbau* zur Monokultur hochgereizt. Die *plátaneros* müssten also in ihre Kulturen investieren, solang vom Sparbuch abheben, bis das Obst wieder Gewinn bringt. An bessere Zeiten für Bananen scheint aber niemand mehr zu glauben. Deshalb entscheiden sich viele gegen die Banane und für die (zukünftige Monokultur?) Gastgewerbe. Zum zweiten – dies gilt besonders für das Dorf Vueltas – hat sich mit den Fischkutterbesitzern eine Gilde zwischen dem traditionellen Oben und Unten herausgebildet, die keine Angst vor Bankkrediten kennt. So ist denn auch *Vueltas* das erste und grösste Apartmentzentrum in der Region; gerade eine einzige Pension existiert hier. Zum dritten vertrauen einige reiche Dons von auswärts – darunter auch welche, die ihr in Südamerika gemachtes «Glück» anlegen – ihrer Nase und dem jährlich massiv steigenden Fremdenzuwachs; sie investieren in kompakte Wohnblocks. Damit beschleunigen sie eine Entwicklung weg vom Freak-Tourismus hin zu den ausgabefreudigeren Gästen. Solche wünschen sich alle Einheimischen für die Zukunft.

Aber in einen Boom wie vor Jahren auf Teneriffa oder Gran Canaria und neuerdings auch Lanzarote wird das Valle Gran Rey nicht geraten. Denn anders wie sonst auf der Insel, wo Grossgrundbesitzer das Sagen haben, ist der Boden hier unter Vielen aufgeteilt. Und die Familien, die etwas haben, sind stolz auf ihren Besitz (und die oft damit verbundene Unabhängigkeit); sie werden kaum verkaufen. Dazu wacht das *ayuntamiento* (Bürgermeisteramt) streng darüber, dass kein Touristikkonzern auf die Idee kommt, eine der Fincas oder unbestellten Ländereien in Ferienparadiese zu verwandeln: *Baustopp.* Denn der Zuzug fremder mächtiger Unternehmen könnte die Ordnung der Vätergeneration im Tal stören – das will keiner hier. So werden der Block an der Calera-Playa, den ein Rückwanderer aus Venezuela hat hinsetzen lassen, und das wüste Viereck am Hafen von Vueltas noch für einige Zeit keine Nachahmung finden. Bis vielleicht die Generation der Söhne ans Valle-Ruder kommt.

VALLE GRAN REY
NICHT MASSSTABSGERECHT
ASPHALTSTRASSE
PISTE
GEH-/WANDERWEG
RICHTUNG ARURE/SAN SEBASTIAN
LOMO DE BALO
BETMAL
RIO LAS HAYAS
HÖHE: 600 m
EL CERCADO
RICHTUNG („CHIPUDE")
LA VIZCAINA
HÖHE: 400 m
BARRANCO DE ARURE
EL HORNILLO
RICHTUNG ARURE
ERMITA GUORA
RICHTUNG TEMOCODA („CHIPUDE")
CASA DE LA SEDA
HÖHE: 200 m
ERMITA & CASAS DE LOS REYES
RICHTUNG ARURE
BARRANCO VALLE GRAN REY
CALERA
PLAYA VUELTAS
BORBALAN
PLAYA INGLES
VUELTAS
LA PLAYA
LA PUNTILLA
HAFEN
RICHTUNG PLAYAS DE LAS ARENAS (20 Min.)
BABY BEACH

## Saisons/Reservierung

Engpässe im Winter, um Ostern, im August und September bezüglich der Unterkünfte. Ab Anfang Dezember prägen deutsch-alternative 14-Tage-Sonne-Fans und ein beträchtlicher Teil Überwinterer, die bis zum März bleiben, das Bild. Eine *Vorreservierung* für die guten Zimmer/Apartamentos ist dann zwingend erforderlich – z. B. ist eins der besten Apartmenthäuser in Calera regelmässig vom November bis zum März vorausgebucht. Klimatisch auch nicht zu verachten ist der Sommer im Tal. Das schätzen besonders die spanischen Familien und die Heimwehkranken aus Südamerika: Ab August drücken diese für zwei Monate ihre fröhlich-vitale Stimmung ins Tal. Zwischen Ostern und Juli bzw. September und November – dann, sagen Kenner, sei hier das lebensverlängerndste Wetter – herrscht noch gesunde Konkurrenz unter den Anbietern der Unterkünfte.

Feste Regeln fürs Vorreservieren gibt es nicht. Am bequemsten funktioniert das natürlich durch das Telefon, das hier jeder Vermieter besitzt. Einige bestehen auch auf Schriftlichem, zum Teil wird im voraus eine Anzahlung verlangt, die bei Nichtkommen in die Schublade des Vermieters wandert. Näheres dazu in der Unterkunftsliste auf den nächsten Seiten.

## Wo wohnen im Valle?

Zwischen den drei Zentren des Tals, dem Dorf *Calera*, *La Playa* und dem Hafenort *Vueltas* liegen erhebliche Wegstrecken (vgl. Karte). Deshalb ist es sinnvoll, Unterkunftsort und Feriengewohnheiten in Beziehung zu setzen, will man nicht viel laufen oder dauernd die Taxifahrer beschäftigen.

Das Dorf *Calera* liegt über den Bananenhainen am Berghang. Hier zu wohnen heisst romantische Aussicht bis zum Meereshorizont, weiss getünchte Häuser, schmale Gassen mit vielen Treppen, Dorf-Atmosphäre. Distanzen: Zum «In«-Strand *Playa Inglés* per pedes ca. 20 Minuten, nach Vueltas 20 Minuten, 40 Minuten zur windgeschützten *Schweinebucht* hinter der Engländer-Finca.

Im Winter kommt ein kühler Fallwind das Tal hinunter, der oberhalb des Wasserreservoirs noch beschleunigt wird. Wer dann oberhalb des Bekkens Unterkunft nimmt, gibt das mit den vielen Papiertaschentüchern und dem roten Riecher zu erkennen.

Weiter oben im Barranco, z. B. in *Casa de la Seda* oder *Retamal*, liegen die Temperaturen ein paar Grad niedriger, was den Orangen- und Limonenbäumen zugute kommt. Hier gibt es noch viele einzeln stehende Häuser zu günstigen Mietpreisen, in denen hauptsächlich Wanderfans und Langzeitgäste wohnen.

Die Siedlung *La Playa* rund um Marias Las Jornadas-Bar ist Strand-, Hock-, Ess- und Stehbar-Zentrum. Hier wird auf dem Weg zur Playa Inglés (wenn sie nicht vom Atlantik gefressen ist) ein *café solo* eingelegt und auf dem Rückweg in den Sonnenuntergang geträumt. Für Menschen mit Kindern ist dieser Strand wie auch die Playa Inglés meistens nicht geeignet (Strömungen, Steine, Brandung). Die *Baby-Beach* für die Kleinsten liegt 20 Minuten entfernt, das ganzjährig ru-

▶ *Calera, eines der schönsten Dörfer auf dem ganzen Kanarischen Archipel*

hige Wasser im Hafenbecken von Vueltas ca. 40 Minuten.

*Borbalan* und *La Puntilla*: Beide Caserios liegen inmitten der Bananenpflanzungen auf halber Distanz zwischen Calera bzw. La Playa und Vueltas. Es gibt keine Apartmentbauten, eigentlich nur freistehende Häuser, die meisten davon mit Garten. Hier zu wohnen ist etwas teurer, dafür kann man sich von der Szene zurückziehen.

*Vueltas*, der Fischerort am Hafen, beherbergt die Bananenpackstelle der Kooperative. Hier lebt die agilste Einwohnerschaft im Tal. Nur eine Pension existiert, dafür viele, meistens neuerstellte Apartmentbauten. Selbst wenn es stürmt, kann im Hafenbecken jedes Alter planschen, und zur berühmten Schweinebucht sind es nur 20 Minuten Gehweg. Neben den Stränden hält der Ort auch viele Supermärkte bereit, so dass sich die jungen Gästefamilien hier am wohlsten fühlen. Und die *Mago-Bar*, in der spätabends der beste Sound läuft, ist auch nur einen Sprung entfernt.

## Preisniveau

Normale Preise im Valle Gran Rey sind: Für einfache Zimmer mit Waschbecken und Aussendusche zahlen 2 Personen 600–1000 Ptas., das EZ kommt etwa auf die Hälfte. Dauert der Aufenthalt länger als zwei Wochen, wird oft ein Nachlass eingeräumt (nicht automatisch). Apartamentos kosten je nach Ausstattung zwischen 800 und 1400 Ptas. für zwei Personen inkl. Küche, Kühlschrank, Bad und Endreinigung. Wo Abweichung zu den ortsüblichen Preisen vorkommen, sei es auf Grund des aussergewöhnlichen Komforts, der herrlichen Lage, aus Wucher oder deshalb, weil einer seine Provision noch hinzurechnet, ist dies bei der folgenden Auflistung der Unterkünfte vermerkt. Lizensierte Pensionen und Fondas, aber auch die angemeldeten Apartmenthäuser müssen im Gegensatz zu Privatvermietern, die den Preis nach Gutdünken festlegen können, ihre Tarife sichtbar aushängen. Ist das «vergessen» worden, kann höflich nach der Liste gefragt werden.

## Vermietungs-«Institutionen»

■ **Maria**, das ist die Pension Concha, Calera, Tel. 80 50 07. Maria Games, die «Concha»: Ihr sei an dieser Stelle Referenz erwiesen, war sie doch die erste Vermieterin im Valle. Sie gebietet über drei Häuser und zwei Gärten an der schönsten Gasse des Dorfes. Über ihrer eigenen Wohnung befinden sich drei kleine Apartments für je zwei Personen, zwei davon mit Küche, Bad, schöner Aussicht. Das mittlere ist zu eng, nicht zu empfehlen. Gegenüber diesem Bau gibt es billigere, simpel eingerichtete Zweibettzimmer; solche auch in dem anderen Haus hinter dem subtropischen Garten, wo viele Langzeitaufenthalter wohnen (300–400 Ptas. pro Bett). Die Concha vermietet noch ganz im alten Stil: Liegt ihr etwas auf der Leber, fährt sie wie ein Panzer ein und bringt dann selbst abgebrühteste Freaks zum Bibbern. Hilft das noch nicht, stellt sie als letzte Warnung das Wasser ab.

■ **Manuel Trujillo y Trujillo**, La Puntilla, s/n, Tel. 80 51 29. Der ehemalige Anwalt verwaltet eine ganze Palette

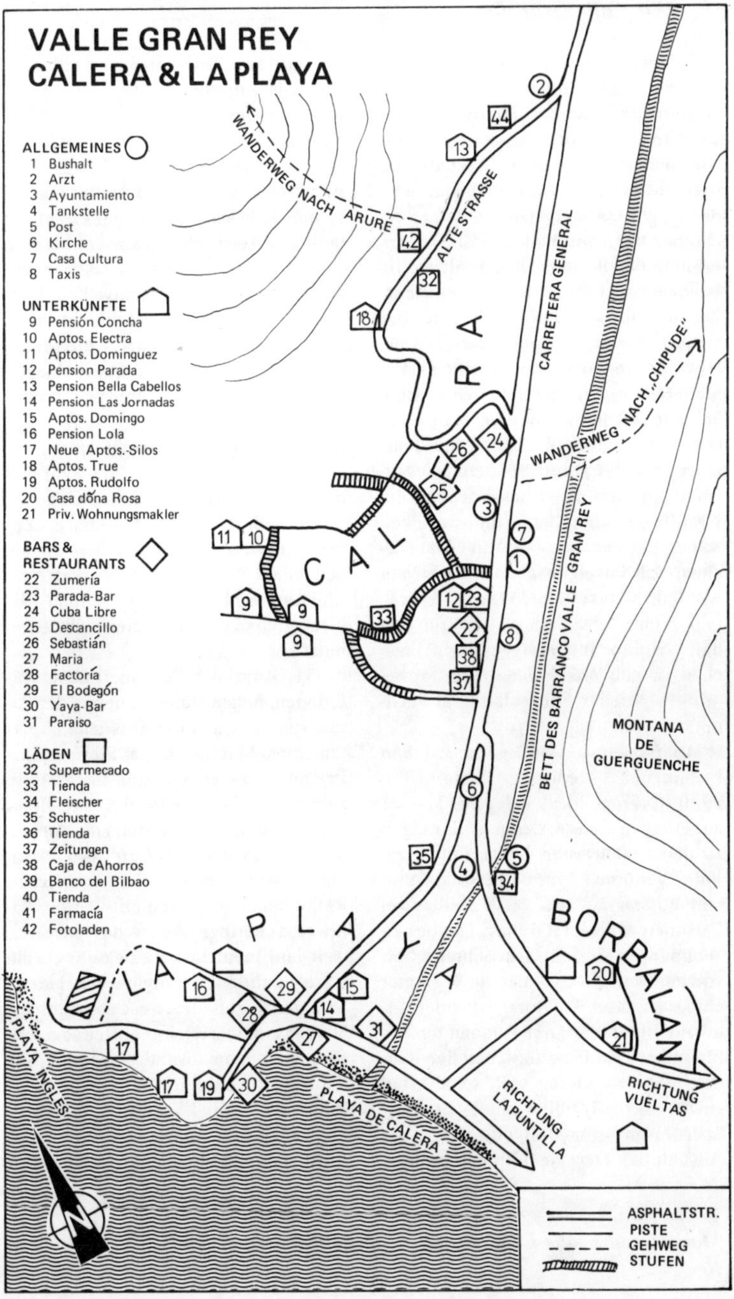
VALLE GRAN REY
CALERA & LA PLAYA
ALLGEMEINES
1 Bushalt
2 Arzt
3 Ayuntamiento
4 Tankstelle
5 Post
6 Kirche
7 Casa Cultura
8 Taxis
UNTERKÜNFTE
9 Pensión Concha
10 Aptos. Electra
11 Aptos. Dominguez
12 Pension Parada
13 Pension Bella Cabellos
14 Pension Las Jornadas
15 Aptos. Domingo
16 Pension Lola
17 Neue Aptos.-Silos
18 Aptos. True
19 Aptos. Rudolfo
20 Casa dōna Rosa
21 Priv. Wohnungsmakler
BARS & RESTAURANTS
22 Zumería
23 Parada-Bar
24 Cuba Libre
25 Descancillo
26 Sebastián
27 Maria
28 Factoría
29 El Bodegón
30 Yaya-Bar
31 Paraiso
LÄDEN
32 Supermecado
33 Tienda
34 Fleischer
35 Schuster
36 Tienda
37 Zeitungen
38 Caja de Ahorros
39 Banco del Bilbao
40 Tienda
41 Farmacía
42 Fotoladen
WANDERWEG NACH ARURE
ALTE STRASSE
CARRETERA GENERAL
WANDERWEG NACH „CHIPUDE"
CALERA
BETT DES BARRANCO VALLE GRAN REY
MONTANA DE GUERGUENCHE
BORBALAN
LA PLAYA
PLAYA INGLES
PLAYA DE CALERA
RICHTUNG LA PUNTILLA
RICHTUNG VUELTAS
ASPHALTSTR.
PISTE
GEHWEG
STUFEN

von Unterkünften, er spricht fliessend deutsch. Dazu kommt, dass er seine Ware nicht schönfärberisch anpreist, sondern fair informiert, wie er selbst von sich sagt, «gerade Geschäfte tätigt». Mündliche Abmachungen werden präzise eingehalten, zu seiner Sicherheit kann von Fall zu Fall eine Anzahlung per Postanweisung fällig sein. Beispiele aus dem Trujillo-Angebot: *Das Nest* in Borbalan gleich hinter der Cuadra-Bar ist ein Bungalow für zwei bis vier Personen mit Dachterrasse, modern eingerichteter Küche, Bad, beinahe «Schöner Wohnen»-Einrichtung. Das kostet um die 2000 Ptas. Oder aber das Haus inmitten des Bananenhains an der Rückseite von La Puntilla mit drei Betten in zwei Zimmern. Bestens geeignet für ein Pärchen, das im eigenen Saft schwelgen will (2000–3000 Ptas.). Wer mit kleinerem Budget auskommen will, für den hält Trujillo Wohnungen und Häuschen zu den ortsüblichen Preisen bereit: in Vueltas, Borbalan, La Playa und Calera.

■ **Apartamentos Dominguez,** Estabán Dominguez Medina, Calera, Tel. 80 50 30. Zwei ideal gelegene Häuser am Hang in Calera, deren Wohnungen zu den begehrtesten Unterkünften im Valle gehören. Eine 4-Personen-Einheit kommt auf ca. 2000 Ptas., zwei Personen zahlen 1200 Ptas. Die besten Wohnungen sind für den Winter schon vorausgebucht – da hier auch immer einige an ihrer Doktorarbeit oder anderem schreiben, sorgt Estabán rigoros für Ruhe: kein Platz für lebendige Kinder. Wer reservieren will, schickt die gewünschten Termine mit einer Postüberweisung (5000–10'000 Ptas. als Anzahlung). Der *jefe* führt genau Buch über die Belegungsdaten und gilt auch sonst als sehr zuverlässig.

■ **Oficina Información**, Borbalan, Tel. 80 54 80. Der junge Boss Manolo Pinero vermittelt alles im Tal, was nicht niet- und nagelfest ist. Das Büro ist regelmässig besetzt. Ist einmal keiner da, läuft ein Telefonbeantworter. Manolo spricht Englisch, so dass keine Kommunikationsprobleme entstehen können. Soviel Organisation schafft natürlich auch Neider bei der Konkurrenz der kleinen Vermieter. Die beklagen sich über Abwerbung ihrer Gäste, über zu hohe Provisionen für die Vermittlung. Aber vor der Macht eines Verwandten von Don Oliver, der sehr viel im Tal besitzt, werden auch sie schliesslich kapitulieren müssen. Zumal die meisten Kunden den für sie bequemen Service lieben, und sich Manolos Einheitsspruch «I don't like Neckermann» noch immer nicht abgenutzt hat.

Das Angebot: 2-er Apartments mit schönen, hohen Räumen neben der Parada-Bar in Calera (1500 Ptas.), Apartamentos Marcos in La Playa (sechs Personen zahlen um die 3000 Ptas.), zwei Häuser neben Marias Bar direkt am Strand, Zimmer in der Villa Aurora in Borbalan (sechs DZ zu 1000 Ptas.). Das Haus gehört der herzlichen «Mamma» Rosa, es ist mit Garten, Patio und Springbrunnen das schönste weit und breit. Dann gibt es noch die Casa Puntilla am Eingang des gleichnamigen Ortes (sechs Personen für 3000 Ptas.) oder «familienfreundliche» Wohnungen im brutalsten Block vor der Playa Vueltas am Hafen. Die sechs Betten (jedes für 1000 Ptas.) im Nebenhaus der Finca Anaga, sind überhaupt nicht zu empfehlen. Der arrogante, im

▶
*Maria Games, «die Concha»: Sie vermietete die ersten Zimmer im Valle Gran Rey*

Nebenhaus residierende Engländer behält sich bei diesem überrissenen Preis sogar noch vor, lediglich ihm ausserordentlich sympathische Gäste in den Swimmingpool einzuladen. Der Pool ist an sich schon eine kleine Schweinerei gegenüber dem «Rest des Tals», wenn man die hohen Wasserpreise berücksichtigt.

## Unterkünfte in Calera

■ **Bar-Pensión Parada**, Gonzala Damas Vda. de Chinea, Tel. 80 50 52. Direkt im Kommunikationszentrum neben Zumería, Bank, Kirche, Taxistand und Bushaltestelle führt der herzliche Pepe die Bar. Die einfachen Zimmer liegen in mehreren Stockwerken darüber (DZ für 800 Ptas.). Alle mit Dusche, die vorn heraus zur Strasse sind arg laut.

■ **Pensión Cuba Libre**, General Carretera, 9, Irmgard Anna Gemp, kein Telefon. Drei DZ für 700 Ptas., Eine-Nacht-Gäste sind nicht sehr beliebt.

■ **Casa Bella Cabellos**, Tel. 80 51 82, Reservation über Teneriffa Tel. 28 10 79. Romantisches Hexenhaus an der alten Dorfstrasse etwa auf der Höhe des Wasserreservoirs. Die alte Señora ist sehr liebenswert, die meisten Gäste verehren sie. DZ für 1000 Ptas., EZ bei 500, die Benutzung der Küche ist erlaubt.

■ **El Chorro, Trues Rental House & Rooms** gegenüber dem Supermercado, Tel. 80 51 76. Die Trues – Frau True betreibt u. a. die Bücherausleihe – vermieten Wohnungen und Zimmer.

■ Neben der *Concha* verwalten in Calera auch *Manuel Trujillo* und *Manolo* von der Oficina Información Häuser, Wohnungen und Zimmer. Adressen unter «Institutionen» weiter vorn im Buch. Privatunterkünfte sind im Prinzip in jeder Gasse zu erfragen, oft hängen auch entsprechende Zettel in den Fenstern.

## Unterkünfte in La Playa

■ **Pensión Lola,** habitaciónes y apartamentos; Tel. 80 51 48. Hier ist alles viel freundlicher und gepflegter als in der anderen Playa-Pensión Las Jornadas. Ortsübliche Preise, telefonische Anmeldung nur auf Spanisch.

■ **Bar-Pensión Las Jornadas;** Tel. 80 50 47. Das Sagen in dieser ehemaligen Kultstätte hat die resolute Maria, die im Gegensatz zu ihren mitarbeitenden Verwandten selten gestresst wirkt. Die 12 Zimmer vermietet sie mit oder ohne Vollpension.

■ **Casa Domingo**, José Chinea Ramos, genannt Pepe; Tel. 80 53 36 und 80 51 31. Er vermietet Wohnungen in zwei neuerstellten Häusern. Das nicht empfehlenswerte liegt neben der Factoría und gegenüber des El Bodegón (Lärm), das bessere hinter Las Jornadas inmitten von Bananenstauden. Der angebotene Komfort (Küche, Bad, Kühlschrank, Balkon) hat seinen Preis (2000 Ptas. für 4-Zimmer-Wohnung), die Vorausreservierung ist möglich, im Sommer und Winter sogar notwendig.

■ **Apartamentos Rudolfo**, Rudolf Türksch; Tel. 80 51 95. In seinen Betten kuschelt sich das, was bei TUI und Neckermann die richtige Katalog-Seite aufgeblättert hat. Die Mietautos dagegen sind für alle da.

■ **Apartamentos San José**, schräg gegenüber der Pension Lola, Tel. 80 54 93. Sympathisches Haus mit hel-

▶
*Das treue Schiff folgte seinem Herrn trotz Treibanker auf dem Weg Richtung Kneipe (oben)*

len Wohnungen und normalen Preisen.

■ **Manolo Pinero** (siehe oben) verwaltet auch hier einige Objekte.

■ **In der kleinen Siedlung** hinter dem El Bodegón sind nur für denjenigen Privatzimmer zu ergattern, der leidlich Spanisch spricht.

## Unterkünfte in Borbalan/ La Puntilla

■ **Villa Aurora, Borbalan**, Doña («Mamma») Rosa lässt ihren Besitz (sechs DZ, Garten, Patio und Springbrunnen) von der Oficina Información verwalten. Eins der besten Häuser im Tal mit kommunikativer Atmosphäre.

■ Das «Nest», das «Rosenhaus» und anderes mehr vermietet *Manuel Trujillo* (siehe oben) in La Puntilla.

■ **El Palmar,** Borbalan, Tel. 80 53 32. Der Wirt der gleichnamigen Bar bietet auch Zimmer an; durchschnittliche Adresse.

## Unterkünfte in Vueltas

In dieser Apartmenthäuseransammlung haben einzelne Zimmer Seltenheitswert – nur die *Pensión Candeleria* vermietet welche. Ausnahme ist auch eine Adresse wie die von

■ **Ramón y Teresa Jiminez Negrín,** die einzelne Zimmer und eine grosszügige Wohnung in grüner Hinterhaus-Atmosphäre vermieteten (Tel. 80 51 12).

■ **Apartamentos Avenida** auf der Anhöhe über dem El Mago gelegen mit Meeresblick: normale Preise.

■ Weitere Beispiele für Apartment-Häuser: *Yuremar*; Tel. 80 53 60, *Miguel*; Tel. 80 53 07, *Erasmo*; Tel. 80 51 79, *Vidal*; Tel. 80 52 75, *Vueltas*; Tel. 80 51 79, *Barrera*; Tel. 80 51 16. Wie gesagt, das sind nur einige Beispiele: Vueltas bietet ein Mehrfaches an Adressen.

## Papayas

Papaya-Bäume wachsen sehr rasch (weiches Holz), sie gedeihen in Tropen und Subtropen – Frost vertragen sie nicht. Ähnlich wie die Bananenstauden sind sie sehr windempfindlich, dagegen ist ihr Wasserbedarf (ca. 1500 Liter pro Quadratmeter möglichst gleichmässig über das Jahr verteilt) etwas niedriger. Deshalb sind auf den Canarias häufig Papaya-Bäume in den Bananenplantagen zu finden, da beide Pflanzen in etwa vergleichbare Bedürfnisse haben.

Bei den meisten Sorten befinden sich männliche und weibliche Blüten auf verschiedenen Bäumen. Deshalb werden in kommerziellen Pflanzungen um einen Baum mit männlichen Blüten ca. zwanzig bis fünfundzwanzig mit weiblichen Blüten gesetzt, was sich für die Fremdbestäubung als optimales Verhältnis herausgestellt hat.

Papaya vermehrt sich durch Samen. Nach etwa einem halben Jahr erscheinen die ersten Blüten und schon nach einem Jahr reifen die ersten Früchte. Im zweiten Jahr (auf den Canarias ist die Fruchtbildung in den kälteren Perioden unterbrochen, d.h. die Haupterntezeit ist im Sommer und Herbst) gibt der Baum die besten Erträge. Diese nehmen in den folgenden Jahren kontinuierlich ab. Leider wachsen die Fürchte mit dem Stamm immer weiter

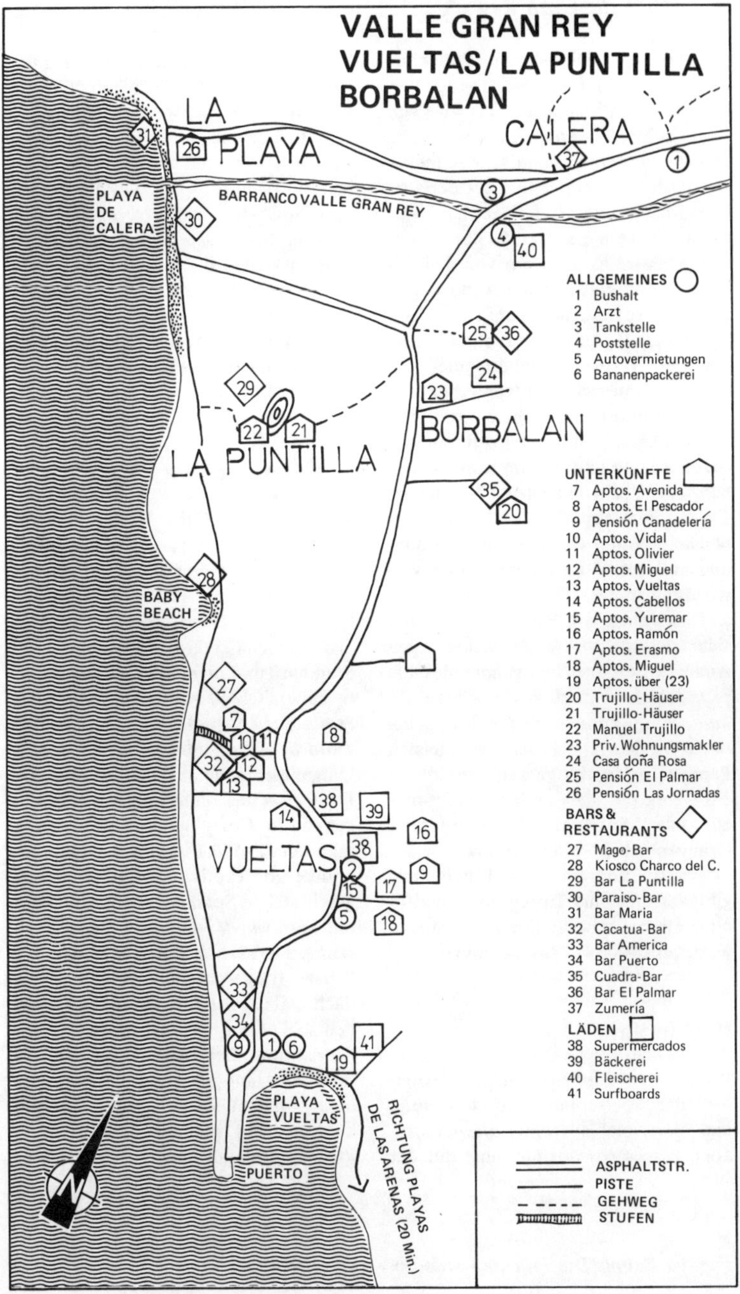
VALLE GRAN REY
VUELTAS/LA PUNTILLA
BORBALAN
LA PLAYA
CALERA
PLAYA DE CALERA
BARRANCO VALLE GRAN REY
BORBALAN
LA PUNTILLA
BABY BEACH
VUELTAS
PLAYA VUELTAS
PUERTO
RICHTUNG PLAYAS DE LAS ARENAS (20 Min.)
N
ALLGEMEINES
1 Bushalt
2 Arzt
3 Tankstelle
4 Poststelle
5 Autovermietungen
6 Bananenpackerei
UNTERKÜNFTE
7 Aptos. Avenida
8 Aptos. El Pescador
9 Pensión Canadelería
10 Aptos. Vidal
11 Aptos. Olivier
12 Aptos. Miguel
13 Aptos. Vueltas
14 Aptos. Cabellos
15 Aptos. Yuremar
16 Aptos. Ramón
17 Aptos. Erasmo
18 Aptos. Miguel
19 Aptos. über (23)
20 Trujillo-Häuser
21 Trujillo-Häuser
22 Manuel Trujillo
23 Priv. Wohnungsmakler
24 Casa doña Rosa
25 Pensión El Palmar
26 Pensión Las Jornadas
BARS & RESTAURANTS
27 Mago-Bar
28 Kiosco Charco del C.
29 Bar La Puntilla
30 Paraiso-Bar
31 Bar Maria
32 Cacatua-Bar
33 Bar America
34 Bar Puerto
35 Cuadra-Bar
36 Bar El Palmar
37 Zumería
LÄDEN
38 Supermercados
39 Bäckerei
40 Fleischerei
41 Surfboards
ASPHALTSTR.
PISTE
GEHWEG
STUFEN

gen Himmel. Die simple Pflückmethode per Stock führt meistens zur Verletzung der Früchte, die bis zu zehn Kilo schwer werden können. Die Früchte verderben dann sehr schnell – sie werden ausschliesslich auf den umliegenden Märkten feilgeboten oder privat konsumiert. Der Export – das gilt für Papayas nicht nur von den Canarias, sondern aus allen Anbaugebieten – findet praktisch nicht statt, denn nur halbreif geerntete Früchte überleben den Transport unbeschadet, ein Graben dann zwischen tropischer Verheissung und tatsächlichem Aroma.

In einigen Ländern wird durch Anritzen der Frucht das *Papain* gewonnen, eins der wichtigsten pflanzlichen Eiweissspaltenzyme, das in der Lebensmittelindustrie u.a. als Verdauungsmittel und Kaugummizusatz Verwendung findet.

Das Kauen von Papaya-Kernen hat sich auch als wirksames Mittel gegen Amöben bewährt. Die Blätter des Papaya-Baums enthalten anregende *Alkaloide* und können als Gemüse zubereitet werden. Die Frucht der meisten Papaya-Sorten schmecken pur immer ein wenig fad – sie entfaltet erst unter ein paar Spritzern Zitronen- oder Orangensaft ihr volles Aroma.

Einen Eindruck des Fruchtwerts gibt der Grossmarktpreis in Teneriffa oder Gran Canaria: Ein Kilo Papaya wird mit 200–300 Ptas. gehandelt.

## Restaurants

Kanarische Einheitsgerichte bestimmen den Speiseplan: *Ensalada mista,* mal ohne, mal mit *aguacates* (Avocados), *pescados fritos* meistens mit der kanarischen *vieja*-Sorte, *filet de atún,* manchmal *pulpos* (Tintenfische), Fleisch vom Schwein (*chuleta de cerdo*), selten vom Rind (*bistec*); *pollo frito* (oft ziemlich fettig). Normalbeilage sind *patatas fritas.* Wo die kanarische Spezialität *papas arrugadas,* das sind in Salzwasser gekochte Kartoffeln, an denen die würzige Salzkruste klebt, serviert werden, muss das als Zeichen für eine unverfälschtere Küche gewertet werden. Als *postre* gibt es meistens nur *flan* (süsser Karamelpudding) und *frutas.*

## In Calera und La Playa

■ **Restaurante Cuba Libre**, General Carretera, 9. Irmgard Anna Gemp führt Regime. Wenn das Lokal voll besetzt ist, rührt sie allerdings in zu vielen Pfannen. Dann kann der Magen bis zur Gehässigkeit warten (bis zwei Stunden), und nicht alles ist so sorgfältig zubereitet wie sonst. Ausserhalb der Stresszeiten sind empfehlenswert: *Plato de Brasil, Mexikanischer Topf* – Umgangssprache im Lokal ist nun mal Deutsch – und *Zambaloga,* das Fischgericht in Curry-Sauce mit Bananen (alle um die 500 Ptas.). Auf Heimwehkranke und exotischen Genüssen aufgeschlossene Spanier wartet die *Original Bratwurst,* die hier besser zu schmecken hat als an der Bude zuhause. Irmgards Gefährte zapft bedächtig das kalte Bier (kanarisch, nicht deutsch) – das passt zu der Kajüten-Einrichtung. Der Papagei auf der Terrasse wird langsam sauer darüber, dass noch immer kein Gefährte angekommen ist und plaudert deshalb aus: «Cuba Libra nix ganz billig.» Dafür

▶
*Papaya-Baum: Die Früchte werden bis zu zehn Kilo schwer*

isst hier die einheimische Ortsprominenz (Lehrer, Arzt, Bürgermeister etc.), wenn sie auswärts isst. Freitags ist geschlossen.

■ **Bar Sebastián** an der alten Strasse oben im Dorf. Hier kocht im gleichen Raum, wo auch die ganze Meute «schaufelt», eben Sebastián, assistiert vom Dorffriseur, der für die Fasson des Salats und den «outfit» des Knoblauchs zuständig ist (letzte News: Der Spezialist wurde von den Factoria-Leuten abgeworben). Zwei Dinge zeichnen die Bar aus: Einmal der *penetranteste Knoblauchgestank zwischen Rio und Kreuzberg*, der sich noch Tage nach dem Besuch in den Kleidern hält, und zum anderen das, was der Orts-Holländer so treffend sagt: «Im Winter musst du dich entscheiden – Sonnenuntergang oder Sebastián». Denn je dichter sich die Überwinterer im Dorf drängen, desto früher zieht die preisbewusste Szene zu Sebastián. Dann sind die Tische stundenlang blockiert. Dem Wirt ist das egal, er schielt nicht auf Umsatz. Vielleicht gilt er deshalb als Linker, oder weil die Bar die billigste Alternative zum eigenen Herd ist. Dafür hat er nur das *conejo* den anderen Restaurants im Ort voraus. Das ist wirklich ein Hit – Liebhaber sollten es vorbestellen. Die sonntägliche *paella* muss man nicht hier schätzen lernen. Dienstags hält Sebastián Ruhe, und die Vögel in den Käfigen lernen wieder singen, manchmal von Sebastián begleitet, der die Pfeifsprache El Silbo trainiert. An diesem Tag weichen die Stammgäste aus in das

■ **Descancillo**, das ein paar Treppen weiter unten liegt und auch unter dem Namen «Müsli-Bar» firmiert: Eher Treffpunkt denn Speisestätte, aber dienstags und im Winter wird auch hier emsig gegessen. Kenner checken allerdings erst einmal, wer in der Küche ist. Wursteln da die Männer, darf nicht viel erwartet werden.

■ **Bar-Restaurante Paraíso**, La Playa, ca. 50 Meter neben der Las Jornadas-Bar gelegen. Hier wird draussen auf der überdachten Terrasse serviert, man sitzt unter gemischtem Publikum. Der schmackhafte Salat wird meistens mit Avocados zubereitet, der Pudding mit *miel de la palma*, wenn er vorrätig ist. Die Langustinas stammen aus der Tiefkühltruhe bzw. der Biskaya oder Griechenland. Mit 850 Ptas. sind sie überbezahlt, vor allem dann, wenn der Wirt sich «verzählt» und eine Miniportion hinstellt (donnerstags geschlossen).

■ **Bar Yaya**, La Playa, vor der Casa Rudolfo. Marias Schwester betrieb ihre Küche früher auf einem kleinen Propangasherd. Inzwischen hat «man» auch gebaut und versorgt die Gäste auf der überdeckten Terrasse – näher am Wasser geht's nicht im Valle – aus einer fein verputzten Küche hinter der blitzenden Bar. Das Lokal übt einen verständlichen Reiz auf die Gäste der Casa Rudolfo aus. Sie halten hier neben der Reihe gewaschener Mietautos ihre gewohnten Essenszeiten ein. Als Besonderheit verzeichnet die Yaya-Küche immer mal wieder *cabrito* (Ziegenfleisch). Die Crew des Yaya arbeitet sehr bedächtig. Der Keeper-Schelm beisst schon einmal die Pelle vom Salamibrot, das er dann besonders charmant serviert. Nicht nachgeprüft konnte allerdings die Geschichte, nach der die Gerichte vor dem Servieren mit Fliegenspray versiegelt werden.

■ **Maria-Bar Las Jornadas**, La Playa. Maria kocht für ihre Pensionsgäste und die Externen, die draussen auf der Terrasse sitzen. Am ehesten ist noch die *paella* etwas Besonderes, die Portionen der Gerichte sind im Verhältnis zum niedrigen Preis gross.

■ **Männerkochen:** In der *Factoría* und im *El Bodegón* ist man zur Erkenntins gelangt, dass der Barbetrieb allein nicht lohnt. Also muss das angestammte Personal auch noch in der Küche schaffen – das Ergebnis ist dementsprechend. Am ehesten landen die Factoría-Leute noch einen Glückstreffer.

## In Vueltas, La Puntilla, Borbalan

■ **Bar-Restaurante El Mago**, Vueltas, Avda. La Condesa. Der Wirt Ortiz Mendoza verspricht, sein Lokal sei auf Fisch spezialisiert. Die Fischgerichte schmecken aber nicht besser als woanders. Als Besonderheit kann vielleicht das zeitweilige Auftauchen einer Pizza auf der Speisekarte gelten – ein Essensnachbar versuchte sie und taufte sie nach einem Biss «Pizza runaway». Dafür ist das *bistec* absolut konkurrenzlos im Tal, überhaupt die Fleischgerichte sind allesamt zu empfehlen.

■ **Kiosco Charco Conde**, direkt an der Playa gleichen Namens ein paar Schritte von La Puntilla entfernt. Tagsüber Müttertreff, deren Kinder sich nebenan an der *Baby-Beach* tummeln. Essen nur draussen, ortsübliches Angebot, simpel und sympatisch.

■ **Bar La Puntilla**, La Puntilla. Billige und ursprüngliche Speisestätte, fast ein wenig verloren in der Mitte zwischen Calera Playa und Vueltas gelegen, was in den Sommermonaten die Ferien feiernden Spanier nicht daran hindert, diese Bar zur «numero uno» weit und breit zu machen; dann herrscht hier fröhliche Ausgelassenheit. Im Winter und Frühling ist es ziemlich ruhig, Berlin & Co. scheint aufdringlichere Plätze vorzuziehen.

■ **Bar-Restaurante El Palmar**, Borbalan. Trotz des hermetischen Trutzburghauses und des Abfertigungs-Speiseraums zu empfehlen: reichhaltige Speisekarte. Der dicke Wirt mit dem einprägsamen Namen Ramón Marcial Chinea greift spät abends schon mal zur Klampfe. Neben dem angemessenen Preisniveau, der grossen Bocadillo-Auswahl bietet Señor Chinea die längste Theke und *die meisten Biersorten* (ca. 10 verschiedene) weit und breit.

■ **Bar La Cuadra**, Calle La Palomera, Borbalan. Eher Treff denn Speiseort. Saison ist vor allem im Sommer, dann essen hier die kanarischen Gäste.

## Frühstücks-Tips

Wer nicht auf Balkon oder Dachterrasse das private Morgenritual abhält, geht in die

■ **Zumería** von Calera gleich beim Taxistand neben der Parada-Bar. Nummer eins nicht nur für Vitaminfans – hierhin pilgern sogar eine Anzahl derjenigen, die im zu Fuss zwanzig Minuten entfernten Vueltas wohnen. Drinnen und draussen (man sieht während eines Morgens alle «Neuheiten» vorbeiziehen) für 100-150 Pst. *zumo de naranja, mango, papaya* etc., frischgepresst, dazu vielleicht einen *Toast Americano* (mit Spiegelei und Früchten), *café con leche* nebenan aus der

Parada-Bar, News von gestern und Sprüche von morgen – die tägliche (spanische) Zeitung gibt's nebenan im Bazar de Correos.

■ **Bar Parada,** nebenan. Für einen schnellen Café und einen einfachen Bocadillo an der Bar inmitten von Taxifahrern und Dauergästen. Pepe hat trotz des ganzen Rummels der letzten Jahre seine Liebenswürdigkeit bewahrt.

■ **Meeresblick-Frühstückstätten** wie z. B. Marias *Las Jornadas Bar* – hier ist in Stosszeiten lange auf Bedienung zu warten – und ihr gegenüber die von Marias Schwester geführte *Yaya-Bar* (beide Calera-Playa) oder die Terrasse der hafennahen *Bar Puerto* bieten übliches: verschiedene Bocadillos.

## Selbstverpflegung

Die Müllmänner des Tals wissen am besten, wie und wo konsumiert wird. Folgt man ihrer «Analyse», geht der Nahrungsmittelverbrauch der Restaurants trotz steigender Besucherzahl zurück, wogegen die Supermärkte für immer mehr Verpackungsabfall verantwortlich sind: Denn ein immer grösserer Anteil der Fremden verpflegt sich selbst. Das liegt zum einen an der steigenden Anzahl von Mietwohnungen mit Küche, zum anderen an der geringen Anzahl der Restaurants und ihrer in der Regel phantasielosen Küche. Supermärkte, kleine Läden, ein Fleischer und ein Bäcker bieten alle Auswahl zu günstigen Preisen – Wasser zum Kochen muss allerdings auch eingekauft werden. Wer findet, das sei nicht nötig, schaue nur einmal in den Wassertank am Hausdach. Danach putzt er auch seine Zähne mit dem Nass aus der Flasche.

■ **Supermercados:** Von ihnen gibt es eine Anzahl im Tal verstreut (vgl. Karte). Der Einkauf ist hier in der Regel schneller als in der Tienda erledigt, und sprachfaule Fremde müssen kein Wörterbuch bemühen.

■ **Tiendas:** Diese Tante-Emma-Läden, in denen meistens nur eine Person streng der Reihe nach bedient wird, bieten die beste Gelegenheit, Landesprodukte und neue Wörter kennenzulernen. Denn das Gemüse, die Früchte und die Eier sind oft *del país*, und der Kunde hat zu artikulieren, was in den Beutel soll.

■ **Fleisch, Fisch und Brot:** Der Fleischer *(carnicero)* zieht seine Rolladen gleich neben der Post nur samstags hoch, die Fische sind manchmal direkt am Hafen oder bei dem ambulanten Fischhändler, der sich per Lautsprecher ankündigt, aus dessen Peugot-Kombi zu besorgen. Die Bäckerei *(panadería)* befindet sich in Vueltas. Sie liefert auch das Brot für die Läden, Backspezialitäten sind allerdings nur am eigenen Tresen erhältlich.

## Soviel kostet's

| | |
|---|---|
| Agua minerale, Liter .... | 50 Ptas. |
| Yoghurt, Marke Danone | 25 Ptas. |
| Butter, | |
| aus Dänemark, 250 g .... | 55 Ptas. |
| Milch, importiert, Liter .. | 80 Ptas. |
| Ei, eins ........... | 16 Ptas. |
| Käse, 100 g ......... | 50 Ptas. |
| Cafe, 250 g ......... | 250 Ptas. |
| Brot, 1 kg .......... | 40 Ptas. |
| Kochschinken, 100 g .... | 70 Ptas. |
| Sardinen, Dose ....... | 75 Ptas. |
| Tomaten, 1 kg ....... | 110 Ptas. |
| Spaghetti, 250 g ...... | 45 Ptas. |
| Reis, 1 kg .......... | 70 Ptas. |
| Ananas, Büchse (!!!) .... | 190 Ptas. |
| Vino tinto, Flasche ab ... | 100 Ptas. |
| Vino rosado, Flasche ab | 120 Ptas. |

## Alle Strände

Fünf an der Zahl, wenn die Kleinen mitgerechnet werden, sogar sieben. Drei laden ständig ein, sie lässt das Meer mehr oder weniger breit das ganze Jahr hinüber bestehen. Dünung und Wind (im Winter auch Sturm) gibt's meistens *um* und besonders *nach* Vollmond – dann bleiben vor allem in der kälteren Jahreszeit von den beiden besten (Nackt-)Badestränden nur noch ein paar Lavabrocken übrig.

Im folgenden alle Strände von Nordwest bis Südost zwischen den beiden «Aussenposten» Playa Inglés und Playas de las Arenas.

■ **Playa Inglés:** Sie wird in der Regel schon während des Novembers vom Atlantik gefressen, taucht zwischendurch immer mal wieder auf, um dann im Frühling wieder ganz da zu sein. Auch im Sommer variiert die Breite des schwarzen Sandes je nach Dünung. Früher war dies der Strand der Freakies – «Inglés» heisst nicht nur «Engländer», sondern wird von den Einheimischen im übertragenen Sinn auch für «hergelaufener Fremder» gebraucht –, die hier noch vor ein paar Jahren eine improvisierte Zeltstadt gründeten. Sie wurde wegen der produzierten Fäkalien- und Abfallhaufen aus hygienischen Gründen von den Behörden «aufgelöst». Aus dieser Zeit stammen auch noch die Aufschriften an den Felsen: «No camping» und «Nacktbaden verboten». An letzteres hält sich heute keiner mehr: Zwischen den Steinen, hinter den Wällen der kleinen Burgen schützt – der Strand ist voll dem Wind ausgesetzt, was die mittags oft stechende Sonne angenehm macht – kein Lappen Textil vor der Himmelsglut. Neuankömmlinge, die nicht auf Sonnenschutzfaktoren über fünf setzen, zahlen schon in einer Stunde die Eintrittsgebühr ins Sonnenparadies. Gefahr lauert auch im Wasser: Zeitweise Querströmung in Riffrichtung, bei starker Brandung – die Wellen klappen dann oft nach vorn, wenn Dünung und Wind aus der gleichen Richtung kommen – ist dann ein Untertauchen der Wasserwände notwendig. Bodysurfer müssen in jedem Fall die Lage der kleinen Unterwasserriffs beachten.

■ **Playa de Calera:** Ganzjahresstrand aus grauem Sand und Steinen, der in seiner Länge und Breite variiert. Manchmal werden hier sogar noch kleine Fischerboote ins Wasser gelassen, dann und wann einmal wird eine Yacht bis an den Befestigungsbeton geworfen (siehe Foto). Badebekleidung: «Mit», auch wenn einige

Frauen das «Oben ohne» einführen wollen – dies ist der Dorfstrand!!!

■ **Playa de Charco del Conde**, auch «Baby Beach» genannt: Charco heisst frei übersetzt «Tümpel», und danach sieht es hier auch aus. Vor der Bucht brechen die Steine alle Wellen und lassen gerade noch genug Wasser in die Pfütze, dass auch Kleinkinder das Salzwasser auf ihrer Haut kribbeln lassen dürfen. Die Mütter ruhen sich derweil am gleichnamigen Kiosk aus.

■ **Playa Vueltas:** Der Sandstrand im geschützten Hafenbecken vor dem neuen Apartmentblock ist ganzjährig in Betrieb. Es ist der Strand im Tal, der am geschütztesten und am leichtesten zugänglich ist. Er wird stark frequentiert von allem, was Beine hat: Eltern mit Kleinkindern, Pensionären, Lauffaulen, Hunden und Neuankömmlingen, die die anderen Strände noch nicht kennen.

■ **Playas de las Arenas**, bekannt auch unter der Bezeichnung «Schweinebucht»: Zwei windgeschützte Sandbuchten, in denen sich die Hitze staut. Falls sie intakt sind, bestehen hier die optimalsten Bedingungen zum Schwimmen und Braun-Werden. Manchmal im Sommer kommt sogar ein Motorboot aus Vueltas, hinter dem man Wasserski fahren kann. Im Winter und Frühling wird mancher abenteuerliche Marsch à la Tarzan über die Felsen nur mickrig entlohnt: Die Dünung lässt dann nur ein paar Steinstreifen übrig; unbequem zum Sonnen, viel zu gefährlich zum Baden. Der Fussweg dauert von Vueltas ca. 20 Minuten, von Calera ca. 40 Minuten. Viele nehmen auch ein Taxi zum Hafen (150 Ptas.) oder gleich bis zur Finca Argada.

■ **Wassersport:** Auch bescheidenste Aquanauten bezeichnen die Küstengewässer hier als leergefischt – keine Offenbarung für Schnorchler und Taucher.

Gelegenheitsurfer bzw. Anfänger können an der Playa Vueltas Boards mieten und damit bei ein bis zwei Beaufort im Hafenbecken herumdümpeln. Die anderen Strände sind dem Wind direkt ausgesetzt. Dieser kommt teilweise ablandig und die «shore break»-Wellen fordern selbst absolute Könner heraus. Ohne einen perfekten Wasserstart (viele scharfkantige Steine an den Küsten) werden nicht nur die Finnen dran glauben, auch die Gefahr des Abtreibens (Strömungen) ist gross. Es besteht keinerlei Rettungsinfrastruktur.

## Und abends?

■ **Descancillo**, die «Müsli-Bar» oben im Dorf Calera. Sitzen drinnen (bei Nieselregen im Winter) und auf der Terrasse draussen. Ein Schwätzchen abends, ein Spielchen Backgammon – der Gambler Steve bezieht hier neuerdings Stellung – oder Schach bei scheppernd-schwarzer Musik.

■ **Marias Bar, Bar Jornada**, La Playa: Tages- und Vorabend-Treff. Einen Café solo vor den Strandfreuden, den long drink danach – die Szene trifft sich vor der Terrasse, lesend, strikkend, schwatzend, sehr «easy gut drauf». Der Ablauf des Abends wird abgecheckt, unter den Palmblättern spielen die Alten des Dorfs mit den Arbeitslosen Domino, an der Bar im Haus stehen Aussteiger neben Landarbeitern. Der Schmuckverkäufer sitzt an der Strassenecke. Auch wenn die Ge-

▶
*Zwei Treffpunkte der Szene: Playa Inglés (oben) und die Terrasse von Marias Bar, wo in die schönsten Sonnenuntergänge zu träumen ist (unten)*

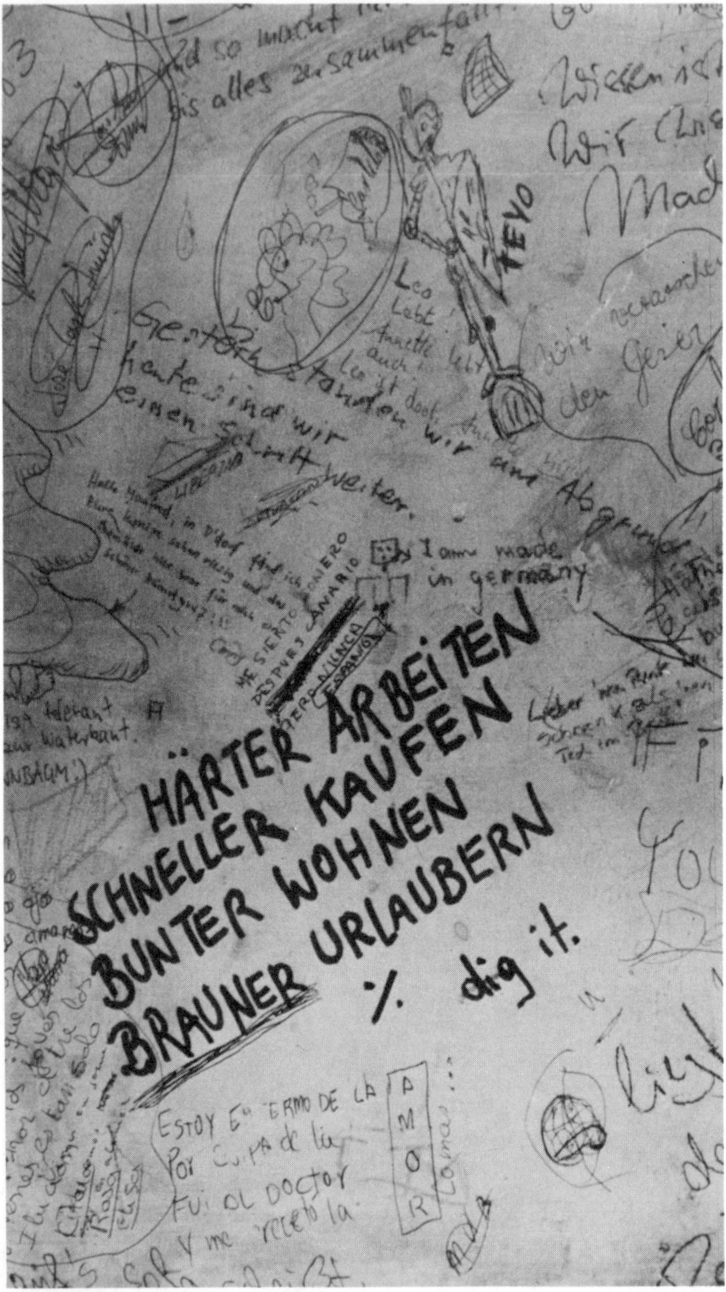
bis alles zusammenfällt
heute sind wir einen Schritt weiter.
Leo lebt
I am made in germany
HÄRTER ARBEITEN
SCHNELLER KAUFEN
BUNTER WOHNEN
BRAUNER URLAUBERN
%. dig it.
ESTOY ENFERMO DE LA
Por culpa de tu
Fui al doctor
y me receto la
AMOR

schäfte noch nicht hervorragend gehen, er wird in ein, zwei Jahren, wenn's richtig losgeht hier, auf sein altes Recht pochen. Marias Bar, bis vor einigen Jahren Institution des Tales, *die* Attraktion, hat inzwischen ein wenig abgegeben an andere Plätze.

■ **Cuadra-Bar**, Borbalan: Ein paar Meter zurückversetzt von der Strasse Calera-Vueltas (vgl. Karte). In der Sommersaison bei den spanischen Gästen sehr beliebt, dann ist's hier meistens drinnen und draussen bumsvoll. In der «deutschen» Saison allerdings Stiefkind der Szene, die gedrängte Stehkneipenatmosphäre – so wie von zuhause gewohnt – vorzieht. Schade, wo doch der Garten der Cuadra einer der schönsten Plätze zum abends Sitzen wäre.

■ **Mago-Bar**, Vueltas, am Meer. Ruhiger Ort am Nachmittag für einen Drink. Ab 18h besetzen Vueltas Gäste mit Kind und Kegel die Stühle vor der Bar: Essenszeit. Viele von ihnen bleiben bis spät abends sitzen. Ca. um 22h wird der Sound hochgedreht, Leiber drängen sich und die heisseste (Tanz-)Szene des Tals brodelt: ein Muss für Nachtschwärmer.

■ **Cacatua-Bar**, Vueltas: Öffnet erst am Abend, in letzter Zeit zieht das Lokal nicht mehr viel Volk an.

■ **Factoria**, La Playa, nur abends geöffnet. Die «typischen» Gäste sind jetzt in den Bodegón gegenüber gezogen, von wo sie oft am Ende der Nacht zurückkehren, weil die «Fabrik» einfach länger geöffnet hat. An deren Tischen ist es sogar möglich, sich zu unterhalten, die Bar ist nur in einer Reihe besetzt, manch einer wagt sogar ein Spielchen. Seit es im Bodegón immer (deutsch-) cooler wird, ziehen sich die jüngeren Einheimischen hierhin zurück. Die Besatzung fördert dies mit südamerikanischen Klängen, und es gibt wieder Tage, die in Bauch und Beinen beim Samba und Calypso ausklingen.

■ **El Bodegón**, auch «El Dorado» genannt, La Playa. Für die einen die Pestbeule, für andere «der» Ort schlechthin im Valle. Neue Nachtkneipe nach deutschem Muster: Drinnen die lange Bar, ein paar Tische, draussen die Talk-Terrasse, noch weiter draussen auf der Strasse die Mauersitzer, unter ihnen auch Lichtscheue mit den bekannten Business-Gebaren. Denn drinnen sind die Joints nicht gern gesehen, obwohl ja in Spanien der Konsum nicht unter Strafe steht. Aber auch an der Theke wird heftig konsumiert (populärster long drink «tequila sunrise», 150 Pst.). Wenn die Musik «einfährt», stehen die paar Lokkeren schon mal auf und tanzen – aber sie sind Ausnahmen.

## Verschiedenes

■ **Automiete:** 1985 gab es schon vier Anbieter im Tal, 1983 musste man die Ausleihe noch in San Sebastián tätigen – auch ein Anzeichen für den Wandel in der Besucherstruktur.

Als Preisregel für einen Kleinwagen gelten um die 2000 Ptas. pro Tag zuzüglich 400 Ptas. Kaskoversicherung (im Schadenfall muss der Mieter trotzdem die ersten 25'000 Ptas. selbst tragen). Bei längerer Mietdauer gewähren die Firmen Nachlass. Die beiden Unternehmen mit Filiale je im Valle und in San Sebastián bieten zudem den Vorteil der wahlweisen Rückgabe an einem der Orte.

Für Trips, die über Pisten ohne Asphalt führen, muss unbedingt auf gute Reifenqualität geachtet und die Funktionstüchtigkeit des Ersatzrades geprüft werden. Am besten nicht erwähnen, dass die Fahrt ins Gelände gehen soll. Der Vermieter wälzt dann Schäden garantiert ab bzw. kontrolliert bei der Rückgabe das Auto penibel.

■ **Autos Pinero**, Camelo Pinero Darias, in Vueltas an der Carretera al Puerto; Tel. 80 53 97, in San Sebastián direkt an der Mole, Avda. Fred Olsen, 17; Tel. 87 00 55. Öffnungszeiten hier bei Ankunft/Abfahrt der Ferry Gomera. Ein weiteres Büro besteht noch am Calle Ruiz de Padrón, 12, Tel. 87 01 36. Bei dieser Firma sind die Seat-Modelle am günstigsten.

■ **Autos Cabello**, in Calera-Playa c/o Apartamentos Rudolfo, Tel. 80 51 95, in San Sebastián, Calle Ruiz de Padrón, 12; Tel. 87 01 23. Die gut gewarteten Opel-Kadetts liegen mit 2300 Ptas. an der oberen Preisgrenze für Kleinwagen.

■ **Autos El Carmen**, Gerardo Correa, direkt am Hafen von Vueltas, Tel. 80 54 80. Neue Firma, die in den Markt hineinkommen will und deshalb noch flexibel in der Preisgestaltung bleibt.

■ **Medizinische Versorgung:** Die *farmacía* von Pinero Correa liegt an der Carretera General, 9; Tel. 80 51 58. Ein Arzt in Calera neben dem Cine (Sprechstunden morgens) und einer in Yuremar-Haus von Vueltas. Komplizierteres als kleine Wehwehchen macht auch der Polikklink in San Sebastián Kopfzerbrechen: dann «up and away» oder ins Hospital von Santa Cruz auf Teneriffa.

■ **Behörden:** Das *ayuntamiento* (Bürgermeisteramt) liegt an der Hauptstrasse direkt vor der neuen Casa Cultura. Unter dem Tel. 80 50 00 ist auch die *Policía Municipal und die Guardia Civil* zu erreichen. Die letztgenannte Ordnungstruppe verteidigt noch ihren einstigen Ruf: Respekt ist angezeigt.

■ **Pesetas:** In Calera gibt's zwei Wechselstellen. Bei der *Caja de Ahorros y Monte de Piedad de Santa Cruz de Tenerife* – so der vollständige Name – dauert es manchmal arg lange, bis die Reihe an einem ist. Dafür ziehen sie hier von der Bruttosumme auch weniger für ihre Dienste ab. Ein paar Schritte weiter hinauf in der Filiale der *Banco de Santander* beträgt die offizielle Einheitskommission sogar nur 200 Ptas. Warum sie hier dann meistens doch auf einen geringeren Auszahlbetrag kommen als in der Sparkasse – wer sieht schon in einen Computer hinein?

■ **Tips für Yachties:** Der Hafen von Vueltas wird fernverwaltet von der *Commandancia de Marina* in San Sebastián. Ihr *jefe* schaut in unregelmässigen Abständen vorbei, z.B. bei Beschwerden der Fischer. Denn eigentlich ist die Mole für deren Kutter reserviert. Wenn allerdings der Andrang nicht sehr gross ist, können sich ankommende Freizeit-Kapitäne (ohne Liegegebühr) mit den Einheimischen arrangieren.

Bei Skippern im ganzen Archipel inzwischen berühmt ist der junge *Gregorio Chinea*, der als Schiffmotorendoktor eine ganze grosse Nummer ist.

■ **Bücher:** Entweder bei *Mrs. True* second hand oder druckfrisch zwischen Wolle und Magazinen in der *Librería Dominguez:* Der Laden ist das Hobby von Estabáns schöner Tochter im Parterre des Apartment-Hauses (vgl. Karte).

■ **El Fotógrafo:** Ausgezeichnete Fotos, die auch als Ansichtskarten verschickt werden können, im Laden des hier lebenden deutschen Fotografen *Thomas K. Müller.* Von ihm stammen auch die Bilder des ansprechenden Gomera-Bandes, der endlich erschienen ist. Daneben Karten, Reisebücher, viel Filmmaterial und ein Foto-Schnellservice im Angebot. Der Shop ist auf der Insel eine einzigartige Institution, vielleicht sogar auf dem ganzen Archipel – jeder Valle-Besucher kommt hier einmal vorbei.

■ **Wanderrouten:** Vgl. dazu Literaturliste Seite 11. Wer nicht gleich zum Dauerwanderer werden will, für den lohnt sich weiteres Papiergewicht in Form eines Wanderbuchs nicht: Der Foto-Laden hilft mit fotokopierten Routen. Auch nur mit einer guten Karte ausgestattet sind die meisten Ziele unproblematisch anzusteuern, die perfekte Markierung der Wege wirkt manchmal schon preussich-aufdringlich. Wann kommen die ersten Ampeln an unübersichtlichen Passagen?

■ **Trip nach Los Organos:** Eine Möglichkeit bieten die Geschäftstüchtigen von der Oficina Información in Borbalan, die einen Fischer aus Vueltas beauftragen. Leider ist der einmal Angemeldete durch die Vorausszahlung der 2000 Ptas. Teilnehmergebühr gebunden. Das hat bei schlechtem Wetter morgens den Nachteil, dass das frühe Aufstehen unbelohnt bleibt: Der Fischer ist ein Sicherheitsfanatiker und geht nur bei ruhiger See hinaus. Wer an drei Morgen hintereinander ein langes Gesicht zieht, dem kann das kleine Naturwunder an der Nordwestküste den Buckel herunterrutschen.

In Bezug auf den Termin (nicht unbedingt auf die Sicherheit) kalkulierbarer sind die Yachtbesitzer, die sich ein Zubrot verdienen, indem sie per Anschlag eine Fahrt anbieten. Sie gehen oft auch bei harten Bedingungen hinaus, um den Batzen ja nicht zu verlieren. Dann in jedem Fall darauf achten, ob Schiff oder Schiffer nach Alkohol stinken und falls ja: abwinken. Denn die See vor Los Organos kann tückisch werden. Die vier bis fünf Stunden für Hin- und Rückweg können besonders für Seeuntüchtige zur argen Strapaze werden. Gelbe und grüne Gesichter auf wackeligen Beinen nachmittags in der Mago-Bar: für Kenner und Voyeure eine Lust, sie zu begutachten. Ergo sollten sensible Naturen diesen Ausflug wirklich nur bei optimalen Bedingungen wagen. Als Alternative zum Schiffstörn bietet sich eine Tour per pedes (vgl. Seite 83) an. Und im Kapitel «Vallehermoso» ist nachzulesen, wie bei günstigem Wetter dort ein Boot zu chartern ist.

## In der Nähe

■ **Arure:** Heute leben in dem Dorf kaum mehr als tausend Menschen, vor der Conquista – so wird vermutet – war hier eins der Inselzentren. Arure liegt am Ende des gleichnamigen Barrancos, das aus dem Barranco Valle Gran Rey abzweigt (Wanderweg hinauf). Hier auf ca. 800 Meter Höhe besteht kein Mangel an Nass, sogar eine kleine Talsperre sammelt das Oberflächenwasser: rege Landwirtschaft auf roten, fruchtbaren Böden.

Haltepunkte? Vielleicht die *Bar Conchita*, der *Viadukt* (als «Klick-

Klick-Mirador» ausgeschildert), bei dem die Fremden den Ausblick auf Meer und den Caserio *Tagaluche* auf ihre Filme lassen. Erwähnenswert noch die kleine Ermita, und dass der Bus aus dem Valle hier der Strasse nach Chipude folgt, die Strasse nach Vallehermoso dagegen nicht bedient.

Privatunterkünfte sind zu finden, während des Winterhalbjahrs allerdings lauert ringsum die Grippe im Nebel und kaltem Wind.

■ **Las Hayas:** Caserio mit intensiver Landwirtschaft zwei Kilometer von Arure gelegen. Eukalyptusbäume zeigen hohe Luftfeuchtigkeit an, ein starker Fallwind fegt im Winter Richtung Valle Gran Rey. Die *Bar La Montaña* am westlichen Ortseingang verfügt über einen oasenhaften Garten, vielleicht auch einmal wieder über Fremdenzimmer, wenn nicht mehr renoviert wird. Die Küche bleibt im üblichen Inselrahmen, *miel de la palma* zum Mitnehmen kostet 500 Ptas. der Liter.

■ **Chipude:** Diese Ortsbezeichnung ist missverständlich, der Name wird heute auf den meisten Karten nicht mehr aufgeführt, schon gar nicht existiert er auf einem Ortsschild. Früher war der Name Sammelbezeichnung für eins der damals bedeutenden Inselzentren – die grosse Kirche in *Temocodá* weist auf die ehemalige Bedeutung hin. Heute wird der Name Chipude manchmal noch für die Siedlung Temocdá benutzt - wie in *El Cercado* stehen hier die meisten Häuser verlassen. Das Töpfern ohne Scheibe ist nicht mitgeflüchtet, weil eine alte Frau die alte Tradition fortsetzte, trotzdem auch hier die praktischen modernen Materialien einzogen und die Guanchen-Tonwaren nur noch hinterwälderisch nach Steinzeit rochen. Die *Artesania Guadalupe* blieb einige Jahre Geheimtip für Eingeweihte. Als dann die neue Strasse durch El Cercado direkt vor die Tür führte, eröffnete nebenan ein zweiter Laden: Vorbei die Zeit, in denen der Fremde in den kleinen Werkstätten herumschnüffeln durfte. Auf der Strecke gebleiben, sagen Kenner, sei auch die Authentizität und die handwerkliche Perfektion der Stücke. Heute lehnt das weibliche Personal dekorativ in Türen, tagsüber und besonders gegen Abend verstopfen die parkenden Mietwagen und neuerdings sogar Ausflugsbusse die Strasse. *Chipude-Töpferei* ist inzwischen «absolutes Muss» für den Gomera-Gast – die Wildnis-Ware wird nicht nur in Chipude, sondern auch in San Sebastián und Hermigua (Los Telares) feilgeboten, überall zu inzwischen happigen Preisen.

In den Bars gegenüber der Kirche vermittelt man einfache Fremdenzimmer, die meistens nur für eine Nacht von Rund-Wanderern oder Einheimischen «auf Montage» genutzt werden.

Eine die ganze Landschaft südöstlich von Temocodá prägende Vulkanfüllung, die der Erosion bislang widerstand, hat in vorspanischer Zeit die alten Canarios angezogen, nahe bei den Göttern zu siedeln: Man findet heute an den Wänden noch Überreste der alten Steinhütten. Über 1200 Meter hoch fordert die Festung *(Fortaleza)* von Besteigern (Markierung durch rote Farbe) bei nassem Fels viel Aufmerksamkeit. Bei Sonnenschein dauert der eigentliche Aufstieg ab Stromstation ca. eine Stunde.

■ **La Dama/La Rajita:** Ob die Gottheiten in der *Fortaleza* noch lange dem Wasserstreit zwischen den südlich un-

▶ *Fortaleza de Chipude*

ter dem Berg lebenden *labradores* und *campesinos* und den *terratenietes* von La Dama unbeteiligt zuschauen? Vielleicht haben die Financiers auch selbst ein mulmiges Gefühl, wenn sie einen Grossteil des Wassers abzweigen – so sagt man –, um es ins Defizitgeschäft «plátanos» hineinzupumpen. Jedenfalls hat man vorsorglich eine Aktiengesellschaft gegründet, die La Dama SA. Die serpentinenreiche Strasse hinunter zum Fabrikbau (davor ein Steinstrand) lädt in ihrem Zustand nicht gerade zum Befahren ein.

# El Hierro

In ein paar Stunden den Zeitraum von einigen Millionen Jahren überschreiten, sich bewegen durch Landschaften, die von der Zeitdimension erzählen: Wandernd Wandeln, das ist die grosse Faszination auf dieser kleinsten aller Canarias. Vor wenigen tausend Jahren brachen die Vulkane aus, welche die sperrigen Lavafelder an den Küsten produzierten. Einige Kilometer weiter hoch im Bergland liegen die alten, bis auf eine Zeit von mehreren Millionen Jahren zurückgehenden Erddecken frei. Der Übergang von einer Erde zur anderen wäre – auf vulkanischem Grund – an sich nichts Besonderes. Auf El Hierro kann man sich aber seiner Wirkung nicht entziehen, denn überall liegt offen, wie die Zeitdimension Erde verändert. Wer zum Beispiel die Lavastränge von *Los Letreros* hinaufklettert – sie stammen von einem Vulkan aus der Passatzone, der vor einigen tausend Jahren ausbrach –, den begleitet die fortschreitende Verwandlung von Stein zu Erde. Was an der Küste noch festes, glattes Ergussgestein ist, so frisch, als wäre es gestern erst erkaltet, bricht auf ein paar hundert Meter Höhe schon auseinander. In Reichweite der Passatwolken dann beginnen die Brocken in bröselige Erde zu zerfallen: Das Element Wasser «arbeitet» mit zunehmender Höhe mehr und mehr.

Unvermittelter als in den Feuerbergen von Lanzarote geben die Lavafelder des Süd- und Westteils der Insel einen Eindruck von Unsicherheit des Bodens, denn dieser hat sich jeder Organisation durch Menschenhand entzogen. So wirkt er wie eine verletzliche Kruste. Wer sie überquert, fühlt sich allein, ausgesetzt, sucht in ihrer hermetischen Unordnung vergeblich Halt.

Nicht kalkulierbar sind auch die satten *Lorbeer- und Kiefernwälder*, die den Saum der grossen *caldera* bedekken, deren nordwestliche Hälfte im Meer versank. Denn entweder dämpfen die Wolkenbänder alle Farben, oder die Sonne scheint einmal durch, und dann protzt der alte Wald fast schon vulgär mit unheimlich süffigem Grün. Kaum zu glauben, dass nebenan auf den niedlichen Aschekegeln vorgeführt wird, wie dieses Dickicht einmal begonnen hat: Die (relativ) jungen Ausbrüche sind betupft mit zarten Grünsprenkeln, die sich aus der Nähe betrachtet als winzige Feigenbäume, Erika- und Moosbewuchs, ein paar Grashalme oder auch nur als Flechtenfleck herausstellen. Sie alle haben sich in die Asche eingeschlichen, probieren aus, ob das zerfallende Mineral schon genug zum Leben bietet.

Die *vertikale geografische Ordnung* bestimmt auch das Erwerbsleben von El Hierro. In den Grund der Golfregion sind grosse Brunnen getrieben worden. Im Gegensatz zur Küstenregion des Südens und Westens, wo Bodenbeschaffenheit und Trockenheit kaum einen Anbau zulassen, prosperiert die Landwirtschaft von El Golfo durch die künstliche Bewässerung: Ein Fincagürtel mit u.a. vielen subtropischen fruchttragenden Bäumen durchzieht das Tal (vgl. auch die Seiten

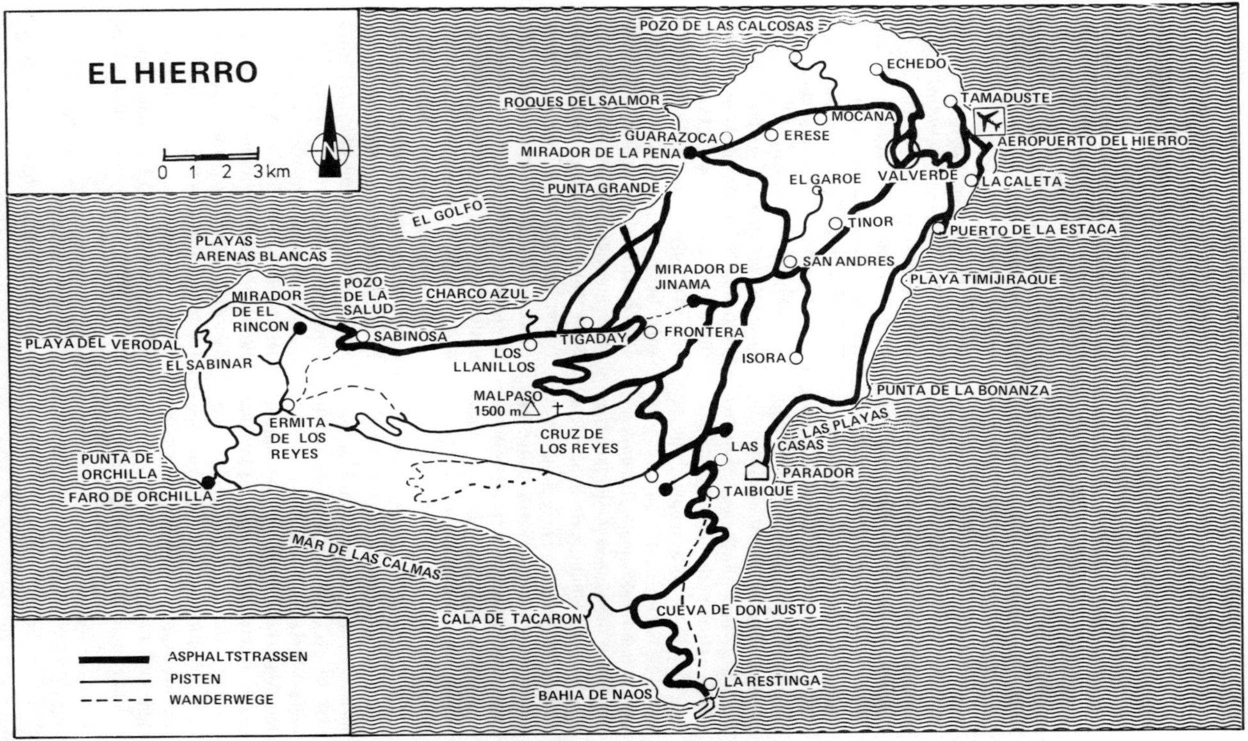
EL HIERRO
N
0 1 2 3 km
POZO DE LAS CALCOSAS
ECHEDO
TAMADUSTE
ROQUES DEL SALMOR
MOCANA
GUARAZOCA
ERESE
AEROPUERTO DEL HIERRO
MIRADOR DE LA PENA
VALVERDE
EL GAROE
LA CALETA
PUNTA GRANDE
EL GOLFO
TINOR
PUERTO DE LA ESTACA
PLAYAS
ARENAS BLANCAS
SAN ANDRES
MIRADOR DE
JINAMA
PLAYA TIMIJIRAQUE
POZO
DE LA
SALUD
MIRADOR
DE EL
RINCON
CHARCO AZUL
FRONTERA
TIGADAY
SABINOSA
PLAYA DEL VERODAL
LOS
LLANILLOS
ISORA
EL SABINAR
MALPASO
1500 m
PUNTA DE LA BONANZA
ERMITA
DE LOS
REYES
CRUZ DE
LOS REYES
LAS PLAYAS
LAS
CASAS
PUNTA DE
ORCHILLA
PARADOR
FARO DE ORCHILLA
TAIBIQUE
MAR DE LAS CALMAS
CALA DE TACARON
CUEVA DE DON JUSTO
ASPHALTSTRASSEN
PISTEN
WANDERWEGE
LA RESTINGA
BAHIA DE NAOS

155ff.). Dort, wo die *Passatfeuchtigkeit* genutzt werden kann, im einige hundert Meter hohen Inselnorden und auf den *mesetas* zwischen *San Andrés* und *El Pinar*, bilden Feigen-, Obst- und Gemüsekulturen sowie eine stattliche Viehhaltung (hauptsächlich Ziegen und Kühe) Grundlage zu einer bescheidenen Wohlhabenheit. Der Caldera-Rand mit seinen aufgeworfenen Sekundärkratern (einer davon ist der *Malpaso*, die mit 1500 Metern höchste Inselerhebung) dagegen bietet den Einwohnern nicht viel: Hier besteht lediglich ein bisschen Forstwirtschaft.

Knapp 6000 Menschen wohnen ständig auf El Hierro – der Grossteil der gebürtigen Herreños lebt in Südamerika oder in den Vorstädten von Santa Cruz und Las Palmas. Die *Emigration*, eine Folge der wirtschaftlichen Not in der Vergangenheit, ist eine der tagtäglichen Realitäten, denen jeder auf der Insel begegnet: Kaum ein Mann, der nicht schon einige Jahre auf dem anderen Kontinent arbeitete, selten eine Bar, in der nicht irgendetwas – und sei es (nur) das Porträt Fidel Castros – an Südamerika erinnert: In jedem Ort auch sogenannte *Venezuela-Witwen*, deren Männer nicht wiederkommen.

Die Insel ist die kleinste aller Canarias, zugleich die westlichste. *Ptolemäus* legte in seinem Atlaswerk den Nullmeridian durch Hierros *Punta Orchilla*. Weiter westlich gab es im Altertum keine Welt mehr, nur eine grosse Leere. Die Randlage und die Unsicherheit, die der Inselboden abstrahlt, erklärt vielleicht auch die Annahme, dass der Name «Hierro» ursprünglich «hart wie Fels» bedeutet haben soll: Das klingt wie eine Beschwörung …

## Von der Conquista ins 20. Jahrhundert

Wie die anderen Canarias machte El Hierro schon vor dem eigentlichen Eroberungsjahrhundert (dem 15.) Bekanntschaft mit fremden Expeditionen. Praktisch alle seefahrenden Nationen schauten einmal vorbei und sammelten Menschenmaterial für die Sklavenmärkte. Die Einwohner zogen sich misstrauisch geworden in die Berge zurück. Aus dieser Entwicklung resultiert, dass die gut ausgerüsteten Konquistadoren im folgenden fast hundert Jahre zur «Befriedung» der Ureinwohner brauchten.

Es begann damit, dass *Gadifer de la Salle*, der Partner des *Jean de Béthencourt* bei der Eroberung Lanzarotes und Fuerteventuras, 1403 ein paar Tage El Hierro musterte, aber ausser der Mitnahme von ein paar Sklaven keinen weiteren Schaden anrichtete. Béthencourt, der inzwischen La Salle ausbootete, landete 1405 in *Puerto Naos* an der Südküste der Insel. Die geschützte Bucht, die *Cala Taracón*, stellte damals den günstigsten Ankerplatz – auch *Kolumbus* weilte hier vor seiner zweiten Amerika-Fahrt 1493. Die Chronisten berichten, dass der Normanne den damaligen Inselkönig mit falschen Versprechungen zu einem Treffen veranlasste und dann die friedliche Hierro-Delegation gefangen nahm. Darauf fanden sich mehr als hundert Herreños entweder als Soldaten Béthencourts oder auf den Märkten Nordafrikas und auf der Halbinsel wieder. Zusammen mit Gomera erwarb der *Peraza-Clan* dann auch Hierro – bis heute verläuft die Ent-

▶
*Blick vom Bergland hinunter Richtung Ozean: Die Passatwolken lösen sich an der Küste auf*

wicklung Hierros simultan zur Nachbarinsel bzw. in deren Schlepptau.

Erst Ende des 15. Jahrhunderts war die Eingliederung beendet: Familien von der Halbinsel hielten die fruchtbaren Böden, das letzte Widerstandsnest in den Bergen war ausgeräumt. Wie auf Gomera schnitt der *Señorio-Status* (vgl. entsprechendes Kapitel dort) auch Hierro von der Aussenwelt ab und hielt die Feudalstrukturen lange aufrecht. Allerdings bestehen seit den letzten Jahrzehnten auch signifikante Unterschiede zwischen beiden Inseln. Denn der schwierige Wasserhaushalt liess die ökonomischen Krisen auf Hierro stärker durchschlagen – die Emigration vor allem nach Süd- und Mittelamerika dünnte die Bevölkerung stark aus. Ein Zahlenbeispiel dazu: Die Einwohnerzahl ist heute mit etwas mehr als 6000 gleich hoch wie um die Jahrhundertwende, war aber z.B. vor dem 2. Weltkrieg doppelt so hoch. Als Folge davon wurde der Betrieb der grossen Fincas eingestellt. Ohne Bewässerung verkam das Land. Vor ein paar Jahren stiegen vor allem Palmeros und Herreños, die in Südamerika zu Geld gekommen waren, ein und erwarben zu Spottpreisen grosse Ländereien, vornehmlich in der El Golfo-Region. Mit modernen Baumaschinen räumten das die *malpaís*, welche vorher hauptsächlich im Trockenfeldbau bewirtschaftet wurde, legten darauf schichtweise Erde, die aus dem Bergland herantransportiert wurde. Gleichzeitig durchlöcherte man den Boden mit zahlreichen Tiefbrunnen: Weitläufige Bananenfincas entstanden so aus dem Nichts. Und als vor wenigen Jahren der Bananenabsatz problematisch wurde, waren die flexiblen Unternehmer von El Golfo die ersten, die mit Unterstützung des Ayuntamientos von Frontera auf Ananas setzten. Unterdessen können hier die ersten Grosspflanzungen mit dieser Frucht bestaunt werden - eine zukunftsträchtige Innovation auf dem ganzen Archipel.

In der Fischerei, die in La Restinga ihre Hauptbasis hat, konnte sich solcher unternehmerischer Geist nicht durchsetzen. An der alten kleinen Mole wurde früher der Fang in die Schiffe des Grossreeders Olsen umgeladen, der das Abnahmemonopol besass.

Ein findiger Deutscher baute das erste Kühlhaus und diktierte fortan die Preise. Als dann vor einigen Jahren die heutige, moderne Mole fertig war, rollten die Kühlwagen einer Grosshandelsfirma aus Teneriffa an, um den Grossteil der Beute einzufrieren. In dieser Konstellation entstand eine Flotte mit wenigen Hochseekuttern und vielen kleinen Booten, deren Hauptfanggebiete entlang der Südküste liegen – der Ertrag ist zu klein, um eine eigenständige Fischverwertung aufzubauen.

Die politischen Verhältnisse widerspiegeln auch heute noch die Abgeschiedenheit Hierros. Sie sind konservativ und unauffällig. Bürgerkrieg und Franco-Ära machten das Eiland ähnlich wie Fuerteventura zu einem Verbannungssort, wo unbequeme Geister «beruhigt» werden konnten. Einige dissidente Militärs sprangen allerdings nach Südamerika ab, um ihre Kenntnisse dort zu verwerten. Auch der ehemalige Kulturminister der ersten Nach-Franco-Regierung hatte einen kleinen Zwangsaufenthalt auf Hierro. Doch seit den letzten Jahren bekommen die alten Machtstrukturen einige Risse. Mit Hilfe der roten Hochburg El Pinar erreichte im Ayuntamiento von Frontera ein sozialistischer Bürgermeister das Stimmenmehr. Seitdem geht es in diesem Verwaltungsbezirk aufwärts, denn die Zentralregierung unterstützt die Genossen bei den ehrgeizigen Projekten, so zum Beispiel bei der Entwicklung der Infrastruktur für den Ananasanbau, dem Bau des neuen Badehauses in El Sabinar und der Ziegenmilchverwertung in El Pinar. Zusätzlich wird die El Golfo-Region zukünftig der Entwicklung des Tourismus unterstützt, und nicht mehr die Bucht Las Playas, die zum anderen politischen Einflussbereich, dem von Valverde, gehört. Da können der UCD-Senator und der Cabildo-Chef lange klagen – El Hierro ist von staatlichen Subventionen extrem abhängig. Und die in Madrid am Geldsäckel sitzen, helfen nun einmal zuerst ihren Freunden.

## Fremdenverkehr

Dieses moderne Freizeitverhalten – so könnte man meinen – haben die Inselverantwortlichen in der Vergangenheit mit einem kräftigen «ohne uns» abgetan. Denn zumindest bis vor einigen Jahren, als die Touristikindustrie auf den anderen Canarias schon längst boomte, war kein Bett für den an einen Mindestkomfort gewohnten Mitteleuropäer gemacht, lediglich einige spartanische für Männer, die in den Hauptorten etwas zu erledigen hatten. Auch der erste grössere Bau für die Beherbergung von Gästen, das staatliche *Parador-Hotel*, entstand nicht aus konkreter touristischer Nachfrage, sondern als staatliche Entwicklungshilfe.

Vor (im Winterhalbjahr) stürmischer See, inmitten desolater Umgebung steht das Hotel häufig mauseleer. Im gleichen Atemzug legte man auf der Insel ein paar neue Pisten an, putzte einige Aussichtspunkte *(miradores)* heraus, förderte ein kleines Museum. Neuerdings besinnt man sich auch noch auf die radioaktiven *Heilquellen* bei *Sabinosa*, die bisher nur von wenigen Eingeweihten geschätzt wurden. Mit Hilfe des neuen grossklotzigen Badehauses soll zum Ruhm Hierros beigetragen werden.

Ein Tourismuskonzept ist aus allem nicht zu erkennen, höchstens ein mehr oder weniger starkes Alibi für Madrids Subventionsmilliarden. Dem Individualreisenden, der Hierro besucht, kann das nur recht sein, wird ihm doch immer noch als Gast begegnet. Gute Zimmer mit Komfort bietet auch das 1983 eröffnete *Hotel Boomerang* von Valverde, das sich am besten als Basiscamp für Streifzüge durch den Nordteil der Insel eignet. Apartments und Zimmer, die als «eingerichtet» gelten können, existieren noch in *La Restinga* sowie in der *Golfo-Region*. Einfachste Pensionszimmer sind dagegen in allen Ortschaften aufzutreiben.

Die Benutzung eines Taxis oder des Mietautos kann auf Hierro zur Notwendigkeit werden, besonders für den, der in beschränkter Zeit möglichst viel entdecken will. Die direkteste Art, in Kontakt zu den Einheimischen zu reisen, ist allerdings die per Bus oder per pedes.

Ein Restaurant mit Gerichten aus «kontinental-spanischer Küche» gibt es nur im Parador. Manchen nervt das

Einerlei aus Fisch und Fleisch, das meistens auch noch phantasielos zubereitet wird. Häufiger als auf den anderen Canarias simmern in den einheimischen Töpfen aber noch so traditionelle (und karge) Gerichte wie *gofio* und *papas arrugadas.* Wer in den Lokalen extra danach fragt (und das ist sehr zu empfehlen!), wird manche Köchin stolz machen, diese und andere kanarische Spezialitäten aufzutischen.

Strände kann niemand planen (der künstliche auf Teneriffa, für den viele Tonnen Saharasand herangeschifft wurden, wird ein Einzelfall bleiben). Das Klischee von «der Insel ohne Strände» ist ein Grund für das unattraktive Image Hierros als Ferienziel. Es entspricht in etwa auch der Realität, denn wo einmal ein Traumstrand auftaucht, ist die Umgebung oft drükkend leblos. Skurrile Badeplätze dagegen, davon gibt es eine ganze Anzahl. Die meisten sind aber nur im Sommer zu benutzen. Auf eine «Strandszene» muss der Fremde auch in den kleinen Sommersiedlungen der Canarios verzichten: Wenn es hoch kommt, geht es im Sommer dort familiär-gesellig zu.

## Anreise/Transport

■ Charterflüge direkt aus Mitteleuropa sind absolute Ausnahme: Grössere Maschinen als die Fokker Friendship würden erst im Barranco vor der Rollbahn zum Stillstand kommen. Eine deutsche Zeitschrift beschrieb Hierros Flugfeld unlängst als «Minigolfplatz».

■ Für die «kleinen Vögel», die von *Teneriffa-Los Rodeos* (zweimal täglich) und von *La Palma* (zweimal wöchentlich) verkehren, reicht die Landepiste gerade aus. Die Flugzeuge werden fast ausschliesslich von den Einheimischen benutzt, schon allein deshalb, weil die Ticketpreise subventioniert sind (Teneriffa-Hierro one way kostet mit knapp 3000 Ptas. weniger als auf der langsamen Fähre). Auch die Taxistrecke vom Aeropuerto bleibt mit 600 Ptas. im Rahmen – der gleiche Preis gilt für den Weg vom Hafen, der nebenan liegt.

■ Die staatliche Schifffahrtslinie *Trasmediterránea* bedient zur Zeit dreimal in der Woche Hierro ab *Santa Cruz de Tenerife* (die Tage und Abfahrtszeiten können sich von Jahr zu Jahr – meistens nur geringfügig – verschieben):

Di und Do ab um 10h, Halt in San Sebastián de la Gomera von 14h – 14.30h, Ankunft in Hierros *Puerto Estaca* ca. um 18h. Eine Stunde später geht's auf die Rückfahrt: Gomera 22.30h–23h, an Santa Cruz morgens ca. um 7h je nach Wind und Seegang. Einmal in der Woche (zur Zeit samstags) fährt ein Schiff die Route Santa Cruz–San Sebastián–El Hierro–La Palma–Santa Cruz ab. Die aktuellen Abfahrtszeiten sind im Trasmediterránea-Büro abzurufen. Das Tarifsystem der Gesellschaft ist unorthodox gestaltet: Die Tickets kosten gleich viel, egal ob man eine Teilstrecke oder eine ganze Strecke löst. Die billigste Variante *(butaca turista)* kostet 3400 Ptas., bei Nachtfahrt ist ein Kabinenbett empfehlenswert (mit Komfort ab ca. 5000 Ptas.).

Das Anlegemanöver im Puerto Estaca stellt häufig grosse Ansprüche ans Können des Kapitäns – den Hafen meiden u.a. deshalb auch die zwischen

▸
*Häuser am Puerto Estaca*

den Canarias verkehrenden Kreuzfahrtschiffe. Eine Buslinie vom Hafen hinauf nach Valverde besteht nicht. Wem alle Taxis vor der Nase weggeschnappt sind, kann eins im Hafenbüro oder in einer der beiden Bars telefonisch bestellen (Tel. 55 07 29); der Tarif in die Inselhauptstadt beträgt 600 Ptas.

■ «Verkehrsknotenpunkt», der Name ist ein bisschen grossspurig, der Insel ist Valverde, präziser gesagt der Platz vor der *Sociedad Cooperativa de Trasportes de viajeros del Hierro*, die an der Calle San Francisco, 1, residiert. Von hier starten die Linienbusse der Gesellschaft, ihre Taxis, hier ist auch der Mietwagen abzuholen. Das Preisverhältnis zwischen dem Bus- und Taxikilometer beträgt eins zu zehn bei einem momentanen Ansatz von 2,5 Ptas. für den Bus. Beispiele für Taxitarife siehe «Box».

■ **Busverbindungen:** Täglich ausser sonn- und feiertags nach *La Frontera* via *San Andres*, nach *El Pinar, Isora* und nach *Guarazoca* im Norden. Von/nach La Restinga besteht zur Zeit nur eine Verbindung donnerstags. Die Abfahrtszeiten folgen der groben Regel, nach der der Bus, der von der Peripherie kommt, um ca. 9h (zu Schulbeginn) in Valverde einfährt und den Ort um die Mittagszeit wieder verlässt. Zur Zeit der Drucklegung gelten folgende Zeiten: ab Tigaday/Frontera um 6.40h/7h, zurück um 12h, ab Isora sowie ab El Pinar/Taibique jeweils um 8h, zurück um 12h, ab Guarazoca 8.15h, retour 12.30h. Morgens ist es ratsam, ca. eine viertel Stunde vor der Abfahrtszeit am Bushalt zu erscheinen – die Fahrer sind manchmal überpünktlich. Wer als einzig Wartender dem Fahrer winkt, und der Bus dann trotzdem vorbeifährt, braucht nicht unbedingt zu verzagen: Es ist möglich, dass es der (zusätzliche) Schulbus war, der reguläre dann ein paar Minuten später folgt.

Wer von Valverde einen Fahrschein nach La Restinga oder nach Sabinosa gelöst hat, muss sich nicht wundern, wenn für den Bus schon in El Pinar bzw. in Tigaday Endstation ist. Die Fahrt geht dann (ohne Aufpreis) weiter – aber per Sammeltaxi, das für eine Handvoll Personen der Busgesellschaft günstiger kommt.

■ Das System , die Busse nur in der ersten Tageshälfte einzusetzen, schützt die *Taxifahrer*, die ab Mittag das Tranportmonopol halten. Wer seine Geschäfte/Besorgungen nicht zu normalen Bürozeiten am Morgen erledigen will, muss halt draufzahlen.

Will der Fremde ganz solo fahren, kann er bei der Cooperativa auch einen *coche sin chofér* buchen – zu den Mietautos vgl. auch die gesonderten Bemerkungen auf Seite 149.

■ **Strassenverhältnisse:** Mit Autos befahrbar sind neben den asphaltierten Hauptstrecken (von Valverde zum Flugplatz, zum Hafen, nach Guarazoca im Norden, nach Sabinosa via San Andrés, Frontera, nach La Restinga via Taibique) steinige und sandige Pisten, deren Belagsqualität allerdings die Fahrtgeschwindigkeit angepasst werden sollte, sonst steht ein Reifenwechsel auf dem Ferienprogramm. Vorsicht auch auf den Asphaltstrassen bei Dunkelheit bzw. im Nebel, besonders auch in den Wolken des Hochlands. Neben der Strasse geht es oftmals ein paar hundert Meter ins Tal, die Haarnadelkurven verlangen absolute Aufmerksamkeit bei einer Sichtweite von oftmals nur zwanzig Metern; nachts ein Stress allemal.

■ **Autostopp:** Ca. 1000 Autos sind auf der Insel registriert, meistens Lastwagen, Kombis und geländegängige Fahrzeuge. Obwohl dies statistisch eine relativ hohe Verkehrsdichte bedeutet, herrscht nur auf den wenigen Hauptrouten ein regelmässiger Verkehr.

Sogar bei Wanderern, die nur freundlich winken wollen, wird prompt angehalten und zur Mitfahrt eingeladen. Autostopp ist hier für Einheimische und Fremde schlichtes Zeichen der Solidarität, des Teilens. Das sollten sich unbedingt auch die Mietwagenfahrer hinter die Ohren schreiben. Und auch einmal als «heimliches Geschenk» den (Um-)Weg zum Ziel des Mitfahrers nehmen.

## Taxipreise

| | |
|---|---|
| Flughafen–Valverde, 20 km | 600 Ptas. |
| Hafen–Valverde, 22 km . . | 600 Ptas. |
| Valverde–Frontera, 60 km | 1500 Ptas. |
| Valverde–Punta Grande, 66 km . . . . . . . . . . . | 1700 Ptas. |
| Valverde–Sabinosa, 80 km | 2000 Ptas. |
| Valverde–Taibique, 40 km . . . . . . . . . . . | 1000 Ptas. |
| Valverde–La Restinga, 70 km . . . . . . . . . . . | 1700 Ptas. |
| Hafen-Parador, 13 km . . . | 600 Ptas. |

(Aktuelle Liste bei *Sociedad Cooperativa de Transportes,* San Francisco, 1, Valverde; Tel: 55 07 29). Buspreise ca. 1/10 von den Taxipreisen.

# Valverde

Vor 1405 als Siedlung *Amoco* notiert ist der Ort seit dem Einzug des Eroberers Jean de Béthencourt Verwaltungszentrum der Insel (heute mit der Inselregierung *Cabildo Insular,* dem Sitz des Regierungsbeauftragten, des Gerichts, Krankenhauses, Gymnasiums etc.). Knapp 2000 Menschen wohnen im zentralen Ortsteil um die 600 Meter hoch: «Balkon über dem Meer». Das bedeutet auch, dass hier die Passatzone beginnt: Über's ganze Jahr kann's neblig-nass durch die Gassen ziehen. Hat der subtropische Temperaturen erwartende Gast endlich Pullover/Jacke hervorgekramt, findet die intensive Sonne gerade den Weg durch die Wolken: Nun kommt der Hitzeschweiss.

Die Plaza mit Kirche *Santa Maria Iglesia de la Concepción,* dem Rathaus *(ayuntamiento)* und Gericht hat den Mittelpunkt des Ortslebens abgetreten an *La Calle,* den Ortsteil um die *Calle San Francisco* herum: Zentraler Bushalt, Taxistandplatz, Post, Läden, Iberia- und Trasmediterránea-Büro, Inselmuseum, Bars, die ganze Szene. Hier ist auch meistens *don José Padrón Machin,* ein kleiner, stets südamerikanisch-elegant gekleideter Herr mit eingefetteten langen, grauen Haaren anzutreffen. Als Hierros Chronist wird er allseits verehrt.

## Unterkunft

Wie es sich für eine Hauptstadt gehört, bietet Valverde die meisten Unterkünfte der Insel an. Der Ort eignet sich als Basiscamp für Trips bzw. Wanderungen ins Hochland und in den Inselnorden. Als Ferienort für einen längeren Aufenthalt ist Valverde aber nicht empfehlenswert – neben der fehlenden Abwechslung drücken auch noch die Einflüsse der Passatzone auf das Gemüt (und die Atemwege). Deshalb sind die meisten Fremden tagsüber aktiv im Gelände und kriechen abends früh in die Federn.

■ **Hotel Boomerang,** Calle Dr. Ghost, 1; Tel. 55 02 00. Im Besitz der Familie Padrón Armas, erst 1983 eröffnet, funktionell-kastilisch eingerichtet; am Eingang des Ortes (wenn man vom Flugplatz/Hafen kommt) steht ein Hinweisschild. 20-25 Betten in DZ und Apartments, DZ um 2500 Ptas. Bei Reservierung möglichst auf Meerblick bestehen. Beste Adresse hier für Gäste, die sauberen, bürgerlichen Komfort schätzen.

■ **Hostal de Turismo,** von den Einheimischen auch «Albergue» genannt. Calle Venezuela, s/n, Tel. 55 00 76. Vom Cabildo betrieben, d. h. die Inselregierung quartiert hier ihre Gäste ein. Ausstattung so, wie es das mittlere Beamtentum schätzt: kastilisch-unterkühlt. Im Winter 84/85 wurde renoviert. Bisher knapp 20 Betten, DZ mit Bad ca. 2000 Ptas., ohne Bad 1500 Ptas. Bar und Restaurant sind im Haus. Achtung: Häufig ausgebucht bzw. nur noch Zimmer ohne Komfort frei; telefonisch reservieren.

■ **Hostal-Residencia Sanflei,** Calle Santiago,18; Tel. 55 08 57. Um die 30 Betten, DZ knapp unter 1000 Ptas., 2-Personen-Apartments knapp darüber. Einfache Herberge für Unkomplizierte.

■ **Hostal-Residencia Casañas,** Calle San Francisco, 5, Tel. 55 02 54, an der «kleinen Meile» Valverdes gelegen. Zimmer und Apartments zur Strasse oder mit Blick aufs Meer; DZ um die 800 Ptas., Wohnungen 1000 Ptas.

■ **Pensión Padrón,** Calle Jesús Nazareno, 55, Tel. 55 01 82, nicht zu verwechseln mit der früheren Casa de Huéspedes Padrón, aus der inzwischen das Hotel Boomerang entstanden ist. Einzel- und Mehrbettzimmer, pro Bett 300–400 Ptas.

## Verpflegung

Die meisten Herbergen verfügen auch über ein Restaurant – hier zu essen ist für die Gäste am bequemsten. Selbstversorger haben es im Ortsteil La Calle nicht schwer, Lebensmittel zu besorgen: Es gibt einen Mercado und mehrere Supermärkte mit bemerkenswert niedrigen Preisen.

Zwei Lokale stechen – aus unterschiedlichen Gründen – unter der Vielzahl der Bars und Restaurants heraus:

■ **Bar Los Reyes,** El Puente, gegenüber dem Taxistand bzw. neben der Caja de Ahorros. An der langen Theke steht täglich ein jeder einmal, der laufen kann. Hier ist die Info-Börse der Insel, hier hält auch der Inselchronist *don José Padrón Machin* Hof, wenn er in Valverde ist. Die preiswerten Fisch- und Fleischgerichte werden in riesigen Portionen serviert, gross ist auch die Tapa-Auswahl.

■ **Bar-Restaurante Zabagu** an der Calle San Francisco gleich neben dem Hostal Casañas. Hier sticht die reichhaltige Speisekarte (neben den appetitlich präsentierten Tapas) hervor. Dieser Platz wird von durchreisenden Fremden bevorzugt, da es nicht so laut

▶
*In Tamaduste setzen die begüterten Canarios ihre kleinen Paläste auf die Lava*

und hektisch wie im Los Reyes zugeht und es auch nur ein Katzensprung zu den Bussen ist.

## Die Küste vor Valverde

Das Schwimmen im Atlantik östlich Valverdes ist häufig gefährlich, einzig die Felsbucht von *Tamaduste* bietet einen ganzjährigen Badeplatz ohne Strömung und Brandungsgewalten. Im Parador muss manchmal sogar der vor dem Meer liegende Swimming-Pool gemieden werden, da er von Brechern überspült wird. Ins Meer gehen dann nur noch Selbstmörder. Die Küste von Norden nach Süden:

■ **Tamaduste:** Der Ferienhausort liegt nördlich vom Flughafen zehn Kilometer von Valverde entfernt. Valverdes Wohlhabende (und solche von den anderen Canarias) haben zu Füssen eines malerischen Aschekegels ihre zum Teil grosszügigen Sommersitze auf die Lavazungen bauen lassen; jährlich kommen neue hinzu. Attraktion ist der *Charco*, eine durch vorgelagerte Riffs geschützte Bucht, die bei Ebbe fürs Planschen, bei Flut sogar zum Schwimmen geeignet ist.

Ein kleiner Betonsteg ist vorhanden, zu dem ein Weg mit einfachen Umkleidekabinen am Ende hinunterführt. Saison ist hier in der spanischen Ferienzeit im August und September. Dann herrscht auch in den beiden Bars des Orts Hochbetrieb. In der *Bar Tamaduste* – hier gibt ein imposanter Wirt den Ton an – ist jeder Sonnenuntergang ein Erlebnis. Auf der Terrasse der *Pajero-Bar*, die rechts von der Zufahrtsstrasse liegt, geniesst man u.a. vorzügliche Tapas. Damit macht die Pajero-Familie im Sommer so viele Dineros, dass sie im Winter per Jeep schon einmal nach Amsterdam rollen kann.

Im Winterhalbjahr wirkt Tamaduste verschlafen: Ein paar Einzelgänger, kleine Bautrupps, dann und wann einmal ein Immobilienhändler prägen das Bild.

■ **Caleta:** Die Siedlung ist eine kleinere Ausgabe von Tamaduste mit bescheideneren Häuschen und einem Steinstrand. Im häufig tückischen Atlantik kann eher geangelt denn gebadet werden.

■ **Tijimiraque:** Der Sommerausflugsplatz schmückt sich auch mit dem Namen «Playa», was wohl auf den bescheidenen Stein-Sand-Streifen hinweisen soll. Ein kleiner Bar-Kiosco steht zum Rasten bereit. Alles in allem bietet Hierro anderswo auch für bescheidene Gäste Besseres.

■ Wenig Freizeitwert bietet auch die mit dem grossspurigen Namen *Las Playas* bezeichnete Bucht, die vom *Roque Bonanza* bis südlich des *Paradors* reicht: Steine beherrschen das Bild bzw. ihr Klickern in der Dünung die Geräuschkulisse. Lässt der Atlantik einmal ein Streifchen Strand übrig, müssen die Bediensteten des staatlichen Hotels antreten und Fanfare blasen. Der Direktor ordert dann den Fotografen aus Valverde, der vom sturmtauglichen Gummiboot das Wunder auf Platte zu bannen hat – vielleicht wird irgenwann einmal ein neuer Prospekt produziert. Strandliebhaber können die 1000 Ptas. Taxipreis nach Las Playas gleich in den Spielautomaten werfen.

## Parador Nacional

Unvorstellbar? Der oberste Jefe der staatlichen Luxushotels, Spaniens Tourismusminister, stellt sich vor die Presse und erklärt: «Die Region Las Playas mit unserem Hotel gilt für die Regierung nicht mehr länger als förderungswürdig. Weitere Aktivitäten zur Fremdenverkehrsförderung werden in Zukunft hauptsächlich in der El Golfo-Region stattfinden.» Die Inseloffiziellen beginnen besorgt zu bellen, stellt doch der Parador die einzige Hotelanlage mit gehobenem Komfort auf der Insel. Der Minister weist auf die chronische Unterbelegung des Defizitbetriebes hin, verspricht aber, ihn nicht zu schliessen. Ein paar Tennisplätze könnten ja noch erstellt werden, um das Hotelimage vom Wassersport-Eldorado in Richtung Fitnesszentrum zu verändern. Aber vielleicht hält Madrid nur hin und hat ganz andere Absichten mit dem Staatsbesitz. Denn wie ein Offizierskasino sieht der Bau doch schon aus, und es sollen fertige Pläne in der Schublade stecken, auf Hierro einen riesigen US-Stützpunkt zu bauen.

Anfang November, der Taxifahrer hebt erstaunt die Augenbrauen, als er das Fahrtziel «Parador» hört, fragt sofort, ob der Gast gleich wieder mit retour käme. Über eine neue Asphaltdecke geht die Fahrt vorbei am verheissungsvollen *Roque de la Bonanza* – der Chauffeur nennt ihn «Elefant» – umkurvt gekonnt die Brocken vom nächtlichen Steinschlag, der regelmässig die Felswände hinunterstürzt. Jetzt kurz nach Mittag taucht die Sonne schon hinter den Berg. Der die drei Sterne des Parador Nacional de Turismo verwaltende Mann beharrt darauf, dass die Sonne im Sommer doch um einiges länger ausharre. Dann würden hier auch mehr Gäste wohnen, vor allem Deutsche, Franzosen und Engländer. Die drei einzigen, die man jetzt bewirte, kämen allerdings aus der Schweiz. Zu denen er wieder an den Tisch müsse – als vierter Partner beim Bridge.

Was sollte man auch anderes unternehmen: Die Luft ist zu kalt, die Brandung zu hoch. Gerade überspült eine Welle den Swimming-Pool über dem Ufer, sie hätte einen mutigen Poolplanscher garantiert ins Meer und von dort an den weissen Strand einer Karibikinsel gespült: sichtbare Seitenströmung.

Das Personal putzt vielleicht zum zehntenmal in dieser Woche das Gummiboot, das bei ruhigerer See die Sporttaucher nach draussen bringt – bei Kennern sind die Gewässer vor La Playa wegen der fulminanten Unterwasserfauna und -flora berühmt. Plötzlich zischt es aus der Bootswand, eine Kammer sackt zusammen: zuviel geputzt. Der Keeper grinst auf die Frage, ob er sich auf die schönen Chicas im Sommer freue, und sagt, die nächsten Prinzessinnen wären auch dann in Playa de las Americas auf Teneriffa zu finden. Hier sei ein Eldorado für Pensionäre, die meistens pauschal buchen. Kämen einmal jüngere Leute, langweilten sie sich schon nach dem zweiten Aufenthaltstag. Das sei gut für das Bargeschäft. Und schliesslich sei das Hotel doch «familienfreundlich», was doch bedeute, dass wie auf einer Kreuzfahrt die Famlie vergrössert werde aus lauter Eintönigkeit.

Das Telefon des Paradors läutet

beim Wählen der Nummern 55 01 00 und 55 01 01, die Hälfte der knapp 50 Zimmer bietet Balkon und Meeresblick, der Rest geht auf den Parkplatz bzw. zur Felswand hinaus. Das DZ mit Bad kommt auf 5000 Ptas., das Restaurant wird nicht ohne Grazie bewirtschaftet: Sorgfältige Zubereitung der Speisen, grosse Speisekarte, beste Küche der Insel; Vollpension kostet 2500 Ptas. pro Person. Als Individualgast fährt man im Parador ungünstiger als wenn man bei einem Pauschalveranstalter bucht; seltsam für ein Hotel, das eigenartigerweise mit seinem individuellen Service wirbt.

## Sehenswertes

■ **Iglesia de la Concepción,** auch *Matriz* genannt: Die drei Schiffe dieses bedeutendsten Kirchenbaus der Insel ruhen seit dem 18. Jahrhundert auf den Mauern des alten Gotteshauses, das etwa 200 Jahre früher erstellt wurde. Auf dem Altar weilt die Statue der *Señora Catalina,* auf einem Gemälde wacht der *Señor de los Grillos,* dass es ja zirpt auf El Hierro. In den Seitenschiffen befinden sich vielfältige Zeugnisse des reichen Heiligenkults, der auf der Insel besonders stark verwurzelt ist. Der leere Platz vor der Kirche erinnert an einen Schauplatz für einen Italo-Western, wenn der Wind die Reisig-Bällchen treibt.

■ **Museo Insular,** Calle Ldo. Bueno: Wer einmal in die Fänge der *doña Maria Luisa Merida* geraten ist, hat sich ganz ihrem eingespielten Programm zu ergeben. Es beginnt bei traditionellen Trachten und feiner Madera-Keramik, lenkt die Aufmerksamkeit auf alte Rattenfallen, «orginal Guanchiges» dann in Form von Webstühlen und Textilarbeiten, weiter zu landwirtschaftlichen Werkzeugen, und ja, da sind ja noch die Zeitungsausschnitte über die berühmten Riesenechsen *Lagatos* vom *Roque de Salmor* im Schubkasten. Darunter liegen ganz «zufällig» das Foto «Maria Luisa und der Papst» und Ferienbilder. Und wenn sie ihr Klagelied anstimmt, der Cabildo biete ein geradezu lächerliches Sümmchen für alle ihre Schätze, die sie schliesslich mit eigener Hand zusammengetragen habe, und überhaupt, wie man das Parador finde, es sei doch wirklich toll, schlägt's bestimmt gerade Zwei und Maria muss schliessen. Ob morgen wieder geöffnet sei? Doña Maria weiss es nicht, sie könne ihren Terminkalender, in dem die Exkursionsdaten für die Paradorgäste eingetragen sind, nicht finden.

■ **Museo Juan Padrón,** Plaza Magdaleno, Tel. 55 02 58: Eins der schönsten alten Häuser Valverdes mit einem herrlichen Patio beherbergt ein gewaltiges Sammelsurium aus Lavasteinen, Werkzeugen, Heiligenfiguren, selbst angefertigten Gemälden des Besitzers, Möbeln von den Flohmärkten der Welt und und und. Vor nichts scheint die Sammelleidenschaft des Hausherrn Halt gemacht zu haben, jeder der zahlreichen Räume ist vollgestopft, alles wird beiläufig vorgestellt. Nach dem Besuch des Kapellenraums, wo sogar ein Ave Maria eingespielt wird, und der Gast seine Wertschätzung für das «Museum» in Form von barer Münze in den Opferstock steckt, folgt eine kleine Einladung in den ersten Stock. Hier gibt's ein Glas Malvasier aus der Plastikflasche und den Anblick von Hochkarätigem in den Bücherregalen. Jetzt, im Angesicht der reichhaltigen Kunstliteratur, offenbart sich die Bildung und Kultiviertheit des vielgereisten Hausherrn, der mit seinem «Gesamtsammelwerk» hier auf der Aussenstelle der Welt zu artikulieren scheint: «Hierro gehört *doch* zu dieser Welt.»

Da Don Juan häufig unterwegs ist, gibt es keine regelmässigen Öffnungstage seines Museums. Man meldet sich am besten telefonisch an bzw. vereinbart einen Termin.

## Wanderrouten

Die Wanderwege auf der Insel sind seit einigen Jahren markiert (rote Farbe). Im folgenden zwei Vorschläge für «Wander-Amateure», die ihre Füsse ab Valverde ausprobieren wollen.

■ **Nordtour** nach Echedo, Pozo de las Calcosas, Mocanal und über die Berge wieder zurück zum Ausgangspunkt: Tagestour mit Höhendifferenzen von ca. 700 Metern.

■ **Nach Frontera/Punta Grande:** eine Tagestour mit Abstecher zum Arbol Santo. Der Weg führt über den Mirador de la Pena, von dort geht es ca. 700 Meter in die Golfregion hinunter. Für den Rückweg kann ein Taxi bestellt werden (Parada de Taxis in Tigaday, Tel. 55 91 29) oder, wenn es noch nicht dunkel ist, fährt man per Autostopp.

■ Wer weitere Informationen über Wanderrouten bzw. Wanderliteratur sucht, dem kann die Liste auf Seite 11 weiterhelfen. Will man die Strecken nicht vorgekaut haben – das Vorkauen ist leider eine Manie mancher Wanderbuchautoren – und auch einmal einen Falsch- oder Umweg riskieren, vertraut man auf die Militärkarte zu Hierro, auf der die meisten der alten, landwirtschaftlichen Pfade (gestrichelt) eingezeichnet sind. Diese am besten schon zuhause im Kartenladen bestellen, mit ein bisschen Glück ist sie aber auch in Valverdes Libreria (vgl. «Verschiedenes») erhältlich.

## Verschiedenes

■ **Mietfahrzeuge:** Die Sociedad Cooperativa de Transportes, Calle San Francisco, 1, Tel. 55 07 29, bietet einigermassen gewartete Seats. Die Konditionen: 2400 Ptas. pro Tag inkl. 100 km, der Extrakilometer kostet 12 Ptas. Eine Vorauszahlung in der Höhe des zu erwartenden Gesamtpreises ist zu leisten. Bestellt man bei dem kurzsichtigen Cheforganisator der Cooperativa ein Fahrzeug, kommt es vor, dass das Auto erst Stunden nach dem vereinbarten Termin bereitsteht. Wer nicht vorbestellt hat und mit dem Taxi zur Zentrale fährt, bekommt dann überhaupt kein Auto, wenn er für die Weiterreise in einen anderen Inselort darauf angewiesen ist. So nämlich schützt der Jefe den Taxifahrer, der gleichfalls in der Cooperativa organisiert ist, und verhilft ihm zu einer weiteren Tour. Auch keine Freunde macht die Mannschaft mit der Qualität der Reifen (inkl. derjenigem des Reserverades). Sie sind manchmal in miesem Zustand, was auf den steinigen Pisten zu nervenden Pannen führen kann. Insgesamt kann gesagt werden, dass die Cooperativa nicht mehr als erste Adresse für Mietautos gilt.

*Shell-Station*, Avda. Dacio Darias; Tel. 55 01 59: Gepflegte Renaults R5 zu gleichem Preis wie die Seats bei der Konkurrenz. Der Verleiher hält telefonische Vorbestellungen ein. Er bietet auch Yahama-Motos für 1300 Ptas. pro Tag an, die ein ideales Gefährt für die Inselerkundung sind. Im Bergland ist allerdings nur in warmer Verpakkung «zu reiten«: Wind, Wolkenschwaden, niedrige Temperaturen.

*Autos Cruz Alta*, am Flughafen, Tel. 55 00 04, geöffnet zu den Ankunfts-/Abflugszeiten der Maschinen. Das Zentralbüro befindet sich in Tigaday, Tel. 55 90 32. Im Sommer ist es ratsam, das Auto ein paar Tage vorher zu reservieren. Die Preise und sonstigen Konditionen entsprechen denen der anderen beiden Autovermieter.

■ **Iberia,** Calle Dr. Quintero, 6; Tel. 55 02 78, Öffnungszeiten von 9h – 14h. Man spricht Englisch. Bei telefonischen Reservierungen muss der zugeteilte Code notiert werden, unter dem das Ticket zum Abholen bereit liegt. Bei unsicherer Wetterlage ist es ratsam, sich am Flughafen unter Tel. 55 01 81 zu vergewissern, ob das Flugzeug verkehrt.

■ **Trasmediterránea,** Calle Dr. Dorkosky; 1, Tel. 55 01 29. Tickets gibt's auch im Hafenbüro auf der Mole vom Puerto Estaca, das ca. eine Stunde vor Abfahrt der Fähre geöffnet ist.

■ **Commandancia de Marina,** Puerto Estaca; Tel. 55 09 36. Der Hafen ist bei Südostwind nicht ganz sicher.

■ **Correos:** Zur Post die Hauptstrasse Richtung Hospital hinunter, nach einigen hundert Metern liegt das Gebäude dann an der Abbiegung rechts unter der Strasse (Ortsteil El Cabo).

■ **Hospital Insular,** El Cabo; Tel. 55 09 78. Das ist eine Art Poliklinik, Komplizierteres kann nur in Santa Cruz de Tenerife erledigt werden. Die *Farmacía* ist unter Tel. 55 91 78 zu erreichen.

■ **Cuartel Guardia Civil,** Tel. 55 01 05, *Ayuntamiento de Valverde*, Tel. 55 00 25, darunter ist auch die *Policia Municipal* (mit dem Fundbüro) zu erreichen.

■ **Pesetas:** Bankenöffnungszeiten von 9h – 14h, samstags nur bis 13h. Es bestehen Zweigstellen aller grossen Institute; bei der grössten Filiale, der *Caja de Ahorros*, muss unbedingt der Wechselzettel geprüft und die ausgehändigte Summe gezählt werden: Irrtümer sind so menschlich.

■ **Bücher und Karten:** Die *librería* liegt an der Calle Dr. Quintero, es ist der einzige Buchladen der Insel. Hier ist Lektüre zu Hierro (in Spanisch) erhältlich, manchmal auch brauchbares Kartenmaterial, immer Zeitschriften, nie aktuelle Tageszeitungen. An die gelangt man über die Treppen zum Cine hinunter, wo sie am Tresen verkauft werden (ganztägig geöffnet). Eine kleine Auswahl von Canarias-Büchern hält auch die *Biblioteca Municipal*, Calle Licenciado Bueno, 3, bereit.

■ **Fotomaterial und -arbeiten** beim Inselfotografen *Ramón Ayala Alamo*, Calle Licenciado Bueno, 13. Das ist das Strässchen, das vom Taxistand den Berg hoch geht. Señor Ayala ist übrigens auch der Urheber der schönen grossformatigen Fotos mit Inselmotiven, die überall an Valverdes Bürowänden zu finden sind.

# Inselnorden

Die Luvlage zum Nordostpassat beschert der Landschaft Feuchtigkeit, saftige Wiesen. Auf den fruchtbaren Böden wird der Grossteil des Getreides und Gemüses der Insel angebaut: Die Voraussetzung für eine relativ grosse Bevölkerungsdichte in dieser Region.

Die Strasse führt von Valverde über Mocanal, Erese und San Andrés um das gleichnamige Hochland zurück zur Inselhauptstadt, eine Busverbindung besteht bis Guarazoca (vgl. unter «Transport»). Die Wolken, denen die Bewohner ihren kleinen Wohlstand verdanken, schätzen die Wanderer nicht. Vor allem im Winter aber auch in den Übergangsmonaten und sogar in der wärmsten Jahreszeit treibt die steife Brise mit zunehmender Höhe kühle Feuchtigkeit in die Kleider. Beträchtliche Temperaturstürze bzw. miserable Sichtbedingungen verwandeln die Wandertour schnell einmal in einen Gewaltsmarsch. Deshalb geben feste Wanderschuhe, Regenkleidung und ein warmer Pullover (in Reserve) die beste Gesundheitsversicherung ab. Denn über viele, die sich auf Hierro mit einer Erkältung herumschlagen, heisst es lakonisch: «Die waren im Inselnorden.»

## Mocanal

Soviele Einwohner wie Meter über dem Meer (700), im Zentrum einer bekannten Weingegend, die sich bis hinunter an die Küste zieht, mit Bar und Tienda, Artesanía, Kirche, Guanchen-Friedhof beim Oberdorf *Hoyo del Bario*. Hier ist die Abzweigung (erst Asphalt, dann Steine) hinunter zum *Pozo de las Calcosas*, einem der «wilden» Plätze des Nordens. Die Anfahrt dorthin wird (noch) zur brutalen Reifenteststrecke. Vor dem Abgrund am Ende der Seilverbindung ist zu parken, und die letzten paar hundert Meter auf dem steilen Trampelweg sind zu Fuss zurückzulegen. Das ehemalige Guanchendorf besteht aus zweierlei Häusern. Zum einen gibt es Hütten mit eingefallenen Dächern, die Jahrhunderte alt zu sein scheinen in ihrer traditionellen Bauweise aus aufgeschichteten Basaltsteinmauern und den zerzausten Strohdächern. Einige davon sind inzwischen zu niedlichen Ferienhäusern verputzt worden, an Wasser und Elektrizität angeschlossen. Ein grünes Stelzenhaus, das neu auf die Lava gesetzt ist, könnte allerdings einen Wettbewerb um das hässlichste Haus der Insel spielend gewinnen.

Im Sommer hält eine kleine Bar Erfrischungen bereit, dann kann man auch in den beiden Lavabecken baden. Eins ist mit einer Betonmauer vor hohen Brechern geschützt. Im Naturbekken findet dann Wellenmassage statt. Im Winter ist es meistens zu gefährlich zum Baden, da dann die die Riffs überspülende Brandung und die scharfkantigen Felswände für Spannung sorgen.

Als reiner Badeplatz kann der Pozo nur Liebhabern des Kuriosen empfohlen werden. Wer aber einen Kraftplatz aus vulkanischen Formen und starkem Ozean sucht, wird begeistert sein: faszinierend die intensiven, rotkörnigen Schlitze in den Felswänden, verwirrend die vielfältige Schichtung des Basalts, unvermittelt die Übergänge von grober *aa-Lava* zu den fliessenden Mustern der *pahoehoe* (Stricklava), unheimlich die Felsnase, die über die barrikadenähnlichen Klippen vor der Bucht wacht.

## Guarazoca

Der Ort liegt 4 km weiter westlich auf ca. 800 Meter Höhe. Die Hauptstrasse trennt den oberen vom unteren Dorfteil, in denen zusammen um die 300 Menschen wohnen. Zentral liegt die Bar, deren Wirt sich bei jedem Auto, das hält, von seinem Wohnhaus Richtung Arbeitsstätte auf die Socken macht. Wer die kleine Strasse rechts hinunter geht, sieht nach fünf Minuten rechter Hand einen kleinen Drachenbaum im Garten stehen. Inmitten der Feigenkulturen und wuchernden Gärten ist der Blick frei auf die drei Vulkankegel an der Küste. Links davon im *Barranco Los Palacio* ist ein freigelegter Friedhof der Ureinwohner *(cementario guanches)* zu entdecken. Der Fussweg dorthin und wieder zurück dauert etwa zwei Stunden. Im Unterdorf stehen übrigens etliche Häuser leer, die zum Teil erst vor ein paar Jahren aufgegeben worden sind.

## Mirador de la Pena

«Cesar was here.» – Am windigsten Platz hoch über El Golfos *Roques del Salmor* hat der Lanzaroteño *Cesar Manrique* den Skizzenstift für eine seiner beliebten Konstruktionen geführt. Es ist schon immer wieder beeindrukkend, mit welchem Gespür der Malerarchitekt das vulkanische Umfeld in den Bauten transparent macht. Hier entstand dem Mirador del Rio im Norden Lanzarotes vergleichbar eine Kombination aus windgeschütztem Aussichtssaal und Restaurant. Als Materialien sind hauptsächlich Glas und vulkanisches Gestein verwendet worden, was für die Konstruktionsfirma Neuland war. Daraus erklärt sich u.a. die lange Bauphase, die von der Grundsteinlegung 1981 bis ins Jahr 1985 dauerte. Aber inzwischen sollte hier ein Snack mit Blick in den riesigen Halbkrater von *El Golfo* möglich sein.

In der Felswand unterhalb des Miradors beginnt auch das Revier der *grossen Echsen*, die ehemals auf den Roques del Salmor lebten, von dort aber wegen der vielen Zoologenbesuche vertrieben wurden. Falls die geplante Strasse von hier hinunter nach Las Puntas doch einmal realisiert wird, werden die seltenen Tiere wieder weiterziehen müssen. Heute existiert nur ein steiler Abstieg, der sogar von Eseln Mut verlangt.

## Richtung San Andrés

Hinter Gurazoca weist ein Schild auf *Las Montañetas* hin: Der Caserio soll «ein interessanter touristischer Punkt» sein. Die auf die vorspanische Zeit zurückgehenden Häuser sind zum grossen Teil zerfallen, an manchen Stellen werden aber die ersten Hütten schon wieder zusammengesetzt. Entlang der Nordhänge der Berge finden sich ein paar Streifen aus Lorbeerwald. Auffällig ist auch der auf grosse Feuchtigkeit hinweisende Bestand aus bis zwanzig Meter hohen Eukalyptusbäumen.

▶
*Historische Illustration des «Arbol Santo»*

ARBRE DE L'ISLE DE FER
21

## San Andrés

Die etwa 300 Einwohner leben vom Weinanbau und der Viehzucht, eine Käserei im Ort verarbeitet Ziegenmilch. Die Gegend mit der hier auslaufenden *Meseta de Nisdafe* ist berühmt für das eigenartige Morgenlicht: Wer in der Frühe bei aufgehender Sonne die Ebene mit den verschiedenfarbigen Aschehügeln sieht, kann sich in alte japanische Bilder versetzt fühlen. San Andrés selbst erinnert von nahem betrachtet an ein rauhes Goldgräberdorf, vermittelt als eine der wenigen Ortschaften der Insel unverhohlen den harten Alltag der Bewohner. Zwei Bars gibt es, die am südlichen Ortsausgang wird als Insidertip für *carne con mojo* gehandelt. Hier auch unbedingt den Schaf- und Ziegenkäse probieren. Der Wirt beschreibt die Strecke zum *Arbol Santo.* Er hat Erfahrung mit den Wetterumstürzen in der Gegend: Gibt er den Rat, von der Expedition zum heiligen Baum abzusehen, ist dem unbedingt zu folgen.

## El Arbol Santo o Garoé

Die Chronisten sind sich nicht einig, ob der heilige Baum El Hierros eine Pappel, eine Linde oder ein Lorbeerbaum war. Sicher ist dagegen, dass es einen Wächter gegeben hat, der für seinen Schutz verantwortlich war. Denn heilig war der Baum besonders deshalb, weil er einen Teil zur Wasserversorgung beitrug: Seine Blätter fingen die Feuchtigkeit aus den Wolken, von ihnen tropfte das Nass in bereitstehenden Krüge. Von bis zu 10'000 Litern pro Tag berichtet die Überlieferung, angeblich genug, um die ganze Region mit der Hauptstadt *Amóco* (heute Valverde) zu versorgen.

Je älter die Legenden, desto drastischer tönen sie manchmal. Nüchterne Kritiker des Baum-Phänomens weisen darauf hin, dass die eigentliche Kapazität der Wasserabgabe viel niedriger gewesen sein muss, und dem Baum einfach die ganze Wassermenge, die im Barranco zusammenfloss, zugeschrieben wird. Denn der Boden um den Arbol Santo weist eine auf der Insel seltene Wasserundurchlässigkeit auf und auch heute werden hier noch – ohne den alten Baum – beträchtliche Mengen Wasser gesammelt und abgeleitet.

Anfangs des 17. Jahrhunderts fällte ein Sturm das Wundergewächs – vor ca. 30 Jahren wurde an gleicher Stelle ein kleiner Ersatzbaum gepflanzt, der an die traditionelle Wassergewinnung erinnern soll. Diese kommt in einigen unzugänglichen Gegenden der Insel auch heute noch zum Zug, sei es als Viehtränke oder Waschbecken. Eine Anlage in den Bergen ist sogar noch an ein funktionierendes Leitungssystem angeschlossen. Solche Baum-Bekken-Konstruktionen haben in der heutigen Zeit der Brunnenbohrungen praktisch keine wirtschaftliche Bedeutung mehr. Wenn aber die Fincabesitzer das beschränkte Grundwasser der Insel einmal aufgebraucht haben, werden sie sich daran erinnern, wieviel Pesetas das Wasser, das ein gesunder Baum an der Luvseite der Insel abtropft, wert ist: bei heutigen Wasserpreisen bis zu 20 Ptas. pro Tag.

# El Golfo-Region

Etwa 15 km von den *Roques del Salmor* bis zur *Punta de la Dehesa* misst der Durchmesser des Kraters, dessen nordwestlicher Teil entweder vom Atlantik erobert und/oder durch Verwerfungen unter den Meeresspiegel abgefallen ist. Wenn in der Höhe des bis 1500 Meter hohen Kraterrands die Wolken ihre Feuchtigkeit abladen, herrscht in der Talsohle trockenes Küstenklima, das grossflächige Bananen-, Avocado-, Mango-, Papaya- und neuerdings auch Ananaskulturen ermöglicht. Nicht nur die kräftig investierenden Finca-Besitzer warten auf die (EG-)Zukunft, auch die Berater des Alcalde von Frontera sehen ihr Gebiet im Aufwind («municipio hacia es progreso»), zumal die Regierungsstellen in Madrid diese Region (und nicht mehr das zu Valverde gehörende Las Playas mit dem staatlichen Parador) fördern. Wohin allerdings der herbeigesehnte Tourismusstrom kanalisiert werden soll, ist bis heute nicht klar. Denn es bestehen nur ca. 70 Fremdenbetten in Pensionen und Hostales, dazu kommen noch ein paar vermietbare Häuser und Apartments, die aber in den Sommerferien von den Canarios selber belegt sind. Und so schnell wie beim blitzschnellen Hochziehen des Badehauses am *Pozo de la Salud* werden wohl kaum Hotels in den Himmel wachsen. Denn das Gebiet hat einen gravierenden Nachteil: Der Gast muss auf Strandleben, sogar auf nur spartanische Badeplätze fast ganz verzichten. Bei den wenigen Einstiegen ins Meer warten entweder Gefahren (so an dem Streifen nördlich von Punta Grande die Strömung), oder der Abstieg in die Klippen ist unbequem (so z.B. hinunter zum *Charco Azul*). Den Sand der in manchen Publikationen noch gerühmten *Playas Arenas Blancas* hat ein Sturm vor ein paar Jahren abgeräumt und stattdessen Müll angeschwemmt.

So bleibt es allein der Landschaft und der Vegetation vorbehalten, dem Gast ein wenig Abwechslung zu verschaffen. Zumal ein geselliges Leben nicht existiert, u.a. weil in den Bars schon sehr früh nach dem Abendessen das Licht gelöscht wird. Eine Ausnahme bilden die Monate August und September, wenn sich die einheimischen Feriengäste einfach nicht vertreiben lassen, und so etwas wie eine kleine Fiestastimmung aufkommt.

# Frontera/Tigaday

Frontera ist Sitz des (neben Valverde) zweiten Municipios der Insel, das insgesamt 4000 Einwohner beherbergt. Mehr als die Hälfte davon leben in dem Ort selbst. Am oberen Ortseingang begrüsst eine Kirche mit separatem Glockenturm den Besucher, das neue *lucha canaria*-Rund unterhalb der *Iglesia de la Virgen de Santa Candelaría* unterstreicht die Bedeutung des Orts als zweites Inselzentrum. Frontera besitzt auch die grösste und ambitionierteste landwirtschaftliche Genossenschaft von Hierro.

■ **Anreise:** Mit dem Auto dauert sie ca. eine Stunde von Valverde. Für den Rückweg ist nach Einbruch der Dunkelheit die doppelte Zeit einzuplanen, da in den Wolken des Hochlands oft miserable Sicht herrscht und Schritttempo angesagt ist.

Das Taxi von Valverde nach Frontera kostet für die 60 km 1500 Ptas., in Tigaday besteht eine selbstständige Taxiorganisation (Parada de Taxis, Tel. 55 91 29).

Der Linienbus geht in der Hauptstadt um 12 h ab, die Retourverbindung besteht frühmorgens ab Tigaday (vgl. «Hierro-Transport»).

Für den Fussweg von San Andrés via Las Puntas müssen ca. zwei Stunden eingeplant werden.

## Unterkunft in Frontera

■ **Pensión Candelaría** an der gleichnamigen Plaza unterhalb der Kirche; Tel. 55 90 55. Das Bett kommt auf 400 Ptas. pro Person. Hier nächtigen in der Regel Durchgangsreisende und einheimische Handwerker.

■ **Pensión Occidental** gleich nebenan im ersten Stock über der Bar Joapira; Tel. 55 90 52. Der spartanische Komfort und die Preise entsprechen denen der Nachbarpension.

## Unterkunft in Tigaday

■ **Hostal Guanche**, an der Hauptstrasse gelegen, Tel. 55 90 65. Sieben DZ im ersten Stock, die meisten gehen zur Strasse hinaus. Bei dem Lastwagenlärm morgens ab sieben Uhr schlafen hier nur noch Bärennaturen. Die Zimmer sind mit dem Allernötigsten eingerichtet. Sie besitzen fliessendes Wasser, das Bad mit warmer Dusche liegt am Gang. Die Zimmertüren sind nicht zu verschliessen – ein gutes Zeichen dafür, dass hier nichts wegzukommen scheint. Der USA-erfahrene Wirt bringt gern sein malmendes Amerikanisch an den Mann. Seine Küche verwöhnt nicht gerade, wenn man die Touristenpreise (Menü mit Wein um die 1000 Ptas.) berücksichtigt. Trotzdem ist das Haus noch die beste Herberge, um ein paar Tage die Gegend zu erkunden. An der Bar hocken auch immer wieder ein paar Langzeitaufenthalter, die den einen oder anderen «Expertentip» unter die Neuankömmlinge streuen. Wer morgens zum Bus will, erhält hier kein Frühstück: Das ist in der *Cafeteria Cruz Alta*, vor der der Bus hält, einzunehmen.

## Bars/Restaurant

Von Osten nach Westen: *Bar Joapira* an Fronteras Plaza Candelaría mit einfachen, preisgünstigen Gerichten. *Bar Los Corales* oberhalb des Taxistandplatzes mit am Inselstandard gemessen modern-kühler Einrichtung und leidlicher Küche. *Restaurante Guanche*, siehe unter «Unterkunft». *Cafeteria Cruz Alta*, die nicht nur Frühstückstreff ist, sondern auch traditionelle Speisen (und Tapas) während des ganzen Tages anbietet. Hier ist das Kommunikationszentrum von Tigaday, entsprechend niedrig auch die Preise. *Bar Parilla* mit Terrasse, auf der man mit den LKWs «auf du» sitzt. *Bar Atero* westlich von Tigaday, in der man mit Blick auf die Bucht und die Roques del Salmor sitzen kann und Huhn verzehrt. *Bodega don Matias*, deren Besitzer einer der einflussreichsten Inselköpfe und der grösste Malvasierproduzent von El Hierro ist. Im Sommer werden sogar Weinproben veranstaltet, die feucht-fröhlich enden können.

▶
*Basaltmonolith im Charco Azul*

Der süssliche Wein erinnert an süssen Sherry, steht aber zu Unrecht im Ruf eines «Frauentropfens». Die vulkanische Kraft geht auch den Herren schnell in die Beine. Er ist ideal als Mitbringsel, eignet sich auch hervorragend als Kochwein oder Aperitif zu Hierro-Ziegenkäse.

## Verschiedenes

■ **Tigaday**, nicht das Verwaltungszentrum Frontera, sorgt für die meisten privaten *Dienstleistungen* im Krater: Autowerkstatt, Tankstelle, mehrere Banken, die Tiendas, eine Farmacía und sogar ein Kino, das Cine Frontera.

■ **Ayuntamiento von Frontera** unter Tel. 55 91 00, hier auch die Polizeidienststelle.

■ **Parada de Taxis**, Tel. 55 91 00.

■ **Autovermietung Cruz Alta**, Tel. 55 90 32.

■ **Tip für Drago-Fans:** Ein schlankes Drachenbaumexemplar wächst in Tigaday ca. 100 Meter unterhalb der Hauptstrasse.

## In der Nähe

■ Die landwirtschaftliche Genossenschaft hat ihren Sitz auf halber Strecke der neuen Strasse von *Los Llanillos* nach *Las Puntas*. Zur Anlage gehört eine imposante Verpackungshalle und u.a. auch die Bruthäuser, in denen die *Piña-Triebe* vor dem Aussetzen in der Wärme lagern (vgl. Box «Ananas»). Entlang der Strasse können alle Anbaumethoden studiert werden. Die *Bananenplantagen* sind wohl noch in der Überzahl, aber die neuen *Ananas-Felder* mit den modernen Sprenkelanlagen sind nicht zu übersehen. Desweiteren fallen die Reihen aus zwergwüchsigen *Papaya-Bäumchen* auf, hier befinden sich auch die grössten *Avocado-Haine*, in denen meistens auch *Mangobäume* wachsen. Dazwischen gibt es gewöhnliche Kartoffeläcker und Gemüsekulturen – die Landbesitzer setzen nicht nur auf Einfruchtkulturen. Alle Fincas verfügen über moderne Tank- und Rohrleitungssysteme. Lavaflächen, die noch nicht in bestelltes Land verwandelt wurden, werden von Caterapillar traktiert. Sie werden eingeebnet, danach mit Erde, die aus den Bergen herantransportiert wird, bedeckt: Fertig ist das neue, fruchtbare Land.

■ **Charco Azul:** Das ist ein Mikrokosmos bestehend aus einer stattlichen Grotte, mehreren Lagunen, einem gewaltigen Basaltmonolithen, ausgewaschenen Lavabögen, sperrigen Riffen und einem steinigen Strandstreifen. Nicht einmal im Winter dringt die Brandung gefahrbringend über die Felsen in die abgeschlossenen Lagunenbecken vor – ein paar kräftige Schwimmzüge sind immer möglich. Hier unten sind auch ein paar windgeschützte Plätzchen mit zum Teil ganztägiger Sonne zu finden. In der kühleren Jahreszeit bleibt man meistens einziger Besucher, nur dann und wann kommt einmal der Fischer und wassert sein in der Hütte untergestelltes Boot. Auch im Sommer herrscht auf den Steinstreifen kein Massenandrang – die Canarios haben kein Sonnendefizit und sind in der Regel auch nicht Liebhaber des Badens. Das Schwimmen im offenen Meer ist sowieso ziemlich gefährlich, bei starker Brandung werfen einen die Wellen schnell einmal gegen die scharfkantigen Riffs oder ziehen in Richtung Südamerika. Im Dienste der Erfrischung steht das Wasser ausschliesslich im Charco, in dem die Höhe der überspülenden Brandung den Wasserstand bestimmt. In den vielen kleinen Tümpeln, die überall verstreut liegen, schwirren kleine Fische und Krebse; rote, gelbe und vor allem blaue (daher der Name) Wasserfauna bildet einen aufregenden Farbenteppich.

Die Anfahrt zum Charco Azul führt über einen Abzweig in Los Llanillos ca. 2 km bis zu einem kleinen Parkplatz. Von hier geht man über Felstreppen den Weg zu Fuss, was ca. zehn Minuten dauert.

## Ananas (piña)

Ursprünglich aus dem tropischen Südamerika stammend, wurde die dort von den Indios kultivierte Fruchtpflanze schnell über die ganze Welt verbreitet und ist heute praktisch überall zwischen den Wendekreisen zu finden. Auf den Canarias wird erst seit ein paar Jahren mit ihr experimentiert, zu allererst in einem staatlich geförderten Projekt im *Orotava-Tal* auf Teneriffa. Pioniere des grossflächigen, kommerziellen Anbaus sind aber die Herreños von *El Golfo*, die seit 1984 schon die Grossmärkte des Archipels beliefern können. Diese Region ist mit ihrer Bodenbeschaffenheit und vor allem durch ihr Klima für Ananaskulturen am ehesten geeignet. Es herrscht kaum Niederschlag – Ananas verträgt starke Bodennässe nicht –, was sich auch auf Grund des undurchlässigen Lavagrundes verheerend auswirken würde. Und da in El Golfo ohnehin künstlich bewässert werden muss, können die im Vergleich viel wasserintensiveren Bananenkulturen ersetzt werden, zumal die Ananaspflanzen auch gegen den Wind unempfindlicher sind. Dabei bieten sie noch den Vorteil einer maschinellen Unterhaltung (über Sprenkelsysteme, Planenbahnen zur Unkrautunterdrückung, Ernteschienen).

Ideale Früchte wachsen bei möglichst hohen Temperaturen, die zwischen Tag und Nacht sowie über das ganze Jahr möglichst geringe Schwankungen haben sollten. Zwanzig Grad gelten als wachstumshemmende untere Grenze. Das Temperaturniveau von El Golfo war dann auch das Risiko, das bei den Pionierpflanzungen bestand. Denn man konnte vorher nicht wissen, ob die hier herrschende Wärme trotz der Wahl widerstandsfähiger Sorten das Wachstum verkäuflicher Früchte garantiert. Man probierte es einfach aus und gewann – seitdem schauen viele Plátañeros neidisch auf die Erfolgreichen.

Ananas wird nicht durch Samen, sondern über die *Seitentriebe des Stammes* vermehrt – aufwendiger ist das Ziehen der sogenannten *Schösslinge* aus der Krone. Die Sprosse werden direkt in den trockenen Boden gepflanzt. Vorher werden sie manchmal noch in der Sonne gelagert. Auf Hierro wird diese Vorphase unter Glas vorgenommen: quasi als Bebrütung. Bis zu 18 Monate nach der Pflanzung dauert es, bis die Blüte künstlich ausgelöst wird (mittels der Chemikalie Äthylen). In anderen Ländern, in denen Ananas unter Planen gezogen wird, entfacht man einfach Feuer, in dessen Rauch sich Äthylen befindet. Vier bis sechs Monate später ist die Reifung der Frücht beendet. Nach der Ernte werden entweder neue Schösslinge gesetzt oder einer der Seitentriebe stehengelassen.

Für den Export werden die Früchte halbreif geerntet, so dass sie einige Wochen im Kühlschiff unbeschadet überdauern. Dadurch entsteht aber ein teilweiser Aromaverlust: Der Geschmack einer gerade gepflückten reifen Frucht ist mit dem einer halbreif geernteten Supermarktfrucht überhaupt nicht zu vergleichen. Ein Anhalt zum Ananaspreis: Am Grossmarkt in Teneriffa *(Mercatenerife)*, über den die Früchte aus Hierro gehen, kostet das Kilo zwischen 350 und 400 Ptas.

# Las Puntas

Ein halbes Hundert bewohnte Häuser unterhalb des *Risco de Tibataje* bilden inmitten fruchtbarer Böden die Ortschaft, die sich der Strasse zum alten Schiffsanlegeplatz *Embarcadero de Punta Grande*, kurz *Punta Grande* genannt, entlangzieht. Weil hier am nordöstlichen Ende El Golfos die Sonne am längsten scheint, haben die Deutschen begonnen, Land zu kaufen: Seit ein paar Jahren kommen die Bodenpreise nicht mehr zur Ruhe. Die Neusiedler setzen sich zum Grossteil aus älteren Semestern zusammen, die im Winter der steifen Brise trotzen. Dann ist an Baden überhaupt nicht zu denken, das tosende Element macht sogar alle Einschiffungsversuche der Einheimischen unmöglich. Für den Sommer wird die *Playa del Cantaral*, die einige hundert Meter nördlich Punta Grande liegt, als Badestelle angegeben.

■ **Bar-Restaurante Las Casitas** in Las Puntas links neben der Strasse, Tel. 55 90 49. Hier gibt es frischeste (gekochte) *vieja* mit *papas arrugadas* und *mojo rojo*, dazu einen Riesensalat: Das ist (gesalzene) 800 Ptas. wert. Auch der Tintenfisch ist zu empfehlen. Der Machismo im lebendig gestalteten Essraum mit hellem Licht und vielen Pflanzen ist omnipräsent, u.a. in Gestalt der Pistolen und des Reitzeugs an der Wand. Das Familienoberhaupt versucht erst gar nicht, seine schlitzohrigen Seiten zu verheimlichen: Er ist der Hauptorganisator für Wasser und Land und stets offen für ein lohnendes Geschäftsgespräch. Kaum hat er zum «Dialog» mit den beiden Raben hinten im Stall eingeladen, spurtet er schnell zurück zum Tresen – er könnte ja neue geschäftsträchtige Gäste, die von der Strasse kommen, verpassen. An der Vermietung von Häusern oder Zimmern scheint er nicht sehr interessiert zu sein, doch bequemt er sich nach ein paar Gläsern doch zu einem Tip.

■ Wer in Las Puntas ein Haus, eine Wohnung oder ein Zimmer zu mieten sucht, sollte sich am besten ein paar Tage Zeit lassen und die Versuche vom Hostal Guanche in Tigaday aus starten.

■ **Club Punta Grande**, Tel. 55 90 81: Ein Platz zum Sonnenuntergang mit Fischsuppe und Champagner, im Sommer sorgt eine Discothek für Betrieb. Die Anlage liegt sehr exponiert draussen auf den Klippen, auf die man über eine schmale Brücke gelangt. Bei

Sturm muss hier jedes Schiff an der Steilküste zerschellen, bei ruhiger See werden die Fischerboote über eine in den Fels getriebene Rutsche ins Wasser gelassen. Wer beim Sonnenuntergang vom windgeschützten Plätzchen vor der Bar die Atlantikbrecher rechts und links taxiert, kann versucht sein, sich als Abenteurer zu fühlen.

Das Gebäude erinnert an eine Jahrhunderte alte Festung , tatsächlich ist es aber eine ziemlich neue Anlage, mit der ihr Erbauer sich einen Bubentraum erfüllt zu haben scheint. Drinnen ist eine gemütliche Bar, an der ein Grossteil des Handels und Wandels der Gegend besprochen wird. Im Essraum herrscht gepflegte Atmosphäre, unter Schiffsarmaturen lassen sich besonders die Fischgerichte geniessen. Im Sommer lebt auch der erste Stock: Fiesta- und Disco-Time. Dann kehrt der Geist des alten Tauchers zurück in seinen vorsintflutlichen Anzug und springt in die Wellen der tanzenden Canarios.

■ **Roques del Salmor:** Sie liegen vor der Steilküste an der Nordspitze von El Golfo. Der grösste Brocken trotzt mit seinen 92 Metern Höhe (von Humboldt soll ihn höher gemssen haben) der starken Dünung – er ist direkt dem Nordostpassat ausgesetzt. Auf den Felsen hatten die *Leguanes de Hierro* früher ihr Revier, bevor sie sich den einfallenden Forscherhorden entzogen und in eine unzugängliche Wand des *Montaña del Risco* emigrierten. Ihnen schadet es also nicht mehr, wenn ein Ausflugsboot von der Punta Grande bei ruhiger See an den Roques anlegt.

# Sabinosa

Das westlichste Dorf von El Hierro, allerletztes Dorf vor dem Ende der (Alten) Welt. Der Name stammt von den urtümlichen Wacholdergewächsen, die früher einen Wald im Hochland über Sabinosa bildeten, dort, wo heute sich die letzten der geschützen Sabinae an Weidehänge schmiegen.

Sabinosa setzt sich aus zwei Weilern zusammen, *El Lugar* und *Rosa Cabrera*, deren Bewohner nicht gut aufeinander zu sprechen sein sollen. Es wird berichtet, die Animositäten entlüden sich regelmässig beim Junggesellenfest *Noche de San Juán.* Und zu Festen, zu denen alle Ortschaften der Insel eingeladen werden, würden stets zwei getrennte Delegationen für Sabinosa entsandt. Dann noch der Gipfel: Die Lugareños wagten es, in ihrem Revier eine kleine Plaza anzulegen und sie mit dem Namen des Lokalstars *Rodriguez Vallabriga* (eines Ingenieurs) zu schmücken. Diesen Vorsprung holten die Rosa Cabrereños erst nach ein paar Jahren Neid und Ärger wieder auf, zogen aber mit ihrer *La Principal Plaza de Sabinosa* mehr als gleich.

Die abgeschiedene geografische Lage wird ähnlich wie in *La Dehesa* dafür verantwortlich sein, dass in Sabinosa viele der anderswo auf den Inseln längst vergessenen Lieder und Tänze weiterhin gepflegt werden, so zum Beispiel der *santo* und *vivo* wie auch eine Spielart des *tangos.* Die Holzschnitz- und Webkunst steht allerdings heute gänzlich im Dienst der Touristenversorgung.

Sabinosa zählt knapp 200 Einwohner. Landwirtschaftlicher Ertrag

kommt zum grössten Teil vom Rebbau, der hier überall auf *Lapilli-Trokkenfeldern* betrieben wird. Die Pension im Ort bietet einen passablen Ausgangspunkt für Wanderungen hoch nach La Dehesa. Günstiger für Trips zur Westküste liegt die einzige Unterkunftsalternative, die *Casa Rosa* am *Pozo de la Salud.* Wer in diesem heimeligen «Sanatorium» einmal eine stürmische Nacht verbracht hat, weiss, warum spleenige Engländer den Platz favorisieren.

■ **Pensión Sabinosa**, an dem Weg gelegen, der rechts von der Plaza den Hang hinunter führt. Grosses Schild am Haus, nicht zu verfehlen, Tel. 55 90 72. Einfache, saubere Zimmer, zum Teil mit Bad. DZ für 800 Ptas., Verköstigung kann vereinbart werden.

■ **Artesanía** gleich gegenüber der Pension; mit dieser familiär verbunden. Ein agressiver Hund bewacht die Weberzeugnisse im oberen Raum, wo man nach alter Tradition schuften lässt. Im Untergeschoss zeigen *Juán Quintero Padrón* und *Mercedes Casañas Fernandez* Verstaubtes neben frisch Geschnitztem zu selbstbewussten Preisen. Darauf angesprochen meint Juúan, in seinem Alter sei der Weg in die Berge, aus denen er das Holz holt, sehr anstrengend. Hoffentlich hat der Meister inzwischen aufgehört, das Holz der raren Sabinae zu verschnitzen. Sonst findet man die letzten der seltenen Gewächse in Form von Aschenbechern nur noch am Festland, und Juán muss in seinem nächsten Leben in Gestalt seines Hundes die letzte Sabina bewachen.

■ **Pozo de la Salud:** 2 km westlich vom Hauptort gelegen, zu erreichen über die neue Teerstrasse, die als Spirale um den Aschekegel führt. Der alte Sanatoriumstrakt des «Gesundbrunnens» liegt vor einer Ansammlung im Sommer zum Teil bewohnter Häuser. Am Rand der 50 Meter abfallenden Steilküste wird aus einem Brunnen das Gesundheitselixier gepumpt. Direkt auf das Dach der *Casa Rosa,* wo es über Holzfeuer erhitzt und in die Badewannen der Zimmer geleitet wird. Das gesundmachende, stark radioaktive Wasser (zur Zusammensetzung vgl. Abb.) enthält eine gute Portion Schwefel – zur Badesaison ist das von weitem zu riechen. Pensionsbesitzer in den anderen Ortschaften der Insel, deren Gäste ganz scharf auf eine Trinkkur sind, qualifizieren es deshalb als «kommunes Brackwasser» ab. Das kann natürlich die eingeschworenen Anhänger des Brunnens, eine Schar entzückend unkomplizierter Engländer, nicht von ihrer alljährlichen Sommerkur in der Casa Rosa abhalten.

Wie lange dies aber in der bisherigen Form noch möglich ist, bleibt ungewiss. Denn die ehrgeizige Inseladministration hat hier ein Pesetenvermögen an Subventionen verbaut, um mittels eines ultramodernen Badehauses den Gesundheitstourismus Hierros anzukurbeln. *Doña Reyes,* die im Casa Rosa herrscht, freut sich erst einmal mit ihrem Gatten, der den Job als Bauleiter bekommen hat. Was später wird, darüber mutmasst sie: «Vielleicht gut, vielleicht schlecht.» An neue Gäste für ihre Pension mag sie nicht so recht glauben. Wo aber die Hundertschaften, die vom neuen Klotz angelockt werden sollen, Unterkunft finden? – «Man wird sehen.» Ohnehin habe sie im Sommer mehr als genug zu tun und im Winter könne es garstig kalt wer-

◀
*Doña Carmen Reyes vor ihrem «Sanatorium» Casa Rosa am Gesundbrunnen Pozo de la Salud*

CASA ROSA

den. Dann liessen sich nur einige Wenige vom Sturm und den anpeitschenden Brechern nicht abhalten, hier ihre Nächte zu verbringen.

■ **Casa Rosa,** Doña Carmen Reyes, Sabinosa, Pozo de la Salud; Tel. 55 90 22. 25 Betten, die besten Zimmer sind die im ersten Stock mit Zugang über die Terrasse. DZ mit Bad für 3000 Ptas., ein paar Schluck vom Wasser inklusive. Der medizinische Service (er mag inzwischen in das neue Badehaus verlegt worden sein) kostet inklusive diverser Bettlaken, die täglich neu gewechselt werden müssen, 1000 Ptas. Für das Abendessen mit Wein (würziger Malvasier) muss noch einmal mit 800 bis 1000 Ptas. gerechnet werden: insgesamt kein billiger Spass gemessen am spröden Komfort des Hauses. Doch die Besitzer verstehen es mit ihrer unkomplizierten Gastfreundlichkeit, allein die zu fesseln, die eine Beziehung zu dem Platz haben. Die Nur-Neugierigen kommen nicht wieder.

Das Haus liegt günstig zum Strand von *El Verodal* bzw. zur *Bahia de los Reyes*, wie er auf manchen Karten auch bezeichnet ist. Den Sand der früher hochgelobten *Playas Arenas Blancas* unweit vom Pozo hat ein Sturm vor einigen Jahren fast völlig abgeräumt und statt dessen Berge aus Abfall zurückgelassen. Was aber einige hartgesottene kanarische Familien im Sommer nicht vom Campen abhält. Sonst gibt es an der ganzen *malpaís-Küste* bis zum Orchilla-Leuchtturm an der Südwestspitze nur noch Schwimmplätze für Suizidsüchtige. Die Strasse zum Faro ist inzwischen durchgehend befestigt. Sie führt über die *Ermita Señora de los Reyes* zurück zur asphaltierten Hauptstrasse beim *Pico Tenerife*.

◀

*Ansicht des «Sanatoriums» 1985 (unten)*

# Der Westen und La Dehesa

Die (schiefe) Ebene von *La Dehesa* läuft aus ca. 800 Meter Höhe in die Westküste der Insel aus. Sie wird durchzogen von zwei kleinen Barrancos, dem *Barranco Borque* in westlicher Richtung und dem *Barranco Estacadeo*, das hinunter zum *Leuchtturm von Orchilla* führt. Bis hinunter auf ca. 400 Meter erstrecken sich grüne Weideflächen – «dehesa» heisst Viehweide – mit einer stattlichen Anzahl Kälber, die hier ganzjährig wiederkauen und die paar Pistenfahrer völlig ignorieren. Zur Küste hin lässt der Grasbewuchs nach, unten lassen Aschematerial und *malpaís-Felder* wenig Pflanzliches zu, zumal auf das Land im äussersten Westen Hierros praktisch kein Niederschlag fällt. Ein adaequates «Ende der Welt», das Ptolemäus festsetzte, als er den *Nullmeridian* durch die *Punta de Orchilla* legte – erst seit 1883 führt dieser durch Greenwich. Auf die Dimension der Zeit macht El Sabinar, ein Sabinae-Wäldchen, das als Relikt der Urzeit ausharrt, aufmerksam. Zwischen den zottigen Bäumen, die unter Naturschutz stehen, wachsen Riesentabaibas mit langen, moosigen Bärten. Zeit als Faktor macht sich auch bemerkbar, wenn deutlich wird, wie aus dem schwarzen und rostroten Eruptionsmaterial fruchtbarer Boden entsteht, dort auf ein paar hundert Meter Höhe, wo die Luftfeuchtigkeit schon ein bisschen kondensiert. Wogegen an der trockenen Küste Aschekegel und Lavafelder geheimnisvolle Muster bilden: Kraftschauplätze verschiedener Ausbruchsphasen. Vom Meer her beobachten ein paar neugierige Meereswesen, deren Perfektion schon aus der Urzeit stammt, die Szenerie. Auf die Zeit der Eroberung der Insel durch die Spanier weist schliesslich der Name *Corral de la Dehesa* hin. Hier rächte sich im 15. Jahrhundert eine mutige Frau für die Tyrannei des Eroberer-Neffens *Maciot de Béthencourt*, indem sie seinen Vertreter auf der Insel, *Lazaro Vizcaino*, tötete.

Der Westen Hierros ist heute praktisch menschenleer, ein paar Forstarbeiter und wenige Ermita-Pilger verlieren sich während des Tages in der Gegend. Der einzige Dauerbewohner ist *don Matias Machin,* der u.a. den Schlüssel zur Ermita verwaltet (vgl. Kartenskizze). Alle vier Jahre verwandelt sich La Dehesa über Nacht in ein hochgestimmtes Heerlager, dann wenn Tausende «ihre» Jungfrau aus der Ermita zur *Bajada* abholen. Vgl. dazu ein entsprechendes Kapitel auf den folgenden Seiten.

## Pisten und Wege

Der Cabildo Insular hat inzwischen die Piste vom *Pozo de la Salud* bis hin zur *Ermita* befestigen lassen, sie kann von PKWs bzw. Taxis befahren werden. Selbstfahrer sollten sich unbedingt eines tadellosen Reifenmaterials versichern, da sonst auch das Reserverad den spitzen Steinen zum Opfer fallen könnte, und eine Abschlepphilfe ein seltener Glücksfall ist. Im Winter rutschen die Hänge über dem Weg allerdings manchmal, dies vor allem bei den Playas Arenas Blancas und im Abschnitt über El Verodal.

Anfahrtsalternative zur Ermita ist die schwarze Aschepiste, die bei km 25 von der Hauptstrasse Valverde-Frontera abzweigt und am *Pico Tenerife* und *Malpaso* vorbei zum Pilgerzentrum führt. Auch auf diesem Weg ist inzwischen kein Jeep mehr obligatorisch, ebenso wenig wie für die Abstecher zum *Mirador del Rincón* bzw. zum *El Sabinar* (durch Viehgatter).

Woran ein Autotourist vorbeifährt? An einem Grossteil der intensiven Ausstrahlung dieser Region, die ausschliesslich Wanderern vorbehalten bleibt. Ein gut markierter Pfad führt über eine Höhendifferenz von ca. 600 Meter von Sabinosa direkt zur Ermita. Eine Tagestour von Sabinosa über die Ermita bis zur nächsten Siedlung nach *El Pinar* stellt einige Ansprüche in Bezug auf die Kondition der Wanderer: eher ein Trip für Fitness-Fans. Ein Zelt am Rücken ist da die beste Lösung, zumal die Unterkünfte neben der Ermita in der Regel verschlossen, im Prinzip auch nur den Besuchern der Virgen (der Heiligen Jungfrau) vorbehalten sind. Bei plötzlich hereinbrechendem Unwetter bieten die *Cuevas de Caracól* unweit der Kapelle notdürftigen Unterschlupf.

## Vom Pozo zum Faro

Vorbei an Müllanschwemmungen und den vormals besten Stränden der Insel, den *Playas Arenas Blancas*, die vor ein paar Jahren ein gewaltiger Sturm mit Zivilisationsschutt eindeckte und fast alles Touristengold «Sand» wegschwemmte. Zurück blieben auf den flachen Lavazungen ein Rest von (Muschel-)Sand und eine an die rudimen-

▶
*Früher bildeten sie einen ganzen Wald, heute stehen die wenigen Exemplare der Sabina unter Naturschutz*

täre Dünenvegetation von Nord-Fuerteventura erinnernde Pflanzenwelt: Das hält die einheimischen Familien nicht ab, hier am Sonntag ihr Picknick zu veranstalten.

Ca. einen halben km weiter folgt dann ein bizarres Zeugnis des Aufeinandertreffens von Atlantikkraft und vulkanischem Erbe: *El Arco*, ein rotbrauner Bogen, der noch einige zehn Meter hoch der Brandung trotzt. In den hier beginnenden *malpaís* haben die Caterpillars ein Pistenband getrieben, das an einem Aschekegel vorbei durch eingebrochene Lava führt. Auf die Riffs an der Steilküste wagen sich immer einmal wieder ein paar Angler, die nach ein paar Stunden mit beachtlichen Fängen beladen zum Auto zurückbalanzieren.

Einige hundert Meter weiter tauchen ein paar kleine Steinhäuser auf, die bis 1984 von einer Familie bewohnt waren, aber urplötzlich verlassen wurden. Was hier Menschen suchten? Nicht einmal die neugierige Doña Reyes vom «Sanatorium» fand eine Antwort auf die Frage. Heute lässt sich auf dem Dach der Wohnhütte noch eine der traditionellen Wassersammlungsanlagen besichtigen.

Zum Meer hin liegt die erste der aufgegebenen Fincas, das Wasser kam aus einer *galería*, die oberhalb vom Pozo de la Salud durch den Berg getrieben wurde. Die ebenfalls verlassene Finca vor *El Verodal*, von der viele der Ausstellungsstücke im Museum Valverdes stammen, soll in Zukunft wieder landwirtschaftlich genutzt werden. Die Besitzer scheinen mit der Verwirklichung ihrer Pläne aber noch zu zögern, weil – so wird gemunkelt – ein spleeniger Exilnigerianer die Idee hat, gerade hier eine Kamelzucht und -rennbahn aufzubauen.

Der rötlich-graue Strand von *El Verodal* wird auf einigen Karten auch als *Bahía de los Reyes* bezeichnet. Bis vor einigen Jahren hätten die Heiligen Drei hier kein Körnchen des kuriosen Sandes gefunden: Er rutschte erst unlängst als Nebeneffekt des Pistenbaus vom Hang. Leider trügt der erste Eindruck: El Verodal bietet keinen roten Traumstrand. Denn die Playa kommt und verschwindet je nach Windrichtung, Höhe der Brandung, Mondstellung und Jahreszeit. Es ist sogar möglich, dass der Sand bei einer besonderen Dünungs-Windrichtungskonstellation für immer in der Tiefe verschwindet, denn das Meer fällt hier im nahen Uferbereich bald einmal einige hundert Meter ab. Die (aus ihrer Sicht) jäh auftauchende Küste macht auch die Haie neugierig, von denen sogar seltene Arten hier einen Stopp einlegen. Ihre Anwesenheit kann durchaus als konstruktiver Beitrag gedeutet werden, denn die weitaus grösste Gefahr in diesem «Badeparadies» bleibt unsichtbar: Wer aus der Bucht hinausschwimmt, wird von einer heimtückischen Strömung erfasst und erhält kaum mehr die Chance, wieder aufs Land zu treten.

Von El Verodal führt der Weg Richtung Ermita in Serpentinen an drei kleinen Küstenvulkanen vorbei. Der letzte bildet den Rücken zur berühmten *Punta de Orchilla*, dem Endpunkt der alten Welt. Der Punkt ist nicht mit dem Leuchtturm gleichen Namens gleichzusetzen, der ca. 1 km weiter südöstlich liegt; zu ihm führt eine separate Piste.

In dieser Gegend stehen häufig ge-

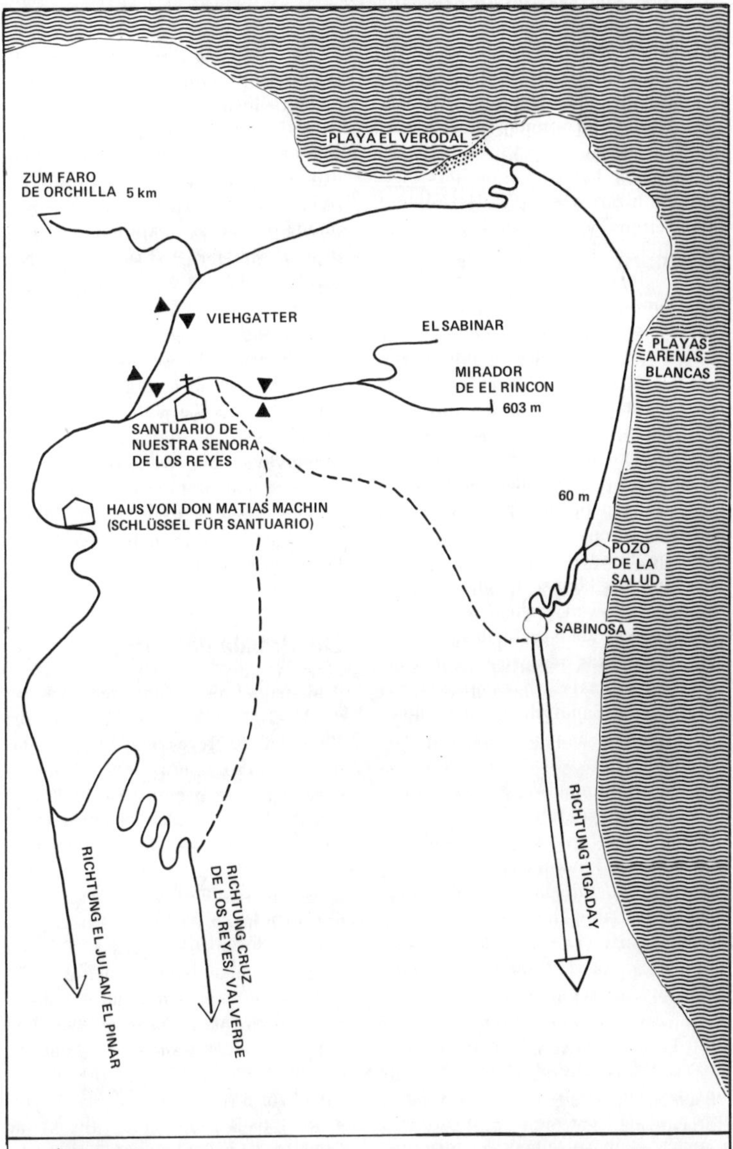


STEINPISTE
(WANDERWEGE; MARKIERT)

**KARTENSKIZZE**
**WESTEN VON EL HIERRO**
(nicht massstabsgerecht)

schlossene Viehgatter im Weg, die nach dem Passieren stets wieder zu schliessen sind. Sonst wandern die Ziegen davon, und die Flüche ihrer Verfolger suchen den Fahrlässigen noch im Schlaf heim.

## Santuario

Am Anfang des kleinen *Barranco del Estacadero* liegt der *Santuario de la Virgen de los Reyes* in einer Mulde eingebettet. Die Anlage, das spirituelle Zentrum der Insel, setzt sich aus einer Kapelle, in der das Marienstandbild *Jungfrau der Heiligen Drei Könige* aufbewahrt wird, und Nebengebäuden zusammen. Für Pilger, die oft von weit her (bis aus Venezuela z.B.) anreisen, um «ihre» Maria zu besuchen, wird die Kapelle extra geöffnet. Den Schlüssel dazu (wie auch der zu den Schlafstellen im Nebengebäude) verwahrt *Don Matias Machin*, der das einzige Haus weit und breit bewohnt (siehe Kartenskizze). Auf die Unterkunft sollten Wanderer aber nur im Notfall zurückgreifen – wenn sie Don Matias' Hund, der sein Revier agressiv verteidigt, nicht abhält.

Das Innere des Kapellenraums ist spartanisch eingerichtet. Allein der Duft frischer Blumen füllt den Raum, in dem die Inselpatronin thront. Nach der Überlieferung wurde die Statue im Jahre 1546, am Tag der Heiligen Drei Könige, von einem Schiff auf Kubakurs während eines Sturms an der Westküste verloren. Die Bewohner von La Dehesa verstanden das Zeichen, sie machten die «Virgen de los Reyes» zu ihrer lokalen Patronin und bewahrten sie in den Caracól-Höhlen auf – bei Unwetter dienen diese heute den Hirten als Unterstand. Ende des 16. Jahrhunderts legte man der Maria eine erste bescheidene Ermita an, die später zum heutigen Santuario ausgebaut wurde. Als offizielle Inselpatronin gilt die Jungfrau der Heiligen Drei Könige seit Mitte des 18. Jahrhunderts, nachdem sie die Herreños aus grosser Not befreite: Zweimal vollbrachte sie «aus heiterem Himmel» Regenwunder, die jeweils nach langen Trockenperioden das Überleben der Bevölkerung sicherten. Seit nunmehr über 200 Jahren findet deshalb im Vierjahresrhythmus die *bajada* (Abstieg) statt. Im Laufe eines Monats wird der Marienschrein nach Valverde und in andere wichtige Orte der Insel gebracht, wo er im Mittelpunkt der geistlichen und weltlichen Festivitäten steht.

## Die Bajada der Virgen

Alle vier Jahre im Juni dreht sich auf der Insel für einen Monat alles um die Virgen de los Reyes. Das Ereignis, das mit der Prozession vom *Santuario* nach *Valverde* beginnt, ist Wallfahrt, Karneval, Jahrmarkt, Folkloreschau, Riesenpicknick und Wiedersehensparty der Emigranten in einem. Ein langes, totales Fest, wie es wohl sonst nur noch in La Palma stattfindet. Von Südamerika reist ein grosser Teil der ca. 30'000 Pilger (so die Schätzzahl für 1985) an, die die Armut auf den anderen Kontinent trieb, die aber von nichts anderem träumen, als endlich und für immer auf ihr geliebtes Eiland zurückzukehren.

Im Bajada-Monat muss die kleine Insel das Sechsfache an Menschen, die

▸
*Der Santuario de la Virgen de los Reyes, das spirituelle Zentrum der Insel*

sonst auf ihr ständig leben, beherbergen. Schon Wochen vorher sind nicht nur die normalen Linienschiffe und -flugzeuge ausgebucht, der Puerto Estaca und der Flughafen sind von den unzähligen Sondertransporten verstopft. Auch die letzte Matte ist fürs Schlafen verplant. Zu dieser Zeit hat der, der nicht im voraus reserviert hat, nicht die winzigste Chance, im hochgestimmten Chaos noch eine reguläre Unterkunft zu finden.

Ans Schlafen denkt in der grossen betenden, singenden und tanzenden Inselfamilie dann sowieso kaum jemand. Es gibt anderes zu tun, nicht zuletzt die eigene Existenz zu feiern und der Maria dafür immer wieder zu danken, denn ihre Gnade muss für die nächsten vier Jahre reichen. Geduldig erhört sie das Flehen, mit dem auf die Wünsche der Gläubigen aufmerksam gemacht wird. Sie verspricht, sich der Alltagsübel und der heimlichen Träume anzunehmen, ja, auch für den erhofften Lotteriegewinn bringt sie Verständnis auf.

Die Prozession hinunter nach Valverde folgt strengen rituellen und zeitlichen Regeln, wobei die beteiligten Ortsgemeinschaften innerhalb ihrer *raya* (Gemeindgrenze) für Musik, Tanz und Marschtempo verantwortlich sind.

Schon in der Nacht vor dem Prozessionstag feiert der harte Kern der Wallfahrer an der Ermita das kommende Ereignis mit den traditionellen *lobas* und *medas,* das sind Loblieder und Sprechgesänge. Die meisten, die nicht bis zum Morgen durchmachen, schlafen ein paar Stunden in den *Cuevas de Caracól.* Als erste Ortschaft übernimmt am nächsten Morgen *Sabinosa* an der *Piedra de los Regidores,* dem Stein der Vögte, das Kommando. Früher fand hier die Übergabe des Schreins an den Inselverwalter, den *regidor,* statt. Heute geht's demokratischer zu: Der Cabildo-Chef, die Autoritäten der Canarias und des Festlands begleiten den Zug schon vom Santuario aus – eine gute Gelegenheit zur Selbstdarstellung. Die rot-weissen Trachten der Leute von Sabinosa führen den Zug mit dem Schrein tanzend an, sie bestimmen den Marsch-Rhythmus bis zu ihrer Raya-Grenze. *Rayas* haben während der Bajada noch die Dörfer *El Pinar, Asofa* (ein Kürzel aus *San Andrés* und *Isora*), *El Golfo* sowie in Valverde *El Barrio* und *La Villa.*

An der *Fuente del Binto* geht die Regie des Zuges an El Pinar über. Weitere wichtige Stationen – von den Ablösungen der Ortsdelegationen abgesehen – folgen zum Beispiel am *Cruz de Humillerado,* am *Cruz de los Reyes,* dem höchsten Punkt der Bajada, wo die Folkloredarbietungen von El Pinar den Ton angeben. Über die *montaña de las Asomadas* führt die Bajada dann hinunter nach Valverde, wo sie am Abend eintrifft und in ein riesiges Fest mit Wein, Tanz und Feuerwerk mündet. Derweil die Virgen sich in der Kirche von der anstrengenden Reise ausruht, milde über das überschwengliche Fest draussen lächelt, und alle, die ihr am Tag begegneten, ganz fest in ihr Herz schliesst.

In den folgenden Tagen jagen Gottesdienste, Kultur- und Sportveranstaltungen (u. a. *lucha canaria,* der kanarische Ringkampf) einander, wichtige Männer von den anderen Inseln und vom Festland geben sich vor den Gangways die Hand. Die Virgen wird

▶ *Szenen der Bajada (oben/unten)*

von Valverde nach *Mocanal* in den Norden, später dann auch nach *San Andrés, El Pinar* und *Isora* ausgeliehen, wo sie zusammen mit dem jeweiligen Ortspatron einer Messe beiwohnt und durch die Gassen getragen wird.

Festliche Höhepunkte in Valverde sind die rassige *Fiesta real de la Bajada* und neuerdings auch die *Fiesta del Emigrante*, an der die auf Teneriffa lebenden Herreños genauso teilnehmen wie die nach Venezuela und Kolumbien versprengten.

Mit der *Subsida de la Virgen* (subsida heisst «Aufstieg») endet die Festzeit: Eine letzte Messe wird gelesen, die Pilger nehmen für die nächsten vier Jahre Abschied – Maria missa est.

Wer mehr über die Bajada wissen will (und Spanisch kann), dem seien an dieser Stelle folgende spanische Bücher als weitere Lektüre empfohlen: «Antología de la Bajada de la Virgen de los Reyes» von Pancho García, 1984 erschienen im Centro de la Cultura Popular Canaria. Das Büchlein ist in Valverdes Librería erhältlich. Unter dem Titel «La Isla de El Hierro» ist bei ECCE in Madrid ein hervorragend gestalteter und sorgfältig recherchierter Inselkatalog erschienen (in der Reihe «Guías raras y completas de territorios y habitantes de España), wo ab Seite 122 die Bajada ausführlich behandelt wird. Der Band ist in guten Buchläden Teneriffas erhältlich.

# El Pinar

Auf etwa 900 Meter Höhe liegen die weissen Häuser der beiden Ortschaften *Las Casas* und *Taibique*, die unter dem Namen *El Pinar* zusammengefasst sind. Die festen, beeindruckend hohen Kiefern, nach denen die Gegend benannt ist, wachsen an den Berghängen oberhalb El Pinars. Von Wald im Sinn eines geschlossenen Ganzen, wie es ihn (noch) in Mitteleuropa gibt, kann man hier nicht sprechen. Die Kiefern bilden ein transparentes Netz aus einzelnen Bäumen, die meistens in einigem Abstand zueinander wachsen. Dadurch ist der Wanderer viel stärker als in einem «Wald» dem Himmel ausgesetzt – das Wechselbad aus Wolkenbänkchen und Sonnenstreifen ist eines der Faszinationen, die hier oben zu erleben ist.

Im Sommer verziehen sich auch aus den beiden Dörfern die Wolkenfetzen und mit ihnen die Trägheit, die sonst über das ganze Jahr in den Gassen herrscht: Ferienzeit der Einheimischen, zugleich Haupterntezeit für Feigen, Mandeln, Aprikosen, um nur einige der Früchte zu nennen, die ringsum auf Terrassen angebaut werden.

Auf den weniger fruchtbaren Böden knabbern sich überall Ziegen durch. Ihr dösender Besitzer liegt oft neben seinem Auto und behält dabei die Glocken der wertvollen Tiere im Ohr. Wer z. B. zwanzig Stück davon besitzt, gilt schon als wohlhabender Mann. Der nach Hausrezepten erzeugte Ziegenkäse wird auf den Canarias als Delikatesse zu hohen Preisen verkauft.

Der Besucher darf von den schlichten Trockensteinbauten, die zu geschlossenen Dorfbildern zusammengewachsen sind, und von der dürftigen Bekleidung der Einwohner nicht auf eine Armut der Pinareños schliessen. Viele, die hier wohnen, gehören zu den Wohl-

▶
*Kiefernbewuchs oberhalb von El Pinar: kein dichter Wald, eher Landschaft mit Bäumen*

ERMITA
VIRGEN DE LOS REYES
HOYA DEL

habenderen der Insel: Das zeigt u.a. schon die Autoflotte, die bei Männerzusammenkünften vor den Bars parkt.

El Pinar bietet dem Fremden eine Anzahl bescheidener Unterkünfte. Damit eignen sich beide Dörfer als Ausgangspunkte für Tagestouren ins Hochland, in die Küstenregion *El Julán* (mit den Felszeichen von *Los Letreros*) sowie in die Hochebene *Mesetas de Nisdafe.* Einer der besten Badeplätze der Insel, die *Cala de Tacaron,* liegt auch nicht weit entfernt. Im Sommer herrscht ein im Vergleich zu den Küstenregionen angenehm kühles Klima, der Winter bringt aber zum Teil unangenehm tiefe Temperaturen, die im Extremfall in der Nacht bis zum Gefrierpunkt fallen können.

■ **Unterkunft:** Im Oberdorf *Las Casas* vermittelt die Frau, die die Tienda-Bar führt, einfache Zimmer. Wer länger bleiben will, dem stehen neuerdings auch einige Wohnungen (ca. 1500 Ptas. pro Tag) zur Verfügung. Ob eins der leerstehenden kleinen Häuser für einige Zeit zu ergattern ist, hängt ganz vom eigenen Geschick und den Sprachkenntnissen ab.

In *Taibique* hat sich neben der Bank bzw. Tankstelle eine Art Pension entwickelt, die *doña Francisca* führt. Ein Bett in den einfachst eingerichteten Zimmer kostet 300 Ptas.

■ **Keramikwerkstatt El Caracól:** Tel. 55 08 46, Taibique. Der angeschlossene Laden ist über die neue Strasse, die oberhalb von Las Casas zum neuen *Mirador Tjanara* führt, zu erreichen. Von ihr muss links in den kleinen Weg eingebogen werden. Eine deutsche Künstlerin töpfert hier in alter kanarischer Tradition. Ihre Produkte sind paradoxerweise ursprünglicher als die hochgelobte Chipude-Ware von La Gomera, bei der immer mehr gepfuscht wird. Von der Künstlerin stammt übrigens auch die bekannte, dem Idol von Tara nachempfundene Grossplastik im Castillo-Club von Fuerteventura. Im von Licht durchfluteten Ausstellungsraum steht eine vielfältige Auswahl von künstlerisch gestalteter Keramik. Ein Tip ist auch die nach eigenem Rezept hergestellte Feigenkonfitüre.

Um Feigenbäume und Landkultivierung kümmmert sich u. a. ihr Gatte, der als einer der profundesten Kenner Hierros gilt. Die Einheimischen nennen ihn voller Achtung den «König».

Er erzählt gern Geschichten von seinem Nachbarn, einem exzentrischem Sammler von Lavagebilden, die aber nicht ausschliesslich von Hierro stammen. Manchmal mache er sich den Spass, Abdrücke von urzeitlichen Lebewesen – Fossilien aus anderen Gebieten – als Inselfund zu deklarieren, womit er versuche, die Theorien der Inselentstehung auf den Kopf zu stellen. Aber vielleicht testet er so nur die Kompetenz der Besucher seines kleinen Museums: Kürzlich soll ihm sogar ein Geologe auf den Leim gegangen sein.

■ **Aussichtspunkte:** Der *Mirador Tjanara* (Anfahrt vgl. El Caracól) ist eine neue Holzkonstruktion, von der der Blick über die Aschekegel bis hin zur Süd- und Westküste reicht: faszinierend hier die roten, «afrikanischen» Sonnenuntergänge.

Der *Mirador de las Playas*, der ca. 1 km vor Las Casas direkt über dem Parador liegt, bietet Blick auf La Playa und auf einige Kiefern, die sich an die Felswand krallen.

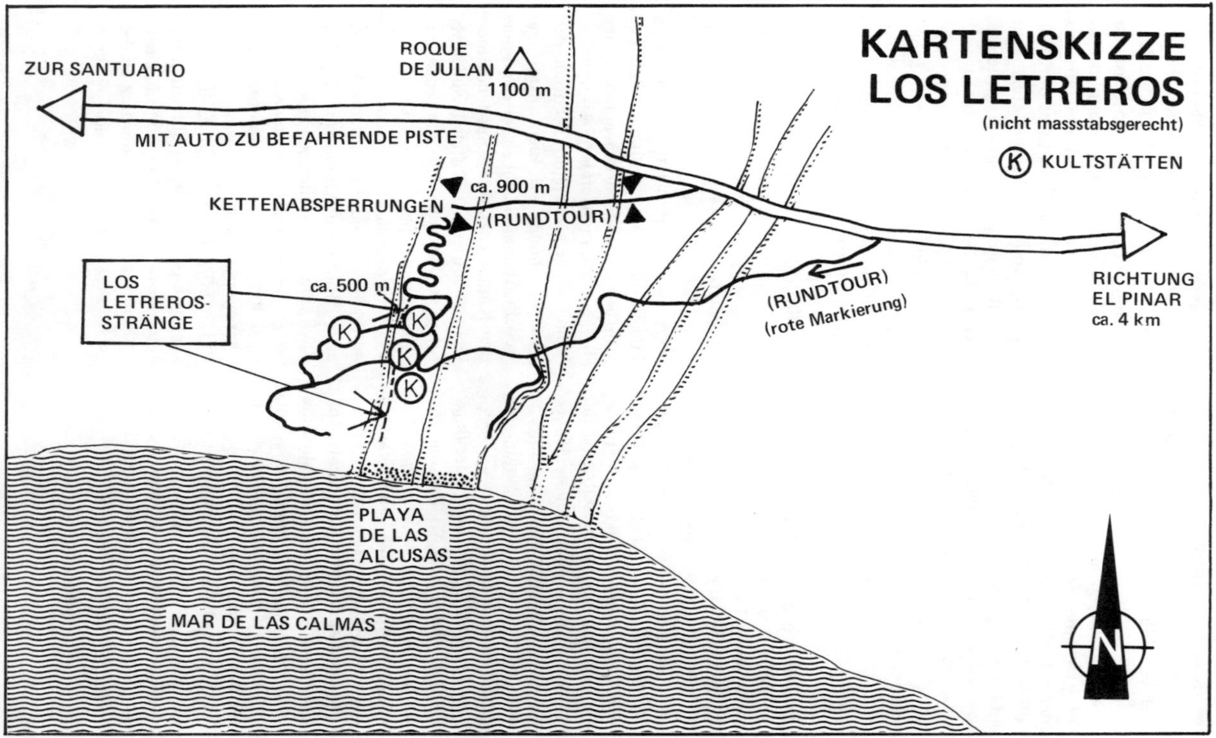
KARTENSKIZZE
LOS LETREROS
(nicht massstabsgerecht)
K KULTSTÄTTEN
ZUR SANTUARIO
ROQUE
DE JULAN
1100 m
MIT AUTO ZU BEFAHRENDE PISTE
ca. 900 m
KETTENABSPERRUNGEN
(RUNDTOUR)
LOS
LETREROS-
STRÄNGE
ca. 500 m
(RUNDTOUR)
(rote Markierung)
RICHTUNG
EL PINAR
ca. 4 km
PLAYA
DE LAS
ALCUSAS
MAR DE LAS CALMAS
N

■ **Hoya del Morcillo:** Ziel für den Sonntagsausflug der Einheimischen auf der Flucht vor der Sommerhitze. Das «Rekreationszentrum» besteht aus einer Anlage mit Grillstellen, Fussballplatz und vielen Parkplätzen unter den alten Kiefern. Wer sich in Trubel stürzen will, findet schnell Anschluss. Manchmal ist den Bäumen der Geräuschepegel zu hoch – sie revanchieren sich dann mit einem Bombardement aus schweren Zapfen.

## In der Nähe

Zwischen dem Mirador de Las Playas und dem Dorf Las Casas zweigt eine neue Asphaltstrasse ab, die auf die Hauptstrasse Valverde-Frontera führt. Von dieser geht bei km 25 eine Aschepiste zur Ermita bzw. nach La Dehesa ab. Man fährt am Kegel *Pico Tenerife* (1417 m) vorbei und erblickt dann die rote Grossskulptur *Homenaje al campesino canario* von *Tono Gallardo* rechts am Hang. 1977, im Jahr der Errichtung, galt noch die offizielle Version, nach der das Kunstwerk als Sinnbild eines Pfluges auf die landwirtschaftliche Erschliessung Hierros hinweisen sollte. Aber die Intention des Künstlers ging weiter: Gleichzeitig symbolisierte die Skulptur – nicht nur wegen ihrer roten Farbe – die zukünftige Umwälzung nach der Franco-Ära.

In der Nähe befindet sich auch das *Cruz de los Reyes,* wo am Mittag des ersten Bajada-Tages der Prozessionszug hält. Dann findet ein riesiges Mahl statt, zu dem die Musiker und Tänzer von El Pinar den festlichen Rahmen geben. Kenner halten diese erste Fiesta im Bajada-Monat für das wichtigste, ursprünglichste und fröhlichste Fest, vielleicht, weil es das erste Wiedersehensfest (unter den vielen, die dann noch folgen) aller Herreños ist. Der Riesenaufmarsch hat dazu geführt, dass die Inselverwaltung alle vier Jahre noch mehr Parkfelder für die Autos planieren muss, was die Landschaft mehr und mehr verschandelt. Auch die skurril-brutale Betonbodenkonstruktion im Wäldchen unterhalb des Kreuzes, die das von den Zypressen tropfende Wasser auffangen soll, gehört nicht auf die Habenseite des Inselnaturschutzes. Hoffentlich hat bald einmal einer Erbarmen und erlöst die dahinsiechenden Bäume.

## Los Letreros

Südlich der höchsten Inselerhebung, des *Malpaso,* unterhalb vom *Roque del Julán* führen durchgehende Lavastränge über eine Höhendifferenz von einigen hundert Metern bis an die Küste des *Mar de las Calmas.* Auf ihnen sind verschiedenste Felszeichen eingeritzt, deren Herkunft bis heute im Dunkeln bleibt und die zu vielen Mythen Anlass geben: Seit dem Spielberg-Film beharren sogar einige auf: «ET was here».

Zur Berühmtheit von Los Letreros hat vor allem der Forscher *Wölfel* beigetragen, der erkannte, dass mit den verschiedenen Zeichentypen «auf einer Felswand ein ganzes Kapitel der Schriftgeschichte gefunden worden ist». Auch der Laie kann die Unterschiede in der Komplexität sehen und drei verschiedene Typen ausmachen.

Zum ersten sogenannte *megalithische Petroglyphen,* das sind ornamen-

▶
*Mit Kreidestaub hervorgehobene Zeichen von Los Letreros*

tale Formen wie zum Beispiel Spiralen oder konzentrische Kreisschraffuren. Solche Zeichen gibt es auch auf den anderen Canarias, die meisten auf La Palma. Experten vergleichen sie mit den berühmten Funden von Nordspanien, der Bretagne und Irland, auch auf Felszeichnungen im Atlasgebirge wird hingewiesen.

Der zweite vorkommende Typus wird als *Sinnschrift* oder auch als *Ideogramm* bezeichnet. Darunter werden solche Zeichen verstanden, die für einen konkreten Begriff stehen, so zum Beispiel für die Sonne, für das Schiff, für eine bestimmte Zahl. Ein Beispiel dafür auf dem Foto. Tiefergehende Bedeutungen konnten, wie schon erwähnt, noch nicht zugeordnet werden.

Drittens gibt es auch Zeugnisse für ein weitaus komplexeres Zeichensystem, das an eine *alte Sprachschrift* erinnert. Die in Zeilen angeordneten einfachen Zeichen, die zum Beispiel aus Schlangenlinien, Halbkreisen oder rechtwinklig angeordneten Strichen gebildet werden, könnten für ein Wort oder für einen Satz stehen. Die einzelnen Zeichen werden dabei quasi als Buchstaben eines Alphabets verstanden.

Rätselhaft blieb bisher, warum Zeichen aus verschiedenen Kulturstufen nebeneinander an einem Ort auftauchen. Geklärt ist auch nicht, wer sie eingeritzt hat und was die einzelnen Bilder bedeuten. Die im Moment aktuellste Theorie weist auf eine Verwandtschaft mit im *Atlas* gefundenen Zeichen hin. Ob das aber bedeutet, dass die Urheber auf den Canarias wie die in Nordafrika der gleichen Kultur angehörten, ist nicht sicher. Angenommen wird aber, das die damaligen Inselbewohner die Schriftzeichen der Berber benutzten. Eine entsprechende Verbindung zum Kontinent zeigt sich auch bei der Pfeifübermittlung *El Silbo*, die ebenfalls im Atlas nachgewiesen werden konnte.

Entdeckt hat Los Letreros ein Pfarrer, *don Aquilino Padrón*, im Jahr 1870. Seitdem sind sie – zusammen mit den anderen auf den Canarias gefundenen Felszeichen – Gegenstand vieler vergleichender Schrift- und Sprachforschungen, die allerdings erst in den letzten Jahren einer strengen wissenschaftlichen Prüfung standhalten. Schade, wo seit kurzem die Plünderung des Sprachdenkmals «Los Letreros» eingeläutet wurde und von vielen Zeichen nur noch Abdrücke erhalten sind. Denn vor ein paar Jahren berichtete das spanische Fernsehen in grosser Aufmachung von «der Sensation Los Letreros». Tags darauf brachen Jeep- und Eselkarawanen auf, um die Lavastränge mit Brecheisen zu traktieren und die Steine mit den vermeintlich wertvollen Bildchen abzutransportieren. Inzwischen aber baut die Inselverwaltung Kettenabsperrungen auf den Pisten, um die Stätte zu schützen.

Unweit der Letreros-Stränge befinden sich *Kultstätten der Altkanarier*, so u.a. zwei runde Versammlungsanlagen *(tagorores)*, eine komplexe Sakralanlage, die aber angeblich unsachgemäss restauriert wurde, sowie Opferstätten und Wohnhöhlen. Diese grosse Anzahl kultischer Plätze lässt vermuten, dass sich hier ein wichtiger, wenn nicht der wichtigste Versammlungsort der Insel befunden haben muss. Von regen Besuchen der Ureinwohner geben die grossen Haufen aus Muschelschalen *(concheros)*, die von ihren Picknicken übrig geblieben sind, Zeugnis.

Der Orientierung beim Anmarsch bzw. der Anfahrt nach Los Letreros soll die abgedruckte Kartenskizze dienen. Am meisten Zeit für die Besichtigung hat zur Verfügung, wer das Mietauto am Abzweig zur *Finca del Julán* stehen lässt, von dort ca. 90 Minuten hinunterwandert und für den Rückweg den die Lavastränge immer wieder kreuzenden Serpentinenweg wählt. Für diese Rundtour muss man dreieinhalb bis vier Stunden rechnen. Wer El Pinar als Ausgangspunkt wählt, braucht hin und zurück ca. vier Stunden länger.

# La Restinga

Der sonnensicherste Fleck auf El Hierro mit weniger als dreissig Tagen im Jahr, an denen der Himmel einmal bewölkt ist. Im Winter proklamiert ein eingefleischter Fankreis den Ort zum «schönsten Hintern der Welt». Die kleine Szene setzt sich aus Tauchern, ein paar Yachtbesatzungen, jungen sowie rüstigen Wanderern und wenigen Dauergästen zusammen, denen allen das strenge vulkanische Umfeld nichts anhaben kann. Im Gegenteil, die meisten sind der Faszination dieses Frontortes vollkommen erlegen.

Alle Mauern von La Restinga sind auf die schwarze Lava gesetzt: Der südliche Zipfel von Hierro besteht aus einer totalen vulkanischen Decke, die sich aus allen Varianten von Lava und Ascheformationen zusammensetzt.

Im Hochsommer, zur Zeit der spanischen Ferien im August und September, ist allerdings hier kaum Unterkunft zu finden. Engpässe bestehen auch in der Zeit um Weihnachten und Ostern. In der heissesten Jahreszeit nehmen die Canarios von den grossen Inseln und einige Heimwehkranke aus Südamerika den Fischerort in Besitz. Für ein paar Wochen sind dann auch die zahlreichen, in der restlichen Zeit des Jahres verriegelten Häuser mit Grossfamilienleben erfüllt.

Sandstrandfreuden lässt La Restinga nicht zu. Die letzten Körnchen, die früher vor dem Hostal Kai Marino lagen, sind dem neuen Molenbau zum Opfer gefallen. Eine kleine, nicht sehr attraktive Bucht bietet wohl den Einstieg ins Hafenbecken, aber das ist nicht mehr als eine Notlösung für Erfrischungssuchende. An einigen Stellen westlich des Ortes hat die See Zugänge ausgewaschen. Zu mehr als strandnahem Planschen (mit Badeschuhen: scharfe Lavakanten!) taugen sie nicht, zumal unberechenbare Strömungen schon einige Metern vor der Küste Wirkung entfalten – ein Fischerboot trieb von hier in ca. zehn Tagen vor die Küste Floridas.

Mitglieder der rassigen Szene, die in Gomeras Valle Gran Rey auf den «heissen Tip» La Restinga aufmerksam gemacht werden, reisen in der Regel nach dem ersten Aufenthaltstag wieder ab: kein Nachtleben, kein Unterhaltungsangebot, dazu noch die Herausforderung der strengen Landschaft.

So ist La Restinga eher Einzelgängern und solchen Menschen zu empfehlen, die eine Auseinandersetzung mit vulkanischen und atlantischen Elementen nicht beunruhigen kann und die ihre Erlebnisse nicht von den Ablenkungsmöglichkeiten eines Ortes abhängig machen.

## Anfahrt

Zwischen La Restinga und Valverde besteht nur eine Busverbindung pro Woche (donnerstags), vgl. dazu auch «Hierro/Transport». Wer zwischen den Schülern einen Platz ergattert, muss sich nicht wundern, wenn schon in Taibique Endstation ist: Ein Taxi (ohne Aufpreis) macht dann die Anschlussfuhre, das kommt der Busgesellschaft billiger so.

Eine Variante für die Busbenutzung besteht darin, mit dem täglichen Linienbus nach Taibique zu fahren, von wo es per Autostopp , per pedes oder Taxi die Serpentinen an die Südküste hinuntergeht.

Das Taxi von Valverde kostet für die 70 km 1700 Ptas. Für die Rückfahrt meldet man sich am Tag vorher beim Taxifahrer von La Restinga an, der als zuverlässig gilt. Falls er an dem gewünschten Termin schon besetzt ist, besorgt er einen Ersatz aus El Pinar.

Wer ein bisschen darauf spekuliert, auf einer Yacht weiterzufahren, kann im Hafen von La Restinga tatsächlich Glück haben. Zur Passatzeit laufen immer wieder Yachten ein, die einen letzten Stopp einlegen, bevor es weiter nach Südamerika oder in die Karibik geht. Die Szene in La Restinga ist dabei so übersichtlich, dass man die neuankommenden Schiffseigner schon am ersten Tag in Pedros Bar kennenlernt und abchecken kann, ob eine Chance besteht.

## Unterkunft

■ **Apartamentos Los Saltos**, Francisco Monteverde Martin, Tel. Tenerife 64 56 43 oder in La Restinga über das teléfono público 55 09 73. Das mehrstöckige Haus liegt am westlichen Ende des Dorfs direkt über dem Atlantik. Die Wohnungen – die besten im Dorf – sind für zwei bzw. vier Personen geeignet; alle mit Meeresblick, Balkon, modern eingerichteter Küche, gutem Bad mit tatsächlich funktionierender Warmwasserversorgung. Eine Vermietung erfolgt in der Regel nur wochenweise, die Wohnungen kosten zwischen 1500 und 2500 Ptas. pro Tag.

■ Weitere, etwas billigere Wohnungen – je nach Aufenthaltsdauer und Nachfragesituation können die «fixen Preise» ein wenig heruntergehandelt werden – sind entweder mit entsprechenden Schildern gekennzeichnet oder werden dem offensichtlich Suchenden direkt auf der Strasse offeriert. Doch nicht alles, was von aussen unbewohnt aussieht, wartet auf fremde Gäste: Viele Häuser werden nicht vermietet, sie sind Sommerresidenzen wohlhabender Canarios.

■ **Hostal Kai Marino,** teléfono público 55 09 73; hier am besten schriftlich reservieren. Die allererste Herberge in La Restinga, die schon gebaut wurde, als es vor dem Haus noch einen schönen Strand gab. Der ist inzwischen im Neubau der grossen Mole verschwunden. Die Anlage hat schon einiger Prominenz ihr Stückchen Heimat – das Gästebuch gibt darüber Aufschluss.

■ **Pensión Matias** und **Pensión Juan Hernandez**, beide mitten im Dorf gelegen. Saubere «low budget«-Unterkünfte, ein Bett in den freundlich geführten Häusern kostet in der Regel 400 Ptas. Essen entweder auf Bestellung (Einheitsgericht für alle Teilneh-

▸
*La Restinga vom Hafen her gesehen (oben)*
*Aschekegel unweit des Dorfes (unten)*

mer am grossen Tisch) oder gegenüber in der Bar El Canario. Beide Unterkünfte sind die billigsten im Ort, sie sind deshalb häufig von unkomplizierten Zeitgenossen voll belegt.

■ **Im Schlafsack unter freiem Himmel:** Am Ende der Asphaltstrasse hinter Los Saltos liegen einige windgeschützte Plätzchen, die in der Dunkelheit aber nur mit einer Taschenlampe wiederzufinden sind. Auf den Trampelpfaden inmitten der scharfkantigen Lava besteht Unfallgefahr.

## Verpflegung

■ **Bar-Restaurante El Canario:** Die einzige Gaststätte im Ort, in der tagtäglich gekocht wird und die deshalb von den meisten, die sich nicht selbstversorgen, am Abend aufgesucht wird. *«Maximo» Morales* führt das Zepter, wenn seine aufgeweckte Gattin vor lauter Plappern einmal ihre Pflichten vergisst, legt er selber in der Küche Hand an. Hier gibt's schmackhafte Fische frisch vom Boot, grosse Fleischportionen mit *papas arrugadas.* Der *mojo rojo* bzw. *mojo verde* kommt selbstverständlich mit auf den Tisch. Spezialstoff wie z.B. *langustinas* (500 Ptas.) kann am Tag vorher bestellt werden. Trotz des (Qualitäts-)Monopols herrschen hier faire Preise, für ein dreigängiges Menü inklusive eine Flasche Rioja muss mit 600 Ptas. gerechnet werden.

Vorne an der Bar trifft sich die gesetztere Restinga-Szene zu einem Drink bei TV-News – die Grosseltern der Besitzer hängen begeistert den ganzen Abend am Apparat. Es ist sinnvoll, zum Essen nicht zu spät zu erscheinen (spätestens um 20h), da «Maximo» nicht jeder Peseta hinterherrennt.

■ Nur auf Anmeldung gibt es in den *Bars Pepe* und *Juán* zu futtern, mit der Zubereitung der Speisen hapert es allerdings des öfteren. Dafür weiss man hier ganz genau, welche Portionen Männer am Meer (diese werden auch den weiblichen Gästen serviert) brauchen. Schneit ein Gast abends unangemeldet herein, gibt es meistens nichts mehr zu essen. Denn die Bars schliessen früh, dienen sie doch ihrer ursprünglichen Aufgabe als Fischertreffpunkt: Die Fischer gehen vor Tagesanbruch auf das Meer und vorher trifft man sich in der Bar.

■ **Selbstverpflegung:** Die Tiendas im Ort haben höhere Preise als die in Valverde. Warum auch zu den Haupterntezeiten die heimischen Früchte oft tagelang ausbleiben, kann niemand erklären. Fische sind unten am Hafen bei den unabhängigen Fischern zu kaufen. Auch die, die am Bandel des allgegenwärtigen Grossisten hängen, zweigen oft von ihrem Privatkontingent ab.

## Strände/Badeplätze

Vom Plätzchen im Hafen links der kleinen Mole kann man ins Wasser gelangen, für mehr als eine Erfrischung reicht dessen Attraktivität aber nicht. Eine kleine Bucht befindet sich unter dem Muschelsandfleck hinter *Los Saltos.* Beim rauhen Seegang im Winter ist ein kleiner Ruck vonnöten, hier ins Wasser zu gehen: scharfe Lavazungen, Badeschuhe von Vorteil. Weiter als ein paar Meter hinauszuschwimmen ist

▶
*Ein junger Fischer kämpfte stundenlang mit dem in diesen Gewässern seltenen Fuchshai – immer noch ein Ereignis in La Restinga*

nicht zu empfehlen, u. a. wegen der unberechenbaren Strömung. Weiter westlich an der *Bahía de Naos* besteht ein bequemerer Zugang zum Meer: Anmarschweg über den Eselspfad oben am Hang oder querlavafeldein ca. 30 Minuten.

Zwei Stunden länger dauert der Fussweg zum besten Strand des Inselsüdens, der *Cala de Tacarón*. Bescheidene sprechen hier sogar schon von einem Sandstrand – der Weg muss sich ja gelohnt haben. Die Bucht ist auch mit dem Auto zu erreichen (vgl. Karte). Bevor die Serpentinen beginnen, sollte man sich noch einmal das schöne Tal, durch das man gerade gefahren ist, genau ansehen: Hier könnte einmal eine der grössten US-Luftbasen im Atlantik entstehen, Pläne dazu bestehen jedenfalls.

An der Cala trifft man vereinzelt Camper, sonst kommt täglich höchstens eine Handvoll Fremder mit den Mietautos hinunter. Einige bleiben gleich dort, wo vor dem Riff die Strasse endet. Ein paar Schritte weiter kann man in Naturwannen baden, und das *Mar de las Calmas* schickt ein paar frische Wellen hinüber, um die kleinen Krebse und die grossen Verliebten zu beschenken.

## Verschiedenes

■ **Taucherbasis:** Infos dazu über *Dieter Fiesening*, Tel. Stuttgart 0711/ 60 71 84. Der Deutsche führt zusammen mit dem spanischen Meeresbiologen *Enrique* die Station. Das Revier gilt bei Tauchfans als eins der artenreichsten, aber auch anspruchvollsten im Atlantik. Eine Druckkammer besteht nicht. Damit ist das Tauchrisiko nur für ganz alte Hasen kalkulierbar: In der Regel benutzen Tauchklubs die Station. Wer im Hafenbecken ein bisschen herumdümpeln will, kann sich im Tauch-Shop auch ein Surfbrett mieten.

■ **Jeep-Treck nach Los Letreros:** Der Chef der *Pensión Matias* bietet diesen Ausflug an, wenn sich genügend Interessenten für den Trip zusammenfinden. Besser ist es allerdings, Los Letreros zu erwandern, da das Auto an viel Sehenswertem vorbeirattert.

■ **Taxitour rund um die Insel:** Finden sich z. B. fünf Personen zusammen, kostet die Fahrt um die 700 Ptas. pro Kopf. Anmeldung beim Taxifahrer des Ortes ein paar Tage im voraus.

■ **Cuevas de don Justo:** Sie liegen neben der Strasse nach Taibique, ihr Zugang ist äusserst schwer zu finden. Am besten schliesst man sich einem ortskundigen Führer an. Der Meeresbiologe Enrique von der Tauchstation veranstaltet dann und wann einmal eine Exkursion, an die man sich anschliessen kann. Das Labyrinth ist bis heute nur zum kleinen Teil erforscht. Es wird vermutet, dass die Gesamtlänge der Gänge viele Kilometer ausmacht und sogar unterirdische Verbindungen zum Meer bestehen.

▶ *Stilleben mit Lapilli und Stricklava*

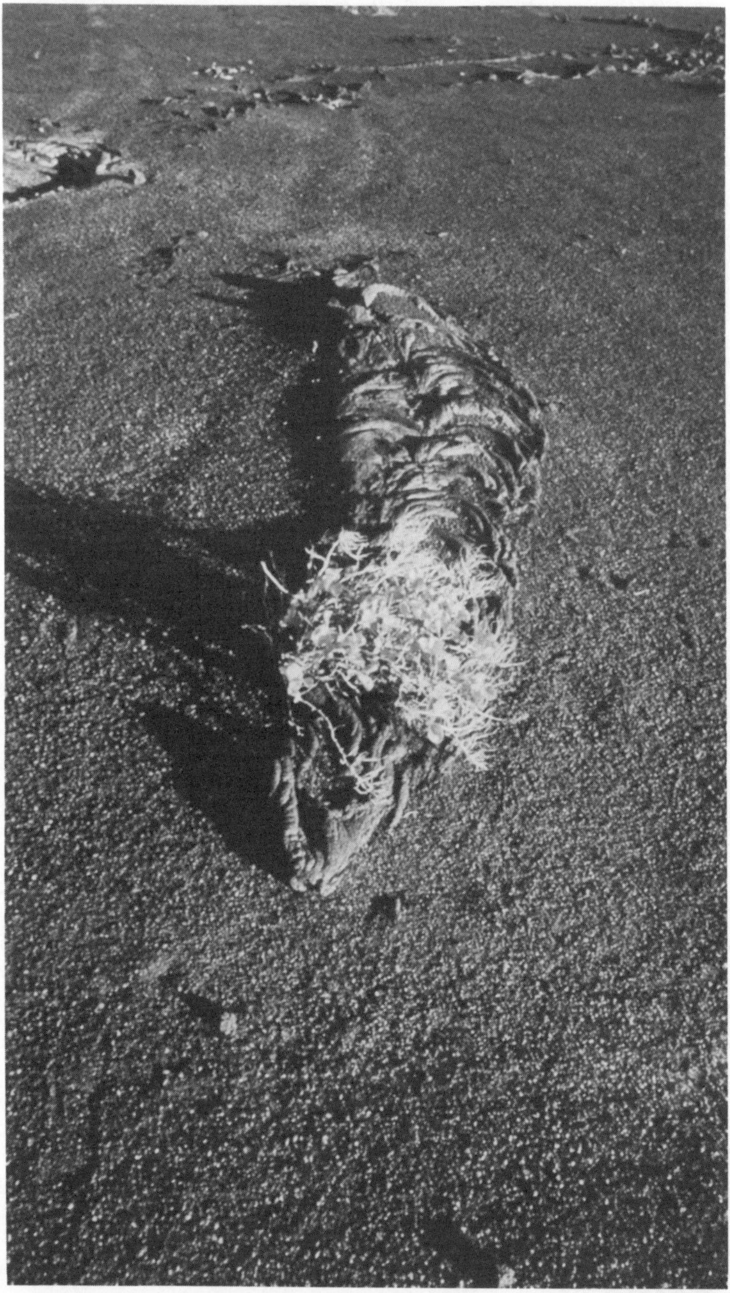

# Register


Aeropuerto Gando 50
Aeropuerto Los Rodeos 33
Aeropuerto Reina Sofia 33
Aguacates 102
Agulo 79
**Alajeró** 102
**Alojera** 83
Anaga-Gebirge 40
Ananas 159
Anreise 12
– Anschlussflüge 15
– Ferry Gomera 15
– Tarife 12
– nach Gomera 14
– nach Hierro 14
– per Charter 12
– per Fähre 12
– per Linienflug 12
– via Gran Canaria 14
– via Teneriffa 14
Arbol Santo 154
Arguamul 83
**Arure** 132
Autostopp 16
Autovermietungen 130
Avocados 102

Bahía de Naos 186
Bahía de los Reyes 168
Bajada de la Virgen 172
Bananen 61
Barranco Borque 165
Barranco Estacadeo 165
Barranco Los Palacios 152
**Benchijigua** 102
Benzin 16
Beschwerdeformulare 19
Béthencourt Jean de 136
Béthencourt Jean de 57
Béthencourt Maciot de 166
Bobadilla Beatriz de 57
Bobadilla Beatriz de 70
**Borbalan** 118
Borbalan 112
Botschaften 7
Buchläden 38
Busse 16

Cala de Tacarón 186
Caldera 56
Caldera de las Cañadas 40
**Calera** 110
Calera-Playa 116
Caleta 146
Canarios 56
Casa Rosa 163
**Casa de la Seda** 112
Castro Fernando 57
Cedro 84
**Cedro, Caserio** 92
César Manrique 152
Chárcaras 88
Chárcaras 94
Charco Azul 158
**Chipude** 132
Colón Cristobal 70
Conquista-Training 58
Coral de la Dehesa 166
Cruz de Humillerado 172
Cruz de los Reyes 172
Cubaba 83
Cuevas de Caracól 166
Cuevas de Don Justo 186
Darias y Padrón, Dacio 11
Degollada de Peraza 74
Devisen 6, 7
Disques 56
Drachenbaum 54

El Arco 168
El Cabrito 74
**El Cercado** 132
**El Golfo** 155
**El Médano** 26
**El Pinar** 174
Emigration 59
Epina 83
Ermita NSd. Lourdes 94

Fayal-Brezal 54, 86
Ferry Gomera 15, 39, 98
Feste 23
Fiestas 23
Fiestas Columbina 72
**Fortaleza de Chipude** 133
Frontera 155
Führerschein 16
Fuente del Binto 172

Gando 43
**Garanjonay** 52, 86, 90
García Pancho 11
Garoé 154
Geld 7
Glass George 11
Gobierna Central 59
Gofio 21
**Gomera** 52
– Agulo 79
– Autovermietungen 130
– Behörden 74
– Casa Columbina 72
– Cedro 84
– Club Nautico 68

– Conquista 57
– Emigration 59
– Feste 76
– Geologie 54
– Geschichte 56
– Hermigua 78
– Inselnorden 76
– Las Playitas 101
– Los Organos 83
– Parador 65
– Playa Erese 101
– Playa Inglés 125
– Playa Majona 69
– Playa Vueltas 126
– Playa de Aguila 69
– Playa de Avalo 69
– Playa de Calera 126
– Playa de San Sebastián 69
– Playa de Santiago 97
– Playa de Zamora 69
– Playa de la Caleta 78
– Playa de la Cueva 68
– Playa de la Guancha 70
– Playa de la Sabina 69
– Playa de Cabrito 70
– Playas de Sta. Catalina 78
– Playas de las Arenas 126
– Playas del Medio 101
– San Sebastián 63
– Santuario 72
– Señorio-Status 58
– Silbo 86
– Torre del Conde 72
– Tourismus 59
– Transport 105
– Valle Gran Rey 104
– Vallehermoso 80
– Vegetation 52
– Vulkanismus 54
– Waldbrand 95
– Weiterreise 74

**Gran Canaria**
– Ankunft 43
– Buslinien 49
– Flughafen Gando 43
– Las Palmas 43
– Muelle de Sta. Catalina 44
– Transport 49
– Weiterreise 50

Guanchen 56
Guarazoca 152

Hautacuperche 70
**Hermigua** 78
**Hierro** 134
– Ananas 159
– Anreise 140
– Arbol Santo 154
– Bahía de los Reyes 168
– Bahía de Naos 186
– Baja da 170
– Busverbindungen 143
– Cala de Tacarón 186
– El Golfo 155
– El Pinar 174
– Emigration 136
– Fremdenverkehr 138
– Garoé 154
– Geschichte 136
– Haie 168
– Inselnorden 151
– Küche 140
– La Dehesa 165
– La Restinga 181
– Los Letreros 178
– Malpais 168
– Mietautos 149
– Parador 147
– Playa El Verodal 168
– Playas Arenas Blancas 166
– Sabinosa 161
– Santuario 170
– Señorio-Status 138
– Tauchen 186
– Taxipreise 143
– Transport 140
– Valverde 143
– Westen 165
– Wirtschaft 138

Hoya de Morcillo 178
Hoyo del Barrio 151
Huatacuperche 57

Iberia 12
Icona 10
Idol von Tara 47

José Aguilar 80
Junta de Canarias 61

Kanarische Kiefer 52
Kanarische Küche 20
Keramik El Caracól 176
Kiefernwald 134
Klima 8
Konsulate 50
Kruess James 11
Küchenvokabular 21
Kunkel Günther 11

**La Dama** 133
**La Dehesa** 165
La Montañeta 92
**La Puntilla** 112, 118
**La Rajita** 133
La Salle Gadifer 136
**Laguna Grande** 92
**Las Casas** 174
**Las Hayas** 132
**Las Mercedes** 40
**Las Palmas** 43
– Buchhandlungen 49
– Busterminal 49
– Konsulate 50
– Museo Canario 47

– Museo Nestor 47
– Paseo
de las Canteras 48
– Playa
de las Canteras 48
– Punta El Confital 48
– Restaurants 46
– Touristenbüro 49
– Transport 49
– Unterkunft 44
– Weiterreise 50
Las Playas 146
Las Playitas 101
**Las Puntas** 160
Leguanes de Hierro 161
Literaturliste 10
Lorbeerwald 24, 54, 86, 134
**Los Cristianos** 24
**Los Letreros** 178, 186
**Los Llanillos** 158
**Los Organos** 83, 131
Los Telares 79
Lucha canaria 23
Lugo Alonso Fernandez de 58, 70

**Malpaso** 178
Mangos 102
**Mar de las Calmas** 178
Mar de las Calmas 186
Maria Games «Concha» 114
Mietautos 16, 149
Mirador Tjanara 176
Mirador de la Peña 152
Mirador de las Playas 176
Mirador del Rincón 166
**Mocanal** 151
Mojo rojo 20
Mojo verde 20
**Monte verde** 54
Müller Thomas K. 131

Nelson, Admiral 38
Niederschläge 8
Nordostpassat 8, 52, 144

**Orotava-Tal** 40

**Padrón** Aquilino 180
Padrón Machín, José 11
Papas arrugadas 20
Papayas 120
**Parador** 20, 42, 65, 147
**Parque Nacional de Garanjonay** 10, 86
Paseo de las Canteras 48
Peraza Hernán, der Jüngere 70
Peraza Hernán, der Ältere 57
Peraza Hernán, der Jüngere 57
**Pico Tenerife** 178
**Pico de Teide** 40
Piedra de los Regidores 172
Piña 159
Pinos Canarios 86
Plátanos 61
Playa El Médano 29
Playa El Verodal 168
Playa Erese 101
Playa Inglés 125
Playa Majona 69
Playa Vueltas 126
Playa de Aguila 69
Playa de Avalo 69
Playa de Calera 126
Playa de San Sebastián 69
Playa de Santiago 97
Playa de Zamora 69
Playa de la Caleta 78
Playa de la Caleta 79
Playa de la Cueva 68
Playa de la Guancha 70

Playa de la Sabina 69
Playa de la Tejita 30
Playa de las Americas 24
Playa de las Canteras 48
Playa del Cabrito 70
Playas Arenas Blancas 166
Playas de Sta. Catalina 78
Playas de las Arenas 126
Playas del Medio 101
Pozo de la Salud 163
Pozo de las Calcosas 151
Ptolemaeus 136, 165
**Puerto de la Cruz** 40
Punta El Confital 48
**Punta Grande** 160
Punta de Orchilla 136, 165, 168

**Raya** 172
Reisesaisons 8
Reisevorbereitung 6
– Campingausrüstung 9
– Devisen 6
– Dokumente 6
– Fotomaterial 9
– Informationsmaterial 7
– Karten 10
– Kleidung 9
– Klima 8
– Literatur 10
Rejón Juan 57
Retamal 112
Rodriguez Lopez 98
Romería 23
Roque Bonanza 146
Roque de Cano 80
**Roques del Salmor** 161

**Sabinosa** 161
Salto de astia 94

**San Andrés** 154
**San Sebastián** 63
**Santa Cruz de Tenerife** 30
Santuario de la Virgen de los Reyes 170
Santuario dlV. de Guadalupe 72
Señorio-Status 58, 138
Silbo El 86
St. Vincent, J.B.G.M Bory de 11
Strassenkarten 11
Subsida de la Virgen 174

Tagaluche 83
Tagoror 180
**Taibique** 174
**Tamaduste** 146
Tambores 88, 94
**Tazo** 83
**Teide** 40
**Temocodá** 132
Temperaturen 8
**Teneriffa**
- Anaga-Gebirge 40
- Ankunft 33
- Buchläden 38
- Busterminal 33
- Caldera de las Cañadas 40
- El Médano 26
- Flughäfen 33
- Las Mercedes 40
- Lorbeerwälder 40
- Los Cristianos 24
- Museen 37
- Nordflughafen 33, 39
- Orotava-Tal 40
- Parador 42
- Parque Nacional 42
- Pico de Teide 40
- Playa de las Americas 24
- Puerto de la Cruz 40
- Santa Cruz 30
- Südflughafen 33, 39
- Weiterreise 39
- Wildcamping 28

Tiempo del Sur 8
**Tigaday** 155
**Tijimiraque** 146
Torre del Conde 70, 72
Torriani Leonardo 11, 70
Transport 16
- Autostopp 16
- Bussystem 16
- Interinsular 18
- Mietwagen 16
- Trasmediterranéa 18, 50

Tuñel de la Culeta 80

Unterkunft 18
- Beschwerden 19
- Camping 20
- Fonda 19
- Hostal-Residencia 19
- Hotel 19
- Paradores 20
- Pensionen 19

**Valle Gran Rey** 104
**Vallehermoso** 80
**Valverde** 143
Vera Pedro de 57, 70
Verständigung 9
Vizcaino Lazaro 166
**Vueltas** 110, 118

Waldbrand 95
Wanderbücher 10
Wanderkarten 10
Winde 8
Windsurfen 30

Zuschriften in Sachen Preiskorrekturen, Adressänderungen, Ergänzungsvorschläge werden nach Möglichkeit in der nächsten überarbeiteten Ausgabe dieses Reiseführers (als Lesertip) publiziert. Der Autor, Klaus Stromer, sowie der Verlag und das Lektorat freuen sich über jede Zuschrift! Als Gegenleistung honoriert der Verlag veröffentlichte Lesertips mit einem Freiexemplar der revidierten Ausgabe pro Zuschrift.

Einsendungen bitte an folgende Adresse:
Regenbogen-Verlag, (Gomera/Hierro), Postfach 240, CH-8025 Zürich

**SELBST ENTDECKEN – Inselführer**

Acubal/Stromer,
**FUERTEVENTURA-LANZAROTE**
128 Seiten, Br, ISBN 3-85862-021-1, 9.80.

Klemann/Naegele,
**MALLORCA-MENORCA**
136 Seiten, Br, ISBN 3-85862-026-2, 12.80.

Naegele/Klemann,
**IBIZA-FORMENTERA**
128 Seiten, Br, ISBN 3-85862-025-4, 9.80.

Axel Naegele
**Korsika selbst entdecken**
ca. 160 Seiten, Br,
ISBN 3-85862-033-5,
ca. 14.80

Axel Naegele
**Sardinien selbst entdecken**
ca. 160 Seiten, Br.,
ISBN 3-85862-034-3
ca. 14.80

Fatima Igramhan,
**NEW YORK SELBST ENTDECKEN**
384 Seiten, Br, 130 Fotos,
ISBN 3-85862-020-3. 29.80.

Fatmia Igramhan
**London selbst entdecken**
ca. 320 Seiten, Br,
ISBN 3-85862-032-7,
ca. 19.80

Vicki Leon
**Kalifornien selbst entdecken**
ca. 384 S., ISBN 3-85862-031-9
ca. 29.80

»Es gibt Dutzende von New-York-Führern – dieser ist der aktuellste, der witzigste, der zur Zeit beste.«
Brigitte

»Der Reiseführer für den echt New-York-Süchtigen.«
Deutsches Ärzteblatt

»Jede Menge Informationen über Clubs, Discos, Kneipen, Bars und Restaurants.«
Der Stern

»Kurzum: ein ziemlich praktisches Sammelsurium.«
Die Zeit